SÜDTIROL
KULINARISCHE LANDSCHAFTEN

COLLECTION
ROLF HEYNE

Martina Meuth · Bernd Neuner-Duttenhofer

SÜDTIROL
KULINARISCHE LANDSCHAFTEN

COLLECTION ROLF HEYNE

INHALT

VORWORT	6
FRÜHLING	12
Apfelblüte im Vinschgau	14
Jörg Trafoier, Restaurant Kuppelrain	16
Kastelbeller Schlossspargel	20
Himmelwärts: der Rizzi-Turm	22
Alternativer Gartenbau in Latsch	26
Weingut Köfelgut	28
Carlettos verrückte Vereinswirtschaft	30
Spargelessen in Terlan: Weingarten	32
Weingut H. Lentsch in Branzoll	36
Forellen-Ausflug zur Baita Garba	38
Gasthaus zur Rose in Kurtatsch	40
Der Unterwirt in Gufidaun und das Villnößtal	46
Auf dem Niedersthof im Lüsental	52
Perfekt: der Pretzhof im Pfitscher Tal	56
SOMMER	64
Handwerkskunst im Sarntal	66
Hotel Bad Schörgau	68
Handelszentrum Bozen	74
Junge Enoteca: Ansitz Pillhof	80
Ein gastliches Haus: der Marklhof	84
Museum Schloss Moos	90
Peter Dipoli, Winzer	92
Das urige Ultental: Brot-Tradition	94
Algund: Leiter am Waal	104
Schnalstaler Nudeln im Oberraindlhof	108
Martelltal: späte Beeren und Früchte	112
Laaser Marmor, weiß wie Schnee	114
Trockenfrüchte und Obstessige	116
Die Marillen vom Nördersberg	118
Oberer Vinschgau	122
Käse vom Reschen	124
Ziegenkäse aus dem Langtauferer Tal	128
Almkäse von der Schliniger Hütte	130
DeGust – Hansi Baumgartner: der Affineur und seine Käse	132
Blumen und Gourmandise auf der Seiser Alm	134
HERBST	140
Berggasthaus Zirmerhof	142
Feine Speisen im Pustertal: Schöneck	146
Augustiner-Chorherren in Neustift	152
Brixen und der Brotmarkt	154
Das Eisacktal – Kastanien, Törggelen und alte Sommerfrischen	160
Gastlich: Kirchsteiger in Völlan	168
Matteo Thun: Berghotel Vigilius und Residenzen in Algund	172
Buschenschank Schnalshuberhof	176
Josef Kröss – Bio-Äpfel und Schweine	178
Kurstadt Meran	184
Tramin und seine Winzergenossenschaft	186
Der stille Dorfnerhof in Gschnon	190

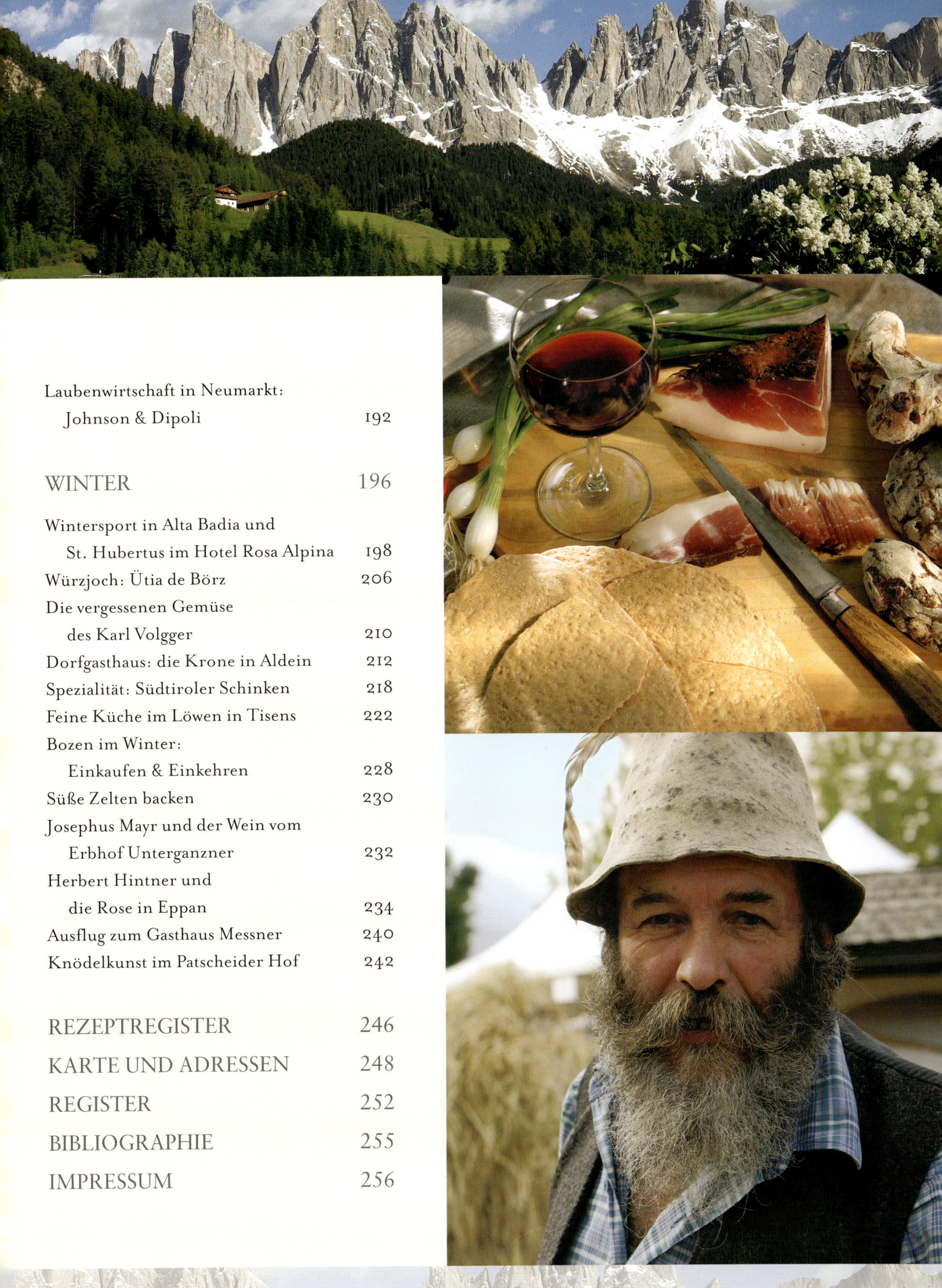

Laubenwirtschaft in Neumarkt: Johnson & Dipoli	192
WINTER	**196**
Wintersport in Alta Badia und St. Hubertus im Hotel Rosa Alpina	198
Würzjoch: Ütia de Börz	206
Die vergessenen Gemüse des Karl Volgger	210
Dorfgasthaus: die Krone in Aldein	212
Spezialität: Südtiroler Schinken	218
Feine Küche im Löwen in Tisens	222
Bozen im Winter: Einkaufen & Einkehren	228
Süße Zelten backen	230
Josephus Mayr und der Wein vom Erbhof Unterganzner	232
Herbert Hintner und die Rose in Eppan	234
Ausflug zum Gasthaus Messner	240
Knödelkunst im Patscheider Hof	242
REZEPTREGISTER	246
KARTE UND ADRESSEN	248
REGISTER	252
BIBLIOGRAPHIE	255
IMPRESSUM	256

Südtirol

Man spricht Deutsch, ist aber in Italien.
Berge und Almen – klettern, wandern, skifahren.
Apfel- und Weingärten, romanische Kirchen
und romantische Burgen… ein Traumland!

Das ist die Wahrheit: ein Garten Eden, eines der interessantesten, aufregendsten, kulinarisch lebendigsten Fleckchen der Erde! Aber man kann das auch anders lesen – leicht lässt sich ein Klischee draus machen: Die Schönheit der Natur und die gelebte Tradition werden zur alpenländischen Kulisse, es singen die unsäglichen Kastelruther Spatzen, die Andreas-Hofer-süchtigen Schützenvereine marschieren auf, Horden von Wanderern bevölkern die Almen. Es ist billig, die Hotels sind geschmacklos, es gibt Kalterer Wein und in Meran die Traubenkur…

Genau so haben auch wir gedacht und sind durchgefahren auf der Autobahn, vom Brenner herunter nach Verona, in die Toskana, nach Ligurien. Bis wir auf die neuen, plötzlich sensationell guten Weine aufmerksam wurden. Da versuchten wir es doch einmal – und waren hin und weg: schöne Hotels, freundliche Leute, hervorragendes Essen, in wunderschönen Gasthäusern und in Spitzenrestaurants. Ein Jahr sind wir durchs Land gereist, entdeckten nicht nur seine Naturschönheiten, Küchenwunder und Kunstschätze, sondern gewannen auch die Menschen lieb. Nicht immer sind sie gleich zugänglich, nicht alle haben gelernt, sich zu öffnen. Doch hinter mancher rauhen Schale steckt ein weicher Kern. Nicht zu vergessen, dass die Bauern noch vor 50 Jahren so bitterarm waren, dass sie im Ausland Arbeit suchten. Oft in der benachbarten Schweiz, weil man deren Denkungsart

verstand – und nicht die Enttäuschungen durch das deutsche Verhalten im Dritten Reich verdrängen musste: Hitler hatte, um Mussolini zu Gefallen zu sein, die deutschstämmige Bevölkerung heim ins Reich gezwungen – mit der fürchterlichen »Option«, womit jeder entscheiden musste, ob er in Südtirol bleibt und Italiener wird oder als Deutscher nach Deutschland/Österreich auswandert. Der Krieg hat verhindert, dass dieser Plan vollkommen umgesetzt wurde, aber es entstanden viele bittere Schicksale. Manchmal, so hatten wir das Gefühl, bleibt man daher lieber distanziert, um nicht missverstanden zu werden. Schließlich standen die Liebe zur Heimat und die Unterdrückung der Sprache und der Landesbräuche durch Italien in unvereinbarem Gegensatz, der eigentlich erst in den letzten 15 Jahren aufgelöst werden konnte – obwohl es noch immer genügend Probleme und Missverständnisse gibt.

Margarete Maultasch überließ 1363 ihr Tirol Herzog Rudolf IV. von Österreich – das Land gehörte nun zum Reich der Habsburger, wo es 556 Jahre verblieb. Nach dem Ersten Weltkrieg schnappte sich Italien die Beute: Flüsse und Gletscher versprachen reichlich Wasserkraft für die begehrte Elektrizität. Die Faschisten hielten sich nicht an die im Vertrag von Versailles gegebenen Versprechungen für Autonomie, genauso wenig die Regierungen Italiens nach dem Zweiten Weltkrieg. Im Gegenteil: Aus dem Süden wurden Italiener hier angesiedelt, in Verwaltung und Industrie gesteckt, um die deutschsprachige Bevölkerung unter das Joch zu zwingen. Die Situation eskalierte – man wollte zumindest mehr Autonomie, Steuerhoheit, die eigene Sprache in Amt und Schulen. In harten, teilweise gewalttätigen (Bombenattentate!) Kämpfen und in zähem Ringen wurde es schließlich erreicht. Deshalb haben wir uns entschlossen, in diesem deutschen Buch auf die italienischen Ortsnamen und Rezepttitel zu verzichten.

Wer wie wir jahrelang die Grenzkontrollen am Brenner erlebt hat, kann sich kaum in die Familiengeschichten der Tiroler hineindenken, die schließlich jahrhundertelang gleichermaßen in Nord- und Südtirol (übrigens Begriffe, die es erst seit 1919 gibt, als der südliche Teil Italien zugeschlagen wurde) heimisch waren. Viele haben seit Generationen hier wie dort ihre Geschäfte betrieben, sind sowohl im Norden wie im Süden zu Hause.

Tirol, das »Land im Gepirg«: Bis vor 150 Jahren grauste es den Menschen vor den Bergen – die unergründlichen Höhen der Alpen waren den Römern so furchterregend wie die Unterwelt. Die Wege durch schauerliche Schluchten und über eisige Pässe, entlang an Felswänden und teuflischen Abgründen, über lockere Geröllhalden und tosende Wasser, bedroht von Wetterstürzen, Muren und Lawinen: Wer die Alpen unbeschadet überquert hatte, feierte einen Dankgottesdienst. Die ungeheuren Gesteinsmassen empfand man als ästhetische Entgleisung, die Wildheit des Gebirges überforderte die menschlichen Sinne. Erst im 19. Jahrhundert begannen die Romantiker die Wildheit der Dolomiten zu entdecken, ihre Schönheit zu bewundern. Die Legenden um Andreas Hofer, den freiheitsliebenden Bauernführer, der Napoleon besiegte, trugen zur Romantisierung Tirols bei.

Die Bewohner müssen mit diesen Vorstellungen leben: Einst mussten sie akzeptieren, dass die Durchziehenden von ihnen beschützt und bewirtet werden wollten, dafür bezahlten, und sie so schnell wie möglich wieder verließen. Heute müssen sie sich damit abfinden, dass die Gäste ihren Lebensraum als Gaudiland benützen: Kabinenbahnen und Lifte transportieren die von städtischer Geborgenheit gelangweilten Urlauber in Regionen des Abenteuers. Horden von Kletterern erklimmen für unbezwingbar gehaltene Felswände. Pulks von Skiläufern stürzen

Wie nah sind oft das Schöne und das Klischee! Wir haben versucht, die allzu bekannten Bilder zu vermeiden, den Postkarten auszuweichen – aber ist das möglich bei dem barocken Kirchlein von St. Johann in Ranui vor den Geislerspitzen auf der vorhergehenden Seite? Kloster Säben dagegen ist besser bekannt von unten, von der Autobahn aus gesehen. Auf Burg Juval am Eingang zum Schnalstal wohnt der bekannteste Südtiroler, Reinhold Messner. Und Kaltern braucht den Weinfreund nicht länger zu schrecken: Hier macht man wieder gute Weine – in der Enoteca bei Margareth Battisti zu überprüfen.

sich lustvoll die steilsten Hänge hinunter. Kanuten und Rafter toben mit den Wassern um die Wette durch die felsigen Schluchten. Paraglider umschweben die Felswände wie einst die gefürchteten Geier und Adler. Die Berge Südtirols sind in Gefahr, überrannt zu werden – große Naturparks steuern dem entgegen. Die Landschaft soll intakt bleiben, andererseits muss den Bauern das Leben garantiert werden. Ein Spagat, der schwer zu meistern ist: Dass in den Alpen kleine Höfe zu Milchfabriken gemacht wurden, ist idiotisch. Ganzheitlich denkende Betriebe müssten die Regel sein, nicht die Ausnahme (siehe Pretzhof, Seite 58). Aber die Bergbauern haben ihre Chance: Zimmer vermieten, Ferien auf dem Bauernhof, die Erzeugung von Nischenprodukten und EU-Subventionen ermöglichen zufriedenstellende Einkommen.

Die Tiroler können endlich auch wieder ihre Traditionsverbundenheit zeigen: mit der blauen Schürze. Jahrzehntelang war sie eine Provokation – heute sehen viele Südtiroler italienischer Abstammung das zwar immer noch argwöhnisch, aber die »echten« Italiener freuen sich daran. Die Zeit heilt die Wunden. Kaum mehr jemand will heute zu Österreich zurück; man hat erkannt, dass es dem Land in der italienischen Autonomie gut geht, die Zukunft ohnehin in einem Europa der Regionen liegt.

Südtirol ist im Aufbruch! Hier herrschen Optimismus, Lebensfreude, Spaß am Wissen und kritischen Hinterfragen, Freude an guter Qualität, Stolz auf das eigene Land und das, was man in den letzten Jahrzehnten geschafft hat. Die Schüler lernen gerne – noch vor den finnischen schneiden sie in der Pisa-Studie als Beste im Verstehen von Texten ab! –, gehen unverdrossen die oft weiten Wege zur Schule. Die Eltern wollen, dass ihre Kinder etwas werden, nehmen Entbehrungen in Kauf, um die Mittel für ein Studium bereitzustellen. In den Schulen wird Kreativität gefördert, Angepasstheit scheint kein Ziel der Jugendlichen. Kunsterziehung wird elementar wichtig genommen: Wo auf der Welt gibt es so viele kunstbegeisterte und künstlerisch tätige junge Menschen, so viele Querdenker? Vielleicht spielen die noch weitgehend unverdorbenen bäuerlichen Traditionen eine Rolle – aus ihrem stilistischen Reservoir können kreative Ideen erwachsen. Traditionen zu pflegen heißt hier nicht, Asche aufzubewahren, sondern das Feuer am Brennen zu halten!

Beim Essen ist das nicht anders: Wichtige traditionelle Grundzutaten des Landes sind »konservierte« Lebensmittel: geselchter Speck und geräucherte, luftgetrocknete Würste, gepökeltes Surfleisch, eingesalzenes und milchsauer vergorenes Sauerkraut und Rüben, auf den Almen hergestellter Käse, getrocknetes Brot und gedörrtes Obst. Vorratswirtschaft war in den abgelegenen Regionen mit langen Wintern von besonderer Bedeutung, und während der Zeiten intensiver Arbeit hatte niemand Zeit zu kochen. Die richtige Herstellung und Aufbewahrung beruht auf in Jahrhunderten entwickelter Erfahrung.

Das Nationalgericht Knödel – genauer gesagt: Speckknödel – gab es früher mindestens drei Mal die Woche. Oft auch zwei Mal im Menü: Zuerst »zu Wasser«, das heißt in der Suppe, dann »zu Land«, nämlich mit Salat. Es gibt tausenderlei Anleitungen zu

ihrer Herstellung, aber das Wichtigste ist die Übung, die sichere Hand, das Fingerspitzengefühl! Erst wer fünf Jahre lang mindestens jeden zweiten Tag Knödel gemacht hat, weiß wirklich, wie sie gut gelingen – und ist damit heiratsfähig!

Nachdem man sich von Italien nicht mehr ausgenutzt und unterdrückt fühlte, sich nicht mehr abgrenzen wollte, konnte man Einflüsse von dort problemlos integrieren – die bäuerlich schwere Küche wurde leichter und eleganter. Olivenöl statt Schweineschmalz! Es gibt Genießerstraßen, Feinschmeckerwochen, Weinverkostungen, kulinarische Feste: Freude am guten Essen haben hier alle, Junge und Alte, die Traditionalisten wie die Anhänger einer neuen Küche. Sie haben uns ihr Land gezeigt, die Produkte erklärt: Ihnen allen sei hiermit herzlich gedankt! Wir waren begeistert – und hoffen, dies mit unserem Buch vermitteln zu können. Entdecken Sie Südtirol!

Südtirol ist keine Kulisse, auch wenn eingefahrene Sichtweisen und abgedroschene Motive den Anschein erwecken mögen – die Burgen mit ihren mittelalterlichen Fresken sind ein Schatz, die romanischen, gotischen und barocken Kirchen (links Toblach) sind Kunstwerke. Die alten, oft engen Städte funktionieren – immer noch und wieder – erstaunlich gut (Blumenmarkt auf dem Bozner Waltherplatz, Marktstraße von Sterzing). Und man lebt und stirbt nach dem Motto: Essen und Trinken hält Leib und Seele zusammen!

Frühling

Die Sonne scheint, die Bienen summen. Die Apfelbäume gleichen rosa Wolken, die Luft ist voller Blütenduft. Der Spargel sprießt, die Menschen lachen!

Wer es nicht erlebt hat, mag kaum glauben, mit welcher Energie der Frühling in Südtirol einziehen kann: Innerhalb weniger Tage springen die Knospen auf, wenn fast sommerlich laue Winde aus dem mediterranen Raum durch das weite Etschtal mitten in die schneebedeckten Berge hinaufwehen. Der Himmel erstrahlt in tiefem Blau und auf den sattgrünen Wiesen leuchtet der Löwenzahn. Im Unterland, zwischen Bozen und der Salurner Schleuse, sind die Äpfel schon längst verblüht, ehe sich im Vinschgau auf bis zu 1000 Metern Höhe die ersten Knospen öffnen. Man kann wieder ohne Schneeschuhe wandern oder Radtouren unternehmen, vor den Hütten und in den Gastgärten draußen sitzen. In den Seitentälern, die steil in größere Höhen führen, ist der Schnee auf den Wiesen gerade geschmolzen, Krokusse und Himmelschlüsselchen, Hahnenfuß und Sumpfdotterblumen, Wildtulpen und Waldreben, Anemonen und Soldanellen erwachen zu kurzer Blütenpracht. Allerlei wilde Kräuter, deren herzhaften Geschmack und medizinischen Wert man hier nie zu schätzen aufgehört hat, werden gerne gesammelt und finden in der traditionellen Bauernkost wie in der modernen Küche der kreativen Jungköche mannigfache Verwendung. Es ist die Zeit der zarten Lämmer und würzigen Zicklein, des Spargels, der kleinen Salate und jungen Gemüse. Die Winzer haben ihre edleren Weine abgefüllt. Die kargen Wintermonate sind vergessen!

EIN BLÜTENMEER

wogt über dem Talgrund und den sanft ansteigenden Schotterkegeln des Vinschgau: Abertausende von Apfelbäumen, größere Pyramiden und kleinere Spindeln in streng geordneten Reihen.

*E*ndlos scheinen sich die Apfelgärten hinzuziehen. Unwillkürlich fragt man sich, wer bloß all die hier erzeugten Früchte isst? Das kleine Land Südtirol produziert zehn Prozent der EU-Ernte! Die Hälfte davon bleibt in Italien, ein gutes Drittel wird nach Deutschland exportiert. Die Vermarktung liegt in der Hand von Genossenschaften, denn über die Hälfte der Fläche wird im Nebenerwerb bewirtschaftet. Das führt natürlich zu einer besonders guten Qualität: Nicht wenige Angestellte müssen riesige Plantagen betreuen, sondern viele Besitzer kümmern sich intensiv um ihre Schützlinge. Die Anleitung zur Pflege wird von den Genossenschaften vorgegeben – der integriert-kontrollierte Anbau ist die Regel. Es wird also nur dann zu Spritzmitteln gegriffen, wenn es unbedingt nötig ist, und nicht bereits vorsorglich gesprüht. Das Klima ist dem Apfelbau günstig: Von den Alpen geschützt gegen Kälteeinbrüche, nach Süden durch das Etschtal der Wärme weit geöffnet, tagsüber warm, nachts eher kühl – das ist gut für die Ausbildung eines fruchtigen Geschmacks. Dennoch, die Südtiroler Äpfel sind süßer als die deutschen und weniger reich an feinem Säurespiel. Italienischen Wünschen und Geschmack entsprechen sie freilich ideal!

Der Frühling ist eine dynamische Zeit, in der allenthalben eine rege Tätigkeit herrscht: Die Bienen summen fleißig in den Apfelplantagen, sammeln Nektar und bestäuben die Blüten – ohne sie könnte es keine Ernte geben! Die Bauern spannen die Drähte für die Hagelnetze, die im Sommer die Landschaft verschandeln werden, und mähen zwischen den Zeilen, damit das wertvolle Wasser den Bäumen nicht von durstigem Gras geraubt wird. Mit ihren kleinen, wendigen Traktoren ziehen sie Spritzgeräte durch die Reihen: Gegen den gefährlichen Feuerbrand muss gerade in der Blütezeit gespritzt werden; und ist die Blüte zu reich, kommt eine Schmierseifenlösung zum Einsatz, um einem zu starken Behang vorzubeugen.

Und schließlich: In den Alpen ist ein Kälteeinbruch nichts Ungewöhnliches! Dann ertönen nachts oder in den frühen Morgenstunden die Sirenen, die Bauern springen aus ihren Betten und schalten die Beregnungsanlagen ein. Das über die Blüten gesprühte Wasser vereist und setzt dabei Wärme frei – die Temperaturen des Eises vertragen sie ohne Probleme. Ausgerechnet Eis schützt also die Blüten vor dem Erfrieren! Am Morgen, wenn die Sonne aufgeht und die Temperaturen in den Tallagen noch immer weiter absinken, ein wunderschönes, erstaunliches Bild.

Dicht an dicht stehen die Bäume: Platz darf nicht verschenkt werden – es steht nur wenig zur Verfügung! Das schöne Schloss, der Name sagt es schon, von Kastelbell zwischen Blüten und Bergen, befindet sich in Landesbesitz, kann zu Veranstaltungen angemietet werden. Mit Zementgewichten werden die Äste der Apfelbäume beschwert und in die Waagrechte gebracht, damit mehr Luft und Licht herankommen und sie mehr tragen.

JÖRG TRAFOIER

Der Wirt und Koch aus Leidenschaft hat zusammen mit seiner nicht minder enthusiastischen Frau aus einem einfachen Gasthaus ein Spitzenrestaurant mit höchst moderner Küche gemacht.

Kreativität und Bodenständigkeit sind nur scheinbar widersprüchliche Eigenschaften, die Jörg Trafoier in gleicher Weise kultiviert. Er hängt an seiner Heimat, an ihren Produkten. Der Spargel kommt vom benachbarten Feld des Burkhard Pohl (Seite 21), die Lämmer und Zicklein vom Hausberg bei St. Martin (Seite 24), die Kräuter, Gemüse, Salate und Blüten von der Bio-Gärtnerei in Latsch (Seite 27), die Brennnesseln und Wildblüten vom Rain hinter dem von einer Kuppel gekrönten Haus. »Kuppelrain« heißt der 1904 erbaute Gasthof daher, den ihm sein Vater vor 15 Jahren als Erbteil übergeben hat, gekauft zum Gegenwert eines Hektars Obstwiese. Den elterlichen Hof hat der Bruder übernommen, zieht dort – bis zu dessen Tod zusammen mit dem Vater – die Schweine für den Speck sowie die Kälber und Rinder für die Küche des »Jeune Restaurateur« auf. Nur Meeresgetier, mit dem er besonders gerne arbeitet, muss er zukaufen, und Geflügel aus dem Pustertal, außerhalb der Saison Gemüse. Der Keller, gut gefüllt mit Sirupflaschen und Gläsern voll eingemachter Früchte, gilt als einer der schönsten und am besten sortierten Weinkeller des Landes.

Jörg Trafoier, die langen Haare stets von einem gestreiften Käppi gebändigt, begrüßt seine Gäste mit Handschlag, seine fröhliche Frau Sonja serviert sofort einen Begrüßungstrunk. Man fühlt sich gleich wohl in dem hellen Raum mit leinenen Vorhängen, auf den Fensterbänken weiße Orchideen. Sonja hat nicht nur für sie ein Händchen, sondern auch für den Wein! Die ausgebildete Sommelière findet immer das Passende zu den mal klassischen, mal ziemlich kühnen

Kompositionen ihres Mannes. Natürlich pflegt die einst leidenschaftliche Rennfahrerin besonders die Weine des Vinschgaus und Südtirols, macht aber an den Landesgrenzen nicht Halt. Es fällt schwer, ihren mit fröhlich-stolzer Freude gegebenen Empfehlungen zu widerstehen – glücklich daher, wer eines der einfachen Zimmer für die Nacht vorbestellt hat! Er wird es nicht bereuen! Und während man das fürstliche Frühstück einnimmt, kommen Postbote, Installateur und Bauern vorbei auf einen Kaffee oder ein Glas Wein – denn der hübsche Vorraum ist die bodenständige Bar des Dorfes geblieben. Und wenn jetzt wieder die neu eingerichtete Vinschgau-Bahn am nahen Bahnhof hält, wird es hier noch abwechslungsreicher zugehen: ein kleines Paradies.

I
BLÜTENSALAT MIT CROUTONS

Alles, was um diese Zeit blüht und duftet, ist in diesem Salat versammelt.

Für vier Personen:
1 Schüssel voller Blüten: Apfelblüten, Schlüsselblumen, Kornblumen, Ringelblumen, Stiefmütterchen, und junger Kräuterblätter: Melisse, Löwenzahn, Thymian, Dill, Brennnesselspitzen, auch zarte Salatblätter
Schlüsselblumendressing:
1/2 TL Salz, Pfeffer, 2 EL Apfelessig, 2 EL Schlüsselblumensirup (Zubereitung siehe Löwenzahnsirup Seite 25), 3 EL Olivenöl, 1 EL Gemüsebrühe

Die Blüten und Kräuter von den Stielen zupfen, Salatblätter waschen und trockenschütteln. In einer Schüssel mischen. Mit der Marinade aus den angegebenen Zutaten erst unmittelbar vor dem Servieren beträufeln und Knoblauchcroutons darüber verteilen.

2
JAKOBSMUSCHELN UND FOIE GRAS MIT KAKAORAVIOLI

Eine jener verwegenen Kompositionen, für die Jörg Trafoier berühmt und nicht unumstritten ist. Wenn er Gegensätzliches verbindet – wie hier Gänsestopfleber mit Jakobsmuscheln –, setzt er gern Bodenständiges dazu und erzielt damit oft eine verblüffende Harmonie. Den mit bitterem Kakao gewürzten Ravioliteig füllt er mit einem Püree aus ebenfalls bitterem, wildem Hopfen. Den Ausgleich dazu bietet eine Sauce aus lieblichem Apfelmus von Golden Delicious – und alles passt zusammen!

Für vier Personen:
4 schöne Scheiben frische Gänsestopfleber, 4 ausgelöste Jakobsmuscheln mit Corail, 2 EL Olivenöl, 2 EL Butter, Salz, Pfeffer, 1 Apfel (Golden Delicious), je 1 Spritzer Zitronensaft und Balsamico
Kakaoravioli:
250 g Mehl, 2 EL bitteres Kakaopulver, 4 Eigelb, 1 ganzes Ei, Salz, eventuell 1 Schuss lauwarmes Wasser, 2 Hand voll wilde Hopfentriebe, 1 kleine Zwiebel, 2 EL Butter, Pfeffer, 1 Prise Zucker

Zuerst die Ravioli herstellen (man kann auch mehr davon auf Vorrat machen und einfrieren): Mehl und Kakaopulver mischen und auf die Arbeitsfläche häufen, in einer Vertiefung in der Mitte Eigelb, ganzes Ei und Salz geben. Zuerst mit einer Gabel vermischen, dann mit den Händen zu einem festen, formbaren Teig kneten. Eine halbe Stunde ruhen lassen. Mit der Nudelmaschine dünne Teigbänder auswalzen.
Für die Füllung Hopfentriebe in Salzwasser blanchieren, fein hacken und mit der fein gewürfelten Zwiebel in etwas Butter einige Minuten dünsten. Salzen, pfeffern, mit einer Zuckerprise würzen. Teelöffelweise Häufchen nebeneinander auf die Teigbänder setzen. Den Teig mit Eiweiß einpinseln, darüberklappen, um die Füllung festzudrücken. Quadrate ausschneiden und zu Tortellini formen. In Salzwasser in zwei bis drei Minuten gar kochen (je nach Größe).
Zum Servieren die Gänseleber in sehr heißer Pfanne auf beiden Seiten anbraten, erst dann salzen und pfeffern. Zwischen zwei vorgewärmten Tellern warm stellen. Die Jakobsmuscheln bei sanfterer Hitze ganz kurz anbraten, würzen und ebenfalls warm stellen. Im Bratfett den in Scheibchen geschnittenen Apfel weich dünsten, mit Zitrone und Balsamico, Salz und Pfeffer würzen. Im Mixer aufschlagen und ein Stückchen Butter mitmixen. Als Spiegel auf dem Teller verstreichen, die Ravioli darauf, Gänseleber und Jabobsmuscheln daneben setzen. Mit Salbei dekorieren.

3
ZICKLEIN AUS DEM ROHR

Die Zicklein bekommt Jörg Trafoier von einem Bergbauern. So zart und jung, wie sie sind, braucht es keinerlei Überlegung: In Portionsstücke zerlegt, gesalzen, gepfeffert, mit Zitronensaft und Olivenöl eingerieben, schiebt er es in der großen Reine ins Rohr. »…das Fleisch vom Zicklein braucht erstaunlich kräftige Hitze«, sagt er, »sonst bleibt das Fleisch zäh.« Dazu gibt's mitgebratene junge Kartoffeln und grünen Spargel, der in Speckscheiben gehüllt, ganz zum Schluss noch ein wenig mitbrutzeln darf…

Für vier bis sechs Personen:
1 Zickleinschulter, den Rücken mit Knochen (längs halbiert), Salz, Pfeffer, Saft von ein bis zwei Zitronen, 3 EL Olivenöl, 4–6 Knoblauchzehen, 2 Glas Weißwein, ca. 600 g junge Kartoffeln, 1 Thymiansträußchen, 1 kg grüner Spargel, 100 g hauchdünne Bauchspeckscheiben

Die Zickleinstücke mit Salz und Pfeffer einreiben, in eine Bratenreine betten und mit Zitronensaft und Olivenöl beträufeln. Die Knoblauchzehen mit der Schale zerquetschen und daneben legen. Im 250 Grad heißen Backofen zunächst 25 Minuten anbraten. Dann den Wein angießen, die Hitze auf 160 Grad herunterschalten und weitere 90 Minuten braten. Sobald der Wein verkocht ist, die gründlich gebürsteten Kartoffeln in die Reine legen, auch die Thymianzweige, und mitbraten. Immer wieder eine halbe Tasse Wasser angießen, wenn Flüssigkeit in der Bratenpfanne fehlt. Für die letzten 15 Minuten die blanchierten und paarweise in Speck gewickelten Spargel in die Bratenpfanne legen. In der Form zu Tisch bringen!

4
GEBACKENES LINDENBLÜTENEIS

Lindenblütensirup, der nach demselben Rezept wie Löwenzahn- und Schlüsselblumensirup von Seite 25 hergestellt wird, gibt der Eismasse seinen Duft. Gebacken wird das Eis in einem Filoteigmantel. Natürlich muss das schnell gehen, und die Hülle sollte dicht schließen.

Für vier bis sechs Personen:
Lindenblüteneis:
3 Eigelb, 3 gehäufte EL Zucker, 3 EL Lindenblütensirup, 1/4 l Milch, 1/4 l Sahne
Außerdem:
Filoteig, Öl oder Butterschmalz zum Fritieren, je 1/8 l Himbeer- und Marillen-(Aprikosen-)püree

Eigelb mit Zucker mit dem Handrührer dick schlagen, mit Lindenblütensirup würzen. Milch und Sahne aufkochen, kochend heiß zur Eigelbmasse gießen, gut mischen und abkühlen lassen. In der Eismaschine gefrieren. Kugeln formen, diese auf einem Tablett nochmals gefrieren, dabei Klarsichtfolie unterlegen – damit sich die Eiskugeln später leicht lösen lassen. Jede Kugel einzeln in ein Filoblatt wickeln. Ein Blatt in feine Streifen schneiden, die eingepackten Kugeln darin zusätzlich einhüllen, dabei mit etwas Eiweiß befestigen. Die Eiskugeln in heißem Öl schwimmend blassgolden ausbacken. Auf einem Spiegel aus Himbeer- und Marillenpüree anrichten. Mit Puderzucker bestäubt sofort servieren.

Zum Salat (Seite 17) serviert Sonja Trafoier Weißburgunder vom Köfelgut in Kastelbell, zu Jakobsmuscheln und Foie gras Gewürztraminer von Manni Nössing aus Brixen, zum Zickleinrücken Blauburgunder von Reinhold Messners Castel Juval. Zum Dessert edelsüßen Baronesse der Kellerei Nals-Margreid.

Beim Spargelstechen hat man für die blühenden Apfelbäume keinen Blick: Der ist auf den Boden gerichtet, um an feinen Rissen auf der glatten Oberfläche der Dämme zu erkennen, wo bald eine Spitze hervorbrechen wird! Sie darf ja nicht herausschauen, denn dann würde sie violett, später grün. Doch hier bevorzugt man die weißen Stangen, die nicht zu dick sein sollten. Um die Stangen wird die sandige Erde entfernt, der Spargel über den Wurzeln mit einem gekrümmten Messer, einer Eigenentwicklung des Ingenieurs, abgeschnitten. Enkel Johann darf die auf den Dämmen abgelegten Stangen einsammeln, die zum Verkauf noch gewaschen, dann allesamt auf gleiche Länge gestutzt und schließlich sortiert werden.

SPARGELSTECHEN

Ehe die Liebhaber des feinen Gemüses auf ihre Kosten kommen, darf der Erzeuger keine Mühe scheuen: bücken, bücken, bücken – das geht ins Kreuz! Aber für den klugen Spargelbauer lohnt es sich.

Und Burkhard Pohl ist wahrlich klug! Der diplomierte Ingenieur ist zwar genau genommen nur Hobby-Bauer – aber das mit Leidenschaft und dem Einsatz seiner kreativen Intelligenz. Einst hat er mit seinem Bruder die Schnalstaler Gletscherbahnen gebaut, dann seinen Anteil verkauft. Seither errichtet er mit seinem Sohn hauptsächlich Kleinkraftwerke. Da die Restaurateure im Frühjahr ganz wild auf die ersten zarten Spargelstangen sind, kam er auf den Gedanken, den Boden seines Ackers anzuwärmen. Er verlegte die eigentlich für die Apfelbewässerung vorgesehenen Rohre 30 cm tief in den Sand und pumpt warmes Wasser durch. Die Energie dazu stammt aus der Solaranlage auf dem Geräteschuppen neben dem Feld (wenn die Sonne scheint) oder von einer Gasheizung (bei Nacht und trübem Wetter). Die Folienabdeckung verhindert Wärmeverlust und speichert die Sonnenenergie an klaren, kalten Tagen; wird es zu heiß, kühlt er die Pflanzen durch kaltes Wasser im Röhrensystem. So erzielt er nicht nur eine um zwei Wochen frühere Ernte, sondern auch kontinuierliches Wachstum – denn jeder Kälteeinbruch versetzt dem Spargel im normalen Feld einen Schock, die Stangen wachsen drei, vier Tage nicht weiter, verholzen und sind wertlos; und an zu heißen Tagen beginnen sie in Massen zu schießen, die überreiche Ernte lässt sich nicht verkaufen. Durch sein Röhrensystem kann Burkhard Pohl jeden Tag genau die gleiche Menge stechen, kontinuierlich liefern und hat bis Ende Mai, wenn keiner mehr Spargel essen will, eine um mindestens ein Drittel höhere Ernte zu weitaus besserem Preis verkauft als seine Kollegen.

HIMMELWÄRTS

Hoch über dem Vinschgau, kühner als jede Burg auf ihrem Felsen thronend, ein irrwitziger, aber Wirklichkeit gewordener Traum: der Wohnturm der Familie Rizzi, gebaut von Werner Tscholl.

Schon die Anfahrt ist ein Abenteuer – entweder von Latsch herauf nach St. Martin im Kofel, per Seilbahn oder eine kleine, enge, steile, an manchen Stellen noch eisbedeckte Straße, keinerlei Leitplanken stören den Blick nach unten. Und Achtung: Die Ortsansässigen fahren erschreckend schnell auch um unübersichtliche Kurven.

Nur ein paar Schritte sind es von der Seilbahnstation hinüber zum Rizzi-Turm, der kühl und modern, aber durchaus nicht befremdlich, ein wenig abseits vom kleinen Ort mit seinem hübschen Kirchlein steht. Atemberaubend ist der Ausblick! Das Panorama reicht von der Sesvenna im Westen über die kolossalen Spitzen des Ortlers und die Brenta-Gruppe bis zu den Dolomiten; die ganze Länge des Vinschgauer Etschtals liegt einem zu Füßen. Und genau auf dem Absatz, sogar ein wenig hinausgebaut auf den steilen Hang, der Turm, nur erreichbar über eine sich elektrisch herabsenkende Zugbrücke.

Schwindelfrei sollte sein, wer sich in dieses Wohnhaus wagt! Die von außen geradezu wehrhaft wirkende, mit Naturstein verkleidete Mauerschale öffnet sich zum Tal hin weit: Das halbe Rund ist verglast, Licht fällt durch das Dach hinein. Edelstahl, Glas, Lärchenholz und Sichtbeton sind die Materialien des rund 500 Quadratmeter großen Wohnbereichs, der sich auf vier Etagen verteilt. Dazu kommen jeweils großzügige Balkons und Terrassen. Eine grazile Wendeltreppe führt in die Turmspitze. Auf der Eingangsebene liegen die Kinder- oder Gästezimmer. Darunter ein Schlafzimmer mit großzügigem Bad, vom Bett aus

blickt man direkt in die Berge … Atemberaubend, so aufzuwachen! Daneben – das Haus ist schließlich für einen Unternehmer geplant – ein Büro. Erneut eins tiefer: Wohnzimmer mit Essbereich, Küche, Wintergarten und eine modern interpretierte Stube. In der Basis schließlich ein Pool, grünlich in den Steinwänden schimmernd, gesäumt von Pflanzen, die wie Skulpturen wirken; natürlich fehlen Sauna und Whirlpool nicht, und die uneinsehbare Terrasse lädt zum Sonnenbad.

Wer baut sich so etwas? Ein bedeutender und wohlhabender Kaufmann, Obst- und Gemüsehändler aus Latsch. Eigentlich wollte Walter Rizzi die Burgruine »Rotund« in Taufers im Münstertal für sich sanieren. Nachdem das Vorhaben platzte, besann er sich auf sein Grundstück in St. Martin auf 1730 Meter Höhe, also 1200 Meter über dem Talgrund. Hier sollte eine Burg des 20. Jahrhunderts entstehen! Auf einem Bierfilz hat Werner Tscholl den ersten Entwurf gemalt – es wurde eine Art Rotunde; nach dem Friedhof in Latsch das zweite große Projekt des 1955 geborenen Architekten, ebenfalls aus Latsch. Es hatten sich zwei typische Vinschgauer gefunden, kreativ und mit einem starken Hang zum Ungewöhnlichen (in Latsch entsteht inzwischen der zweite Coup der beiden, die Zentrale der Firma Selimex, ein skulpturaler, verglaster Quader in einem See). Die Baugenehmigung für den auf das Wesentliche reduzierten Wohnturm war nicht einfach zu bekommen, aber schließlich wurde das kühne Werk auch vom Landschaftsschutzamt genehmigt und nach siebenjähriger Bauzeit im Jahr 1999 vollendet.

Aber jetzt weigerten sich die Kinder des Bauherrn, nach hier oben zu ziehen – zu abgelegen, zu isoliert für ein dauerhaftes Domizil! So ist es nun ein ungewöhnliches Wochenendhaus. Außerdem kann man es mieten: Für Modeaufnahmen, zu Tagungen, als Ferienhaus. Und wer hier nur faulenzen und doch vorzüglich speisen will, kann sich von Jörg Trafoier verwöhnen lassen – der kommt selbst gerne hier herauf und kocht für Sie, was Sie mögen!

Steil sind die Hänge am Sonnenberg bei Sankt Martin. Da müssen, so sagt man, auch die Hühner Steigeisen tragen! Schafe und Ziegen pflegen die Landschaft -Trafoier bekommt von hier seine Lämmer und Zicklein. Der klare, gleichzeitig massive wie elegante Turm hat die Ortsansässigen zunächst aufgebracht. Aber heute finden die meisten, dass er absolut harmonisch in die Alpenlandschaft passt.

I

SPARGEL MIT TAUBENBRUST UND LÖWENZAHN-KARTOFFEL-SALAT

Angemacht ist der Kartoffelsalat mit einem Dressing, das mit Löwenzahnsirup parfümiert ist. Dafür lässt Trafoier zwei Hand voll Blütenblätter in einem Liter Läuterzucker (Seite 205) 48 Stunden ausziehen, anschließend filtern und in Flaschen füllen. Hält, kühl und dunkel aufbewahrt, bis zum nächsten Jahr.

Für vier Personen:
Kartoffelsalat:
800 g festkochende Kartoffeln, 2 Hand voll Kräuter: vor allem junge Löwenzahnblätter, auch Schnittlauch, Petersilie, Liebstöckel, Salz, Pfeffer, 4 EL Apfelessig, 2 EL Löwenzahnsirup, 4 EL Olivenöl, ca. 3-4 EL warme Gemüsebrühe
Außerdem:
Je 500 g grüner und weißer Spargel, Salz, 50 g Butter, 4 ausgelöste Taubenbrüste (oder 2 Tauben), 2-3 EL Olivenöl, 3 Knoblauchzehen, 2 Thymianzweige, 1 Rosmarinzweig, 1 Glas Rotwein, 1/8 l dunkler Fond, Balsamico

Kartoffeln kochen, kurz abkühlen lassen, pellen und in Scheibchen schneiden. Die Kräuter hacken. Mit einer aus den angegebenen Zutaten aufgeschlagenen Marinade anmachen. Soviel Gemüsebrühe zufügen, bis der Kartoffelsalat schön saftig ist.
Spargel schälen. Grünen Spargel in Salzwasser bissfest kochen und abschrecken, damit er seine leuchtende Farbe erhält. Weißen Spargel mit Salz und einem Stich Butter gar kochen.
Die Taubenbrüste in einer Mischung aus Olivenöl und einem Löffel Butter kross braten, dabei zerquetschten Knoblauch und die Kräuter mitbraten, auch salzen und pfeffern.
Das Fleisch, in Alufolie gewickelt, im Backofen bei 120 Grad etwa 15 Minuten ziehen lassen. Unterdessen den Bratensatz mit Rotwein und Fond ablöschen und bis auf 4-5 Esslöffel einkochen. Die restliche Butter einrühren und abschmecken.
Wie auf dem Photo hübsch anrichten. Dekorative Tupfen aus eingekochtem Balsamico auf die freie Tellerfläche klecksen.

ECHT ALTERNATIV!

Einfach nur »Bio«, das ist ihnen nicht genug, den Bauern vom »Bund alternativer Anbauer«: Sie setzen ganz auf die Pflege des Bodens und seine Lebenskraft, verzichten auf alle Spritzmittel.

Schon die alten Römer kannten in der Landwirtschaft Mittel, um Krankheitssymptome zu beseitigen: Schwefel und Kupfer werden seit Jahrtausenden im Wein-, Obst- und Gartenbau eingesetzt, um Mehltau, Rost, Schorf und andere den Ertrag beeinträchtigende, von Pilzen oder Bakterien hervorgerufene Krankheiten zu bekämpfen. Und unsere heutigen Bio-Bauern dürfen dies nach den verschiedenen EU- und nationalen Richtlinien auch. Nur die im konventionellen Anbau üblichen Schutzmittel, Insektizide und Herbizide sind ihnen untersagt – wobei dieser heute auch in Südtirol integriert-kontrolliert durchgeführt wird; das heißt, es wird nicht mehr vorsorglich und auf Verdacht gespritzt, sondern erst, wenn ein alarmierender Schadensdruck festgestellt wird. Trotzdem: Hier werden Symptome bekämpft, nicht die Erkrankung selbst verhindert. Kann man denn überhaupt Pflanzen ziehen und Gemüse anbauen, ohne zu spritzen? Man kann! Der heutige Mensch, durch höchst unterschiedliche wissenschaftliche Erkenntnisse klüger geworden, kann, in Kombination mit den schon in der Vergangenheit bewährten Verfahren, absolut natürliche Schutzmaßnahmen ergreifen. Zunächst ist der richtige Standort wichtig – Mikroklima und Bodenbeschaffenheit müssen der Art beziehungsweise der Varietät entsprechen. Eine geeignete Fruchtfolge und Vielfalt der angebauten Produkte ist selbstverständlich – nur so wird der Boden regeneriert und nicht ausgelaugt. Der Boden muss darüber hinaus so gepflegt werden, dass sich die Pflanze aus ihm ernähren kann – also nicht die Pflanze gedüngt wird, wie in der konventionellen Land-

wirtschaft, sondern die Lebewesen im Boden (Bakterien, Pilze, Würmer) unterstützt, damit sie ihre wichtige Arbeit der Bodenaufbereitung leisten können. Als Dünger dienen Kompost, Ton- und Gesteinsmehle, Strohmehl, behandelt und gestärkt mit biologisch-dynamischen Präparaten, Kräuterbrühen, -jauchen und -tees, allen möglichen Gesteinsmehlen, Meeralgen- und Dolomitkalk sowie Propolis, eine harzartige, dunkelgelbe Masse, die von den Bienen geliefert wird und einen hohen Anteil von wertvollen Pflanzenwirkstoffen enthält, die so genannten Flavonoide. Dies alles stärkt die Pflanzen so, dass sie für Krankheiten nicht anfällig sind!

Freilich ist diese Produktion mit Mehrarbeit und besonderer Sorgfalt verbunden. Das muss sich im Preis niederschlagen, was jedoch inzwischen von der Kundschaft immer besser akzeptiert wird.

Die Gärtnerei in Latsch hat aber noch eine weitere Funktion – sie dient der »Arbeitsrehabilitation«: Menschen mit einer psychischen Erkrankung werden hier in die Arbeit mit der Natur eingebunden, erleben den Zyklus des Wachstums, was sich positiv auf ihre Verfassung auswirkt. Die Arbeiten sind relativ einfach zu begreifen, und die neun Kranken können mit der Zeit immer mehr Verantwortung übernehmen. Finanziert wird der biologische Gartenbau von den Vinschgauer Gemeinden, geleitet von Peter Grassl, der eigentlich Hotelkaufmann war und aus dem Sozialdienst kam. Heute ist er zudem ein mit besonderem Wissen ausgestatteter Gärtner, den man inzwischen europaweit für seine Kenntnisse schätzt.

Der Ansitz Mühlrain in Latsch, genannt das »Rote Schloss« – einer der wenigen Barockbauten im Vinschgau, leider schlecht in Stand gehalten. Links unten: Peter Grassl inmitten seiner Jungpflanzen, die wegen kalter Frühjahrsnächte im Gewächshaus herangezogen werden. Außerdem produziert die Gärtnerei Gesundheitstees aller Art – den Blättern wird in einer dunklen Kammer durch ein Entfeuchtungsgerät, das gleichzeitig die Luft erwärmt, das Wasser entzogen, so dass Farbe und Aromen optimal erhalten bleiben. Das italienische Pharmazie-Gesetz verbietet es den Produzenten jedoch, auf die Packung zu schreiben, wofür oder wogegen sie wirken. Die vielen Sonnenstunden lassen selbst Auberginen, Artischocken und Peperoncini hier oben auf mehr als 600 Metern Höhe gedeihen.

IDEALE BURGUNDER

Vinschgauer Wein galt als einfacher, eher säuerlicher Tropfen. Jetzt entdeckt man, dass Lage, Boden und Klima in perfektem Zusammenspiel auch anspruchsvollere Weine hervorbringen können.

Das Köfelgut von Martin Pohl in Kastelbell ist nach oben, also nach Westen hin, das letzte Weingut im Vinschgau, das hauptsächlich Rotwein erzeugt: Fast zwei Drittel beträgt der Anteil von Blauburgunder (Pinot Noir, Spätburgunder). Hinzu kommen mit jeweils rund zehn Prozent Vernatsch, Weiß- und Grauburgunder (Ruländer), schließlich Gewürztraminer und Riesling. Das Terroir, also Lage, Boden und Klima, bekommt den Burgundersorten besonders gut: Der mineralische, humusarme Schieferverwitterungsboden des steilen Schuttkegels von Kastelbell zwingt die Rebstöcke, ihre Wurzeln in die Tiefe zu treiben. Im Frühjahr fließt die Kälte ab, Frostschäden sind selten. Im Sommer speichert er die Sonnenwärme, gibt sie nachts wieder ab, die Trauben reifen schneller. Im Herbst sind die Tage weiterhin heiß, die Nächte eher kühl, so dass die fruchtigen Säuren erhalten bleiben. Dies alles erbringt, unterstützt von einer rigorosen Ertragsbegrenzung und einer rechtzeitigen Lese, teils angenehm frische und lebendige Weine mit verhaltenem Säurespiel und gutem Trunk, im Falle des Spätburgunders »Fleck« sogar einen vielschichtigen, gleichzeitig eleganten und kraftvollen Tropfen, der einen maßvollen Barrique-Ausbau erfährt.

Freilich muss vier bis fünf Mal bewässert werden: Der geringe Niederschlag (unter 500 mm) kommt selten zur rechten Zeit und reicht nicht aus, denn der steinige Boden speichert das Wasser nicht. Manchmal lässt Martin Pohl die Beregnung kurz laufen, um die Temperatur im Weinberg von über 40 auf unter 30

Grad zu senken! Dabei muss er keine Angst haben, dass durch die Feuchtigkeit Mehltau (Oidium und Peronospera) gefördert wird: Es weht immer ein Wind, der das Laub rasch trocknet! Und da die über die Berge und Gletscher herabfallende Höhenluft überdies praktisch keimfrei ist, muss er nur ein Drittel dessen spritzen, was am Kalterer See nötig ist. Schnitt und Lese erfolgen per Hand, auf Herbizide wird in der Regel verzichtet. Die Kunden wissen dies alles zu schätzen: Die Ernte ist stets bald ausverkauft!

Das Köfelgut, eines der stattlichsten Anwesen der Region, produziert neben Wein ganz ausgezeichnete Obst-Destillate – auf über vier Hektar wurde früher vielerlei Obst – hauptsächlich Birnen – angebaut. Als deren Preisverfall einsetzte, kehrte Vater Hubert Pohl 1971 als Erster im Vinschgau wieder zum Weinbau zurück – und wurde mitleidig belächelt. Seine Pionierarbeit trägt heute Früchte!

BIZARRE WELTEN

Carletto, begabt mit einer skurrilen, anscheinend unerschöpflichen Phantasie, gestaltet mit Trödel und Nippes, mit Gegenständen des Alltags und Raritäten ein Clublokal der wahrlich besonderen Art!

*H*ier findet niemand durch Zufall hin! Man muss sich telefonisch anmelden und von Carletto persönlich eine Einladung bekommen. Dann parkt man an den Quadrathöfen bei Partschins und steigt die mit grünem Plastikrasen belegte Treppe zu dem hinter Apfelbäumen versteckten »Hexenhaus« hinauf. »Vereinswirtschaft – Eintritt nur für Vereinsmitglieder«, steht an der Tür. Links davon eine Klingel…
Man betritt eine erstaunliche Welt: ein hängendes Flaschenregal vor den Apfelblüten; Puppen in Brautkleidern; Arrangements von Möbeln, Vasen, Parfumflakons, Nippesfiguren und Photos, Aschenbechern und alten Schreibmaschinen; hier lugt das Vorderteil eines veritablen Mercedes aus der Dekoration, dort erscheint als Altar-Projektion der sagenhafte, viel zu früh bei einem Flugzeugabsturz ums Leben gekommene Koch Godio aus dem Ultental, der auf geniale Art die Erneuerung der Südtiroler Küche in die Wege geleitet hat. Hausherr Carletto, der mit 15 Jahren bei der Gastronomenfamilie Eisenkeil im Palace-Hotel in Meran als Page begonnen, später im Service gearbeitet und schließlich die legendäre Bar geführt hat, begrüßt jeden Gast mit Handschlag. Aperitif auf der Terrasse, an der Bar oder gleich am Tisch. Das eigentliche Restaurant ist ein ausgedehntes Labyrinth von Kellern, die Carletto in den 30 Jahren, seit er das Anwesen besitzt, in den Fels hat hauen lassen. Auf den Tischen alle möglichen Kräuter in Töpfen.
Die Überraschungen sind Programm: Ein Menü aus lauter kleinen Gerichten, nicht im Voraus bestellt, sondern nach Bedarf von Carlettos Frau (die nie das

Restaurant betritt!) und den beiden Töchtern in der Küche im ersten Stock zubereitet, bis man gesättigt ist: Es beginnt mit Würsten, Schinken und Salaten, es folgen Risotto und Pasta, Püfferchen und Täschchen, Nocken und Omeletts, gefüllte Pfannkuchen aus den Eiern der hundert Hühner, die ums Haus herumlaufen, Aufläufe, viel Gemüse und Käse, wenig Fleisch ... Denn, sagt Carletto, 80 Prozent der Gäste sind weiblich, und die Damen mögen geschmackvolles Gemüse in vielerlei Variationen – und nicht nur die langweiligen Fleischbrocken der Herren. Die sollen sich anpassen! Und staunen über die Hüte an der Decke, die Sammeltassen und Schnapsfläschchen, die Stick-, Strick- und Glasbilder, die kuscheligen Häschen, Hündchen und Kätzchen aus Stoff ...

Die Dekoration unter dem gläsernen Boden der Toilette ändert Carletto wöchentlich oder zu bestimmten Anlässen. Wie auch die Kleider der Schaufensterpuppen: Sie tragen im Sommer Bikini und im Winter natürlich Pelz ...

1
GEFÜLLTE PALATSCHINKEN

Genial einfach, wunderbar vorzubereiten und umwerfender Geschmack! Die Pfannkuchen müssen jedoch zum Füllen heiß sein, damit der Käse schmilzt – in der Mikrowelle oder über Dampf.

*Für vier bis sechs Personen:
3 Eier, 120 g Mehl, Salz, 1/2 l Milch, Butter zum Backen, 200 g Frischkäse, Pfeffer, 1 EL Olivenöl, Muskat, Schnittlauch, eventuell etwas Zitronenschale, 30 g Butter, Salbeiblätter*

Eier mit Mehl verquirlen, dabei salzen und schließlich so viel Milch unterrühren, bis ein dünnflüssiger Pfannkuchenteig entstanden ist. Hauchdünne Crêpes daraus backen.
Frischkäse mit Salz, Pfeffer, Öl, Muskat, auch Schnittlauch und Zitronenschale würzen.
Zum Servieren jeweils zwei Esslöffel Frischkäse auf den heißen Pfannkuchen setzen, aufrollen und sofort servieren. Mit brauner Butter beträufeln, in der Salbeiblättchen geröstet wurden.

SPARGEL UND WEIN

Ein kulinarischer Zweiklang, der die Herzen der Feinschmecker höher schlagen lässt – in Terlan hat man daraus einen Kult gemacht. Und die Bozner Sauce als dritte Stimme hinzugefügt…

Terlan ist das Zentrum des Südtiroler Spargelanbaus, und im Frühjahr kann man hier in allen Gasthäusern – aber auch in den Nachbarorten Klaus und Siebeneich – Spargel genießen. Klassisch mit zerlassener oder brauner Butter, begleitet von Südtiroler Speck oder noch lieber (gekochtem) Prager Beinschinken; sehr landestypisch die Kombination mit Knödeln und Salat; die regionale Spezialität aber sind Spargel mit Bozner Sauce und Schinken! Hier in Terlan hat sie das Licht der Welt erblickt, im Gasthaus Huber-Schwarz: Dort ließen sich die Bozner Bürger den frischen Spargel auftischen, würfelten dazu nach italienischer Art hart gekochte Eier, die sie sich mit etwas Essig anfeuchteten, mit Salz und Pfeffer würzten. Dieses Gemansche fand die Wirtin nicht eben appetitlich, und weil sie eine freundliche Frau war, nahm sie den Gästen die Arbeit ab, fügte als gute Köchin noch Senf und Olivenöl hinzu sowie Schnittlauchröllchen – die Bozner Sauce war geboren!

Der Spargelanbau ist für Terlan seit der Mitte des 19. Jahrhunderts belegt, wurde aber in den fünfziger Jahren von Apfelbäumen verdrängt – mit Äpfeln ließ sich mehr verdienen … In Terlan wurde jedoch weiterhin Spargel serviert, billige Ware aus der Poebene.

Mit den sechziger Jahren kam der Tourismus. Vater Huber baute mitten in den Wein- und Obstgärten ein Gästehaus: Die Gäste wanderten tagsüber, am Frühstückstisch wurde das Abendessen besprochen. Mutter und Tochter Marlies kochten, Sohn Helmut servierte, der Vater kümmerte sich um Wein und Obst und um das Spargelfeld, das er wieder – als Erster in Terlan –

am Ufer der Etsch in sandiger, mineralstoffreicher Erde anlegte. Heute gibt es wieder ein Dutzend Spargelbauern, die ihre Stangen unter dem Logo Margarete (nach der von hier stammenden Maultasch) über die Kellereigenossenschaft vermarkten, die auch den Terlaner Spargelwein liefert, einen leichten Sauvignon. Also keinen Terlaner, den wohlbekannten, süffigen Tropfen, der mindestens 50 Prozent Weißburgunder enthalten muss. Spitzenwein der Kellerei ist der komplexe, ungemein klare, geradezu kristalline Sauvignon Quartz. Hingegen wäre die alte Sorte Weiß Terlaner mit ausschließlich weiblichen Blüten fast ausgestorben. Sie ist auf Fremdbestäubung angewiesen, daher unberechenbar im Ertrag. Aber mit eigenem Charakter. Ein Kreis von Liebhabern keltert aus ihr einen raren Wein – genannt TERLANERin!

I
BOZNER SAUCE MIT SPARGEL

Ganz klar, dass es etwa ebenso viele Rezepte für die berühmte Bozner Sauce gibt wie Bozner Hausfrauen. Nachdem sie jedoch in diesem Hause erfunden wurde, halten wir uns gern an die hier gepflegte Version.

Für vier Personen:
5-6 Eier, 2-3 EL milder Essig, Salz, Pfeffer, 1 EL Senf
3-4 EL Olivenöl, Schnittlauch

Die Eier (am besten sind sie keineswegs vom selben Tag, sondern fünf bis zehn Tage alt!) in acht bis neun Minuten nicht ganz hart kochen. Noch warm pellen und von Hand oder mit dem Eierschneider würfeln. In einer Schüssel sogleich mit dem Essig, Salz, Pfeffer, Senf und Olivenöl verrühren, reichlich Schnittlauchröllchen untermischen. Dazu den heißen, abgetropften Spargel servieren sowie mild gesalzenen gekochten Schinken.

Aus der schlichten Pension »Weingarten« wurde ein komfortables Hotel mit Restaurant, Pool, Gastgarten und einer 120 Jahre alten Holzstube aus dem Ahrntal. Natürlich wird nur der eigene Gourmetspargel angeboten, tagesfrisch! Er ist nicht so dick wie der Delikatess, aber gerade und makellos – nur 31 Prozent der Erzeugung fallen auf ihn. Klassisch darf kleine Unebenheiten aufweisen, Minispargel eignet sich zum Grillen und in Salaten, Bruch und Spitzen kommen in Risotti, Ragouts und Füllungen oder werden zur Suppe verkocht.

2 SPARGELNOCKEN

Die geliebten traditionellen Südtiroler Nocken, im Frühjahr statt mit Käse mit gewürfeltem, blanchiertem Spargel – das ergibt eine verblüffend leichte Konsistenz und schmeckt herrlich!

Für vier bis sechs Personen:
200 g Weißbrot, 1/8 l Milch, 1 kleine Zwiebel, 1 EL Butter, 100 g Magerquark, 2 Eier, 200 g Spargel (gewürfelt und blanchiert), 2 EL Mehl, Salz, Pfeffer, Muskat, gehackte Petersilie, eventuell Semmelbrösel

Das Brot würfeln, mit der heißen Milch vorsichtig beträufeln und einweichen – es darf nicht zu feucht werden! Zwiebel fein würfeln und in der Butter weich dünsten. Mit Brot, Quark, Eiern und den Spargelwürfeln gründlich mischen, dabei das Mehl und feingehackte Petersilie einarbeiten. Kräftig würzen, mit Salz, Pfeffer und Muskat.
Die Masse eine halbe Stunde kalt stellen und quellen lassen. Mit angefeuchteten Händen längliche Nocken daraus formen, in Salzwasser etwa 10 bis 12 Minuten leise köcheln. Mit gebratenen Spargeln hübsch anrichten. Mit geriebenem Parmesan bestreuen und mit brauner Butter beträufeln.

Helmut Huber betreibt mit Ehefrau Heidi (links) das gastliche, bei der Bozner Prominenz beliebte Haus. Seine Schwester Marlies schied aus, weil sie sich nicht zwischen Familie und Hotel aufreiben wollte – inzwischen ist sie eine bekannte Batikkünstlerin. Rechts ihre Freundin Ulli Haselsteiner

3
SPARGELRISOTTO

Damit der Spargel noch ein wenig Biss hat, wird er separat gedünstet und erst kurz vor dem Fertigstellen des Risotto untergerührt.

Für vier Personen:
1 Zwiebel, 2 EL Butter, 2 Tassen Risottoreis (Carnaroli, Arborio oder Vialone Nano), 1 Glas Weißwein, ca. 1 l Spargel- oder Gemüsebrühe, 400 g Spargel, 50 g Butter, Salz, Pfeffer, Muskat, 30 g frisch geriebener Parmesan, Schnittlauch

Zwiebel fein würfeln und in der Butter andünsten, Reis zufügen und gründlich mitschwitzen lassen. Bevor er zu rösten beginnt, Wein angießen, dann nach und nach immer nur kellenweise die heiße Brühe angießen und den Risotto leise köcheln lassen, bis die Körner weich sind, aber ganz innen einen zarten Kern haben. Salzen.
Unterdessen den Spargel schälen, zentimetergroß würfeln, in einem gut schließenden Topf geben, 3 Esslöffel Butter darauf verteilen, salzen und aus der Mühle pfeffern. Zugedeckt etwa 10 Minuten dünsten. Schließlich mitsamt dem entstandenen Saft unter den nahezu fertigen Risotto rühren. Jetzt auch Parmesan und die restliche Butter einarbeiten. Miteinander noch kurz durchziehen lassen und schließlich in tiefen Tellern servieren. Mit Schnittlauch bestreuen, mit Spargelspitzen garnieren.

4
SPARGELSTRUDEL

Sieht hübsch aus und lässt sich gut auch für eine größere Gästeschar machen.

Für vier Personen:
3 Blätterteigplatten, 1,5 kg Spargel, Salz, Pfeffer, Muskat, 30 g Butter, 1 Prise Zucker, Zitronensaft, 2 EL frisches Tomatenpüree, 1 EL Olivenöl, 300 g Spinat, 250 g gekochter Schinken in dünnen Scheiben, 1 Ei, 3 EL Sahne

Blätterteig auftauen, die Platten aufeinander legen und rechteckig dünn ausrollen.
Den Spargel schälen, in Salzwasser nur halb gar kochen. Die Stangen am unteren Ende jeweils um 2 cm kürzen. Diese Stücke in wenig Spargelsud weich kochen. Mit einer Schaumkelle herausheben, im Mixer glatt pürieren, dabei so viel Kochsud zufügen, bis eine cremige Sauce entstanden ist; etwas Butter mitmixen, um die Sauce zu binden. Mit Salz, Pfeffer, Zucker und Zitrone würzen. Die Hälfte davon abnehmen, Tomatenpüree und Olivenöl untermixen.
Spinat putzen und blanchieren. Gut abtropfen, auf der Blätterteigfläche verteilen, salzen, pfeffern und mit Muskat würzen. Den Schinken darauf ausbreiten. Die Spargelstangen als längliches Paket in der Mitte auf- und übereinander anordnen. Auch den Spargel pfeffern und mit Muskat würzen. Den Teig über den Spargelstangen zusammenschlagen, eine Rolle wickeln. Auf ein mit Backpapier belegtes Blech setzen. Die Oberfläche mit Eigelb einpinseln das mit Sahne verquirlt ist. Bei 200 Grad etwa 25 bis 30 Minuten goldbraun backen. Mit einem gezackten Messer in Stücke schneiden. Auf warmen Tellern anrichten, mit Klecksen der beiden Saucen hübsch garnieren.

PALESTINA-WEIN

Klaus Lentsch ist ein junger Mann, aber einer mit Visionen und voller Leidenschaft für gute Produkte: vor allem große Rotweine, regionaltypisch und ausgereift, passend zu Fleisch und Wild…

Der Boden aus verwittertem rotem Porphyr glüht unter der Sonne, absorbiert ihre Energie, gibt nachts die Wärme ab. Hier gedeihen wuchtige Tropfen aus Cabernet Sauvignon, Merlot und der autochthonen, nur im Kessel von Bozen und im Unterland heimischen Rebsorte Lagrein. Klaus Lentsch strahlt: »Fleischig, salzig, mineralisch! Im Boden wird der Wein gemacht, im Keller kann man nur die Lesequalität verschlechtern!«

Familie Lentsch betrieb einst den Abbau des Porphyrs, der in die ganze Welt verschickt wurde: Auch der Rote Platz in Moskau ist damit gepflastert. Sie erwarb den Adlerhof mit dem Gasthaus »Zum Schwarzen Adler« in Branzoll bei Leifers, der heute nur noch als Keller dient. Großvater Hartmann begann mit dem Weinbau für den Ausschank im Gasthaus, Enkel Klaus führt die Tradition fort, verwaltet das Familiengut. Von den 35 Hektar entfallen 12,5 auf Wein, der Rest auf Äpfel. Der Wein wurde zwischenzeitlich an Kellereien verkauft, erst seit 1997 füllt Klaus Lentsch ihn als Eigengewächs ab. Er hat in San Michele Weinbau studiert, musste aber vorzeitig abbrechen, als sein Onkel krank wurde. Sein Spitzenwein aus 60 Prozent Cabernet und 40 Prozent Merlot heißt »Palestina« – der Name entstand im 19. Jahrhundert, als der Besitzer, Korvettenkapitän der österreichisch-ungarischen Flotte, im Mittelmeer kreuzte: Die Canelini, Wanderarbeiter aus dem bitterarmen Trentiner Kanaltal, die seine Weinberge anlegten, antworteten auf die Frage, wo der Besitzer sei: »Palästina«. Die Arbeiter zogen weg, der Name blieb…

Im vulkanischen Porphyr entstand beim Erstarren ein verzweigtes Höhlensystem. Die im feuchten Gestein abgekühlte Luft sinkt herunter und tritt aus den Öffnungen in den kunstvoll gefügten Stützmauern gegen den Berg aus, wie links zu sehen: Auch im Hochsommer bleibt sie acht bis zehn Grad kalt — ideal zum Kühlen der Getränke, wenn man ein Fest feiert oder unter der Arbeit eine Ruhepause einlegt! Obwohl die Reben hier im heißesten Weinberg des Gutes den ganzen Tag der Sonne ausgesetzt sind, reicht die Vegetationsperiode gerade eben aus, dass der Cabernet die volle physiologische Reife erreicht!

BAITA GARBA

»Behagliche Hütte« stimmt: Der Forellenteich im Wäldchen mit angeschlossenem Ausflugslokal für die ganze Familie ist schon eine erstaunliche Oase im vom Verkehr durchbrausten Etschtal!

*E*ines schönen Tages im Jahre 1973 ging der leidenschaftliche Forellenfischer Eraldo Atz zwischen Laag und Salurn spazieren und entdeckte eine munter sprudelnde Quelle. Sofort sah er einen ergiebigen Forellenteich vor seinem geistigen Auge. Ohne zu zögern, kaufte er den Grund und legte einen Teich an, rodete den angrenzenden Wald und baute eine Baita hinein, eine Schutzhütte. Aus der ist längst ein fester Bau mit weitläufigen Gasträumen geworden, der einst kleine Gastgarten ein terrassiertes, gekiestes und sorgfältig gepflegtes Ausflugslokal.

Spezialität sind natürlich die Fische aus dem Teich, sowohl Bach- wie Regenbogenforellen. Man kann sie sich selbst herausfischen oder fischen lassen, zum Mitnehmen einpacken oder hier blau zubereitet essen. Ansonsten werden die Forellen morgens gefangen, denn sie müssen ja ein paar Stunden ruhen und entspannen, wenn man sie in der Pfanne braten will, ohne dass sie sich aufbiegen und zerfallen. Forelle Müllerin oder gefüllt mit einer Knoblauch-Petersilie-Butter-Brösel-Mischung sind die beliebtesten Spezialitäten, doch werden über 30 Rezeptvarianten angeboten, zudem Fleisch vom Grill. Krönung für hungrige Esser ist der Riesengrillteller mit Fisch und Fleisch! Nun ja. Aber ansonsten gilt: gute Produkte, kühlender Schatten, eine erstaunlich reich sortierte Weinkarte, schnelle Bedienung, günstige Preise – ein Ausflugslokal, was will man mehr?

1
MARINIERTE FORELLE

Man sollte die Forellen vier, fünf Tage vor dem Servieren ansetzen, damit sie von der Marinade durchdrungen werden kann.

Für vier Personen:
*4 Portionsforellen à 300 g, Salz, Pfeffer, Mehl zum Wenden,
4-5 EL Olivenöl zum Braten*
Marinade
*1/8 l Weißweinessig, 3/8 l Weißwein, 1 Möhre, 1 Zwiebel,
2 Selleriestangen, 4 Wacholderbeeren, 1 TL Pfefferkörner,
2 Lorbeerblätter, 2 Petersilienstengel, Salz*

Zuerst den Sud kochen: Essig und Wein erhitzen, in Streifen und Ringe gehobelte Möhre, Zwiebel und Sellerie sowie die übrigen Zutaten zufügen. Kräftig salzen und 10 Minuten köcheln.
Die Forellen innen salzen und pfeffern, in Mehl wenden und im heißen Öl auf beiden Seiten bei milder Hitze insgesamt etwa 4-5 Minuten sanft braten.
Den Sud mitsamt den Gemüsen abgekühlt über die Forellen gießen. Zum Servieren die Forellen auf einem Bett vom Würzgemüse anrichten.

2
FORELLE MÜLLERIN

Der Pfiff in diesem Fall: Die Forelle wird statt in Mehl in Hartweizengrieß gewendet, und der sorgt für einen wunderbaren Biss.

Pro Person:
*1 küchenfertige Forelle (ca. 350 g), Salz, Pfeffer, 2-3 EL
Hartweizengrieß, Olivenöl zum Ausbacken*

Die Forelle auswaschen, abtrocknen, innen und außen mit Salz und Pfeffer bestreuen. Den Grieß auf Zeitungs- oder Küchenpapier verteilen, die Forelle darin drehen und wenden, bis sie überall hauchdünn überzogen ist. Überschüssiges abschütteln. Sofort in heißes Olivenöl gleiten lassen, das jetzt heftig aufrauschen sollte. Auf beiden Seiten je 2-3 Minuten backen, bis die Panierung knusprig ist und in dunklem Gold leuchtet.

Man sitzt unter lichten Kirschen, dichten Fichten und Eiben oder in Weinlauben auf holzgezimmerten Bänken — Großfamilien an Tafeln hier, Paare an Tischchen dort. Zäune und gewachsene Hecken unterteilen das Areal, so dass man sich nirgendwo als Masse fühlt. Die Sauerstoff spendende Fontäne im Forellenteich sorgt für angenehme Kühlung im oft heißen Talgrund. Die Bedienung — viele Pakistani darunter — ist zuvorkommend und flink, die Ausrüstung höchst modern: Die Bestellungen gehen drahtlos an Küche und Kasse. Wartezeiten gibt's auch bei größerem Andrang nicht.

IM DENKMAL SPEISEN

Die Gaststuben der Rose in Kurtatsch gehören zu den ältesten und schönsten des Landes. Arno Baldos Küche aber ist modern, verbindet regionale Tradition mit persönlicher Kreativität.

*E*ng die Straße, hoch das mächtige, wehrhaft wirkende Haus, knapp der Parkplatz, schmal der Innenhof, steil die Treppe hinauf zu den Stuben: Ein altehrwürdiges Gebäude mitten in einem Südtiroler Weindorf hat seine eigenen Gesetze, stellt hohe Anforderungen an die Betreiber, die damit so manches Mal ihre Last haben. Zum Beispiel an einem schönen Frühlingstag, wenn die Gäste aus dem Norden in der wärmenden Sonne sitzen wollen und niemand in einer Stube. Dabei sind die Stuben der Rose gerade dann genau das Richtige für Feinschmecker: Es herrscht weniger Trubel als im Winter – wenn die Einheimischen hier essen! –, und Wirt Arno Baldo sowie seine Frau Doris, die den Service leitet, haben ausreichend Zeit, sich um ihre Gäste zu kümmern.

Doch zunächst muss man sich umschauen in den wunderschönen getäfelten Gaststuben des 13. und 14. Jahrhunderts, die davon zeugen, wie wohlhabend man hier einst war. Der Kachelofen von 1480 gilt als der zweitälteste in Südtirol, der noch wohlige Wärme verbreitet. Die Tische sind sorgfältig mit schönen Materialien gedeckt, die Serviette zur Rose gefaltet.

Arno Baldo stammt aus dem nahen Margreid, sein Vater hat aus dem Trentino dorthin geheiratet. Da Ehefrau Doris aus Eppan kommt, liegt Kurtatsch sozusagen im Zentrum der Region, aus der sich der leidenschaftliche Koch seine Anregungen holt. Und am liebsten auch Fleisch, Salate, Kräuter und Gemüse, was freilich nicht das ganze Jahr über klappt: Im Winter muss er die Produkte aus südlicheren Gefilden kaufen, natürlich auch Fisch und Meeresfrüchte. Mit feinem Gefühl für das Wesen der überlieferten Rezepte, handwerklichem Können und Phantasie ist es ihm gelungen, eine moderne, schlankere, klarere Südtiroler Küche zu verwirklichen, welche die Bodenhaftung, den Bezug zum Terroir, nicht verloren hat. Speisen, die auch eine stets eindeutige und den Geschmack fördernde Plattform für den hervorragenden Rosenkeller bilden, der über alle Spitzenweine und vielerlei Raritäten verfügt. Beraten lassen!

SALAT AUS ROHEM SPARGEL MIT HASELNUSSVINAIGRETTE

Garniert ist diese Vorspeise mit hauchdünnen Scheibchen eines gereiften Schafskäses und von hausgemachtem Rinderschinken: Dafür nimmt Arno Baldo ein Stück aus dem Schlegel und mariniert es gut vierzehn Tage in einer Beize aus Traminer, viel Pfeffer, Rosmarin und Thymian. Dann wird es geräuchert und schließlich luftgetrocknet, damit man hauchdünne Scheiben davon schneiden kann. Für den normalen Hausgebrauch wird man sich einfach mit einem guten, fertig gekauften Schinken beziehungsweise Speck (vom Schwein) begnügen.

Für vier Personen:
50 g Haselnüsse, 250 g weißer und 250 g grüner Spargel, 2 EL weißer Balsamico, 1 EL Zitronensaft, Salz, Pfeffer, 1 EL Haselnussöl, 2 EL Olivenöl, Dill, 100 g luftgetrockneter Südtiroler Speck, 50 g fester Bergkäse

Die Nüsse mit einem scharfen Messer in Scheibchen schneiden und in einer trockenen Pfanne rösten, bis sie duften (Vorsicht, sie verbrennen schnell!). Den Spargel schälen, dann ebenfalls von Hand in streichholzgroße Streifen schneiden und in einer Schüssel mit den Nüssen mischen.
Balsamico, Zitronensaft, Salz, Pfeffer und beide Ölsorten mit einer Gabel cremig aufschlagen, zerzupfte Dillblättchen unterrühren und den Spargel damit anmachen. Auf Vorspeisentellern anrichten, mit hauchdünnen Scheibchen vom Speck und vom Käse garnieren. Dazu Schüttelbrot!

1

2
PERLHUHNRAVIOLI MIT PAPRIKASAUCE

Die leuchtend rote Sauce aus Gemüsepaprika gibt den Ravioli nicht nur Farbe, sondern auch fruchtige Frische.

Für vier Personen:
Nudelteig:
250 g Mehl, 3-4 Eigelb, 1 ganzes Ei, 1/2 TL Salz
Perlhuhnfüllung:
1 Zwiebel, 1 kleine Knoblauchzehe, 2 EL Butter, 1 Thymianzweig, 1/4 l Weißwein, 200 g rohes, ausgelöstes Perlhuhnfleisch, 3-4 EL Sahne, Salz, Pfeffer
Paprikasauce:
1 rote Paprikaschote, 1 kleine Zwiebel, 1-2 Knoblauchzehen, 4 EL Olivenöl, 1/2 Tasse gewürfeltes Tomatenfleisch, 1 Thymianzweig, Salz, Pfeffer, etwas Brühe und Weißwein

Aus Mehl, Eigelb, Ei, Salz und so viel Wasser wie nötig einen festen, geschmeidigen Nudelteig kneten. In einem Gefrierbeutel eine halbe Stunde ruhen lassen, wie auf Seite 18 beschrieben Ravioli herstellen.
Für die Füllung Zwiebel und Knoblauch fein würfeln und in der Butter weich dünsten, dabei den Thymian zufügen und mit Weißwein bedecken. Köcheln, bis nur noch etwa zwei, drei Esslöffel Flüssigkeit vorhanden sind; abkühlen lassen. Diese Reduktion mit dem gewürfelten Fleisch und Sahne im Mixer zur glatten Farce zerkleinern, dabei salzen und pfeffern.
Für die Sauce Paprika, Zwiebel und Knoblauch würfeln und mit zwei Löffeln Öl in eine Kasserolle füllen. Tomate zufügen, Thymian, auch salzen und pfeffern. Zugedeckt 20 Minuten dünsten, dabei ab und zu einen Schuss Brühe und Wein nachfüllen, damit nichts ansetzt. Schließlich alles mit dem Pürierstab fein zerkleinern, dabei einen Schuss Brühe sowie das Olivenöl untermixen, damit die Sauce glänzt. Kräftig abschmecken.
Die Ravioli in drei Minuten kochen und auf der Sauce in tiefen Tellern anrichten.

3
KALBSRÜCKEN MIT APFEL-MEERRETTICH-KRUSTE

Die Kruste dient als Beilage und schützt das Fleisch vor zu intensiver Hitze unter dem Grill.

Für vier Personen:
4 Scheiben aus dem Kalbsrücken (je 3 cm dick), 3 EL Olivenöl, 2 Knoblauchzehen, 2-3 Thymianzweige, 1 Rosmarinzweig, Salz, Pfeffer
Apfelmeerrettichkruste:
30 g Butter, 2 Eigelb, 50 g Semmelbrösel, 50 g Parmesan, 2 gehäufte EL geriebener Meerrettich, 1 Tasse zentimetergroß gewürfelter Apfel (in 1 EL Öl kurz angebraten), Petersilie, Salz, Pfeffer

Die Kruste lässt sich gut auf Vorrat herstellen und im Kühlschrank parat halten: Butter schaumig rühren, Eigelb, Brösel, Käse, Meerrettich, Apfelwürfel und fein gehackte Petersilie untermischen. Salzen, pfeffern, zu einer Rolle formen und in Folie gehüllt kalt stellen.
Das Fleisch rechtzeitig aus dem Kühlschrank nehmen (bei Zimmertemperatur lässt es sich am besten braten!) und im heißen Öl auf beiden Seiten je etwa knapp zwei Minuten anbraten. Den Knoblauch zerquetscht und die Kräuter mitbraten, um das Öl zu aromatisieren.
Zum Servieren die Masse für die Kruste in halbzentimeterdicke Scheiben auf die Steaks verteilen und unter dem Grill zwei Minuten golden rösten.

Dazu gibt es in der »Rose« geröstete Kartoffelschnitze und ein herrliches süßsaures Zwiebelgemüse, das, wie Arno Baldo behauptet, in 4 Minuten fertig ist: Er lässt dafür Zucker in einer Kasserolle karamellisieren, löscht mit Apfelessig ab und lässt in diesem Sirup in Blätter zerlegte junge weiße und rote Zwiebel zugedeckt kurz dünsten. Ein Schuß Weißwein dazu und etwas Brühe, natürlich Salz und Pfeffer.

Das Dorf Margreid ist erstaunlich unberührt vom Tourismus, mit prächtigen Ansitzen und Weinhöfen, Torbögen und Erkertürmen — eine Perle! Dem Weinhaus Alois Lageder gehören mit dem Ansitz Löwengang und Casòn Hirschprunn zwei der schönsten, seinen Weinen den Namen spendenden Anwesen

4
BLUTORANGENSUPPE MIT MASCARPONEEIS

Die süße, fruchtige Säure der Blutorangen und dazu die sahnige Cremigkeit vom schmelzend üppigen Eis: ein verblüffender Kontrast und dennoch voll Harmonie!

Für vier Personen:
Blutorangensuppe:
2 EL Zucker, 1 l Blutorangensaft (natürlich frisch gepresst),
1 Sternanis, 1 EL Vanillezucker, 200 ml Muskateller,
eventuell 1–2 EL Zuckersirup, 4 Blatt Gelatine
Mascarponeeis:
3 Eigelb, 100 g Zucker, 400 g Mascarpone, 2 EL Zitronensaft

Zucker in einer Kasserolle karamellisieren. Mit 1/5 l Orangensaft ablöschen, Sternanis zufügen und um die Hälfte einkochen. In einem zweiten Topf den Muskateller bis auf etwa 50 Grad erwärmen, langsam wieder abkühlen – so verfliegt der Alkohol, aber das Aroma bleibt. Schließlich die Reduktion, den restlichen Saft sowie den Wein miteinander mischen. Nach Gusto süßen (falls die Orangen sehr sauer sind). Die Gelatine einweichen, in etwas Flüssigkeit auflösen und unter die Suppe rühren. Abkühlen lassen – die Suppe hat dann eine fast unmerkliche, aber sehr angenehme Bindung.

Für das Eis Eigelb und Zucker im Wasserbad heiß und dick schlagen, mit Zitronensaft würzen. Abkühlen, dann den Mascarpone unterrühren. Die Masse schließlich in der Eismaschine gefrieren lassen.

Entlang der begradigten Etsch führt auf dem vor Hochwasser schützenden Damm ein viel befahrener Radweg. Man kann sich nicht vorstellen, dass hier vor 150 Jahren noch der Fluss ein absoluter Herrscher war: Häufig fluteten Überschwemmungen den versumpften, von Malaria verseuchten Talgrund. Zwischen Tramin und Neumarkt, Margreid und Salurn verkehrten Boote. Die Straßen zogen sich am Berg entlang, und die Salurner Schleuse – gleichzeitig deutsch-italienische Sprachgrenze – war bei Hochwasser unpassierbar. Dann musste man, wie Dürer auf seiner Italienreise 1494, auf einem Saumpfad über Bucholz und den Sauchsattel ins Cembratal wandern, um nach Verona zu gelangen.

Um der ungesunden Sommerhitze zu entfliehen, zogen die Menschen aus dem Tal in die Höhe: Bürger und Bauern hatten Sommerhäuser oder -hütten in den hochgelegenen Dörfern der Seitentäler oder an den Bergflanken, die Adligen besaßen einen Ansitz oder eine Burg in der Höhe. Schloss Enn oberhalb von Montan, in Privatbesitz und nicht zu besichtigen, zeigt eine eindrucksvolle Dachlandschaft – die vielen Turmspitzen stammen allerdings aus dem 19. Jahrhundert.

Die Südtiroler Jugend zischt – und das nicht nur beim Trachtenfest! – immer häufiger ein Bier.

In Margreid treffen deutsche Gotik und italienische Renaissance aufeinander, Zitronen und Oleander bilden mit Rosen und Glyzinien den versöhnenden Rahmen. Und ein 400 Jahre alter Weinstock an der Hauswand lässt vergessen, wie schnell anderswo die Zeit verrinnt.

VILLNÖSS & GUFIDAUN

klingen fremd in unseren Ohren, traulich aber sind Tal und Dorf! Die Villnöß führt bei Klausen vom Eisacktal in die Dolomiten, Gufidaun döst hoch über der Autobahn in stiller ländlicher Idylle.

Während unter den wild gezackten Geislerspitzen die Schotterhalden noch dick mit Schnee bedeckt sind, wird unten im Villnößtal an den südlich exponierten, trockenen Hängen schon das erste Heu eingebracht. Die von Bauernhand gepflegte Landschaft wirkt fast wie ein fürstlicher, wohl arrangierter Park, die Dörfer, Weiler, auf den Berghängen verstreuten Höfe und Kirchlein erinnern in ihrer naiven Anmut an eine Modelleisenbahn. Die meisten Urlauber fahren vorbei, lesen vielleicht irgendwo, dass Reinhold Messner hier aufgewachsen ist. Und tatsächlich: So sehr der berühmteste Südtiroler dem klischeehaften Bild entspricht, das man sich von einem Südtiroler macht, so genau entspricht dieses Tal den Vorstellungen einer intakten Dolomitenlandschaft.
Die feuchten, sanft gewellten Wiesen der Zanser Alm sind von blauem Enzian und gelben Trollblumen übersät. Wunderschöne, an Ausblicken reiche Wanderwege führen von der bewirtschafteten Hütte aus durch den »Naturpark Puez Geisler«. Man bekommt hier, wie auch in den anderen urtümlich gebliebenen Gastwirtschaften des Tals, eine ausgezeichnete Marende (Brotzeit), stärkende Suppen und Eintöpfe, Mehlspeisen und die unverzichtbare Buchweizentorte.
Wer gerne wandert, aber nicht auf erstklassige Küche, beste Weine und gepflegte Gastlichkeit verzichten will, der ist in Gufidaun am Eingang zum Villnößtal am besten aufgehoben, beim Unterwirt: ein stattliches Gebäude aus dem 12. Jahrhundert, mitten im Dorf, das mit Burg, Ansitzen, Kirche und Bauernhäusern seinen mittelalterlichen Charakter bewahrt hat.

I
BUCHWEIZENTORTE

Oft steht sie als Heidemehltorte auf der Karte und ruft damit Unverständnis hervor. Der genügsame Buchweizen hat vor allem in den Bergtälern mit ihren kargen Böden Tradition. Aus dem Mehl lassen sich wunderbar Kuchen backen, mit geradezu nussigem Geschmack.

Für 1 Springform von 26 cm Durchmesser:
180 g Butter, 180 g Zucker, 4 Eier, 1 Gläschen Grappa oder Rum, 180 g Buchweizenmehl.
Außerdem:
Butter für die Form, Johannisbeermarmelade zum Füllen, Puderzucker zum Bestäuben

Butter und Zucker schaumig rühren, nach und nach die Eigelb zufügen und den Schnaps. Das Buchweizenmehl unterrühren und schließlich den Eischnee unterziehen. In die gebutterte Form füllen und bei 170 Grad etwa 50 Minuten backen.
Den Kuchen aus der Form lösen, auf ein Kuchengitter gestürzt abkühlen. Zum Füllen in der Mitte auseinander schneiden: am besten indem man ein Stück Küchenzwirn um den Äquator legt, vorn kreuzt und dann beherzt den Faden zusammenzieht. Die untere Platte mit Marmelade bestreichen. Die obere Platte wieder auflegen und dick mit Puderzucker bestäuben.

2
GEFÜLLTE ZUCCHINIBLÜTE

Die bildschönen winzigen Zucchini mit ihrer Blüte findet man nur im eigenen Garten oder bei einem höchst engagierten Gärtner. Meist kommen, wegen besserer Haltbarkeit, nur die männlichen Blüten, also ohne Frucht, nur mit Stiel, in den Handel.

Für vier Personen:
4–6 Zucchiniblüten, 150 g Ricotta, je 2 EL Schnittlauchröllchen und fein geschnittenes Basilikum, Salz, Pfeffer, 2 EL Olivenöl, etwas Zitronenschale, 2 reife Tomaten, 2 EL in feine Ringe geschnittene Oliven, 1 TL Balsamico

Die Zucchini behutsam behandeln – die Blüte bricht leicht ab! Die Blüte vorsichtig öffnen, den wattigen Stempel im Innern entfernen. Ricotta mit den Kräutern verrühren, dabei mit einigen Tropfen Öl, Salz und Pfeffer würzen. Mit Hilfe eines Spritzbeutels in die Blüten füllen. Die Zucchini längs mehrmals einschneiden, damit die Hitze sie gleichmäßig durchdringen kann. Auf einem Rost über Dampf etwa 6 bis 8 Minuten garen – je nach Größe.
Tomaten brühen, häuten, entkernen, das Fleisch in Schnitze teilen, mit Olivenringen und etwas Basilikum mischen und mit Salz, Pfeffer, Olivenöl und Balsamico anmachen. Als Bett auf Vorspeisentellern anrichten, die Zucchiniblüten darauf setzen. Am besten längs halbiert, Schnittfläche nach oben.

Den Gerichten Thomas Haselwanters sieht man an, wie köstlich sie schmecken werden: Wenige gute Zutaten mit Können, Charme und Eleganz komponiert, ohne modischen Schnickschnack

3
SELLERIECANNELLONI MIT KANINCHENRÜCKEN

Dafür stellt Thomas Haselwanter die Nudelblätter natürlich selber her, in leuchtendem Gelb (dank der dunklen Dotter der hiesigen Hühner), in Giftgrün (mit Brennnesselpüree) und sanftem Rot (mit Tomatenkonzentrat).

Für vier bis sechs Personen:
Nudelteig:
Je 300 g normales Weizenmehl (Type 405) und Mehl (nicht Grieß!) aus Hartweizen, 200 g Ei: 3 ganze Eier und 7 Eigelb, 1 gehäufter TL Salz, 3 EL Olivenöl – nach Belieben, 2–3 EL Tomaten- oder Brennnesselpüree zum Färben
Selleriefüllung:
300 g Sellerie (geschält, gewürfelt), 1/8 l Milch, 1/8 l Sahne, Salz, Pfeffer, Muskat, Zitrone, etwas Brühe
Außerdem:
1 ausgelöster Kaninchenrücken, 2 EL Olivenöl zum Braten, Rosmarin, je 3–4 EL Weißwein und Gemüsefond, Zitronensaft, 2 EL Olivenöl zum Aufmixen, Parmesan

Aus den beiden Mehlsorten, ganzen Eiern und Eigelb sowie Salz und Olivenöl einen geschmeidigen Nudelteig kneten, mit einem Schuss lauwarmem Wasser oder mit den Pürees auf die gewünschte Konsistenz beziehungsweise Farbe bringen. Den Teig, in Folie gehüllt, eine halbe Stunde ruhen lassen. Dann mit der Nudelmaschine dünn ausrollen und Nudelblätter von etwa 10 mal 12 cm Größe herstellen. Etwas trocknen lassen, bevor man sie einzeln kocht.
Für die Füllung Sellerie mit Milch und Sahne weich kochen, mit Salz, Muskat und einem Spritzer Zitrone würzen. Im Mixer pürieren, eventuell mit einem Schuss Brühe auf die richtige cremige Konsistenz bringen. Mit einem Spritzbeutel jeweils einen Strang dieser Masse in die Mitte jedes vorgekochten Nudelblatts setzen, ausrollen und nebeneinander in eine feuerfeste Form setzen. Mit Brühe benetzen und zum Servieren im Dampf erwärmen.
Die Kaninchenfilets in heißem Olivenöl rundum sanft, aber schön bräunen, salzen, pfeffern und im Ofen 3 Minuten ziehen lassen. Unterdessen im Bratensatz einige Rosmarinnadeln rösten, mit etwas Wein, Brühe und Zitrone ablöschen, etwas einkochen, dann mit Olivenöl aufmixen.
Die Cannelloni auf vorgewärmten Tellern hübsch anrichten, das Kaninchenfleisch in dünnen Scheiben dazwischen verteilen, alles mit der Kaninchensauce beträufeln und mit dünn gehobelten Parmesanscheibchen dekorieren.

FRISCHE ZUTATEN,
MIT LEICHTER HAND
ZUBEREITET

4
TORTELLONI MIT PUFFBOHNEN

Man kennt dieses köstliche Frühlingsgemüse, italienisch fave, auch als Dicke Bohnen oder Pferdebohnen – unpassend derbe Namen für ein so zartes Gemüse. Man isst es bei uns leider immer erst später im Jahr, dann sind die Kerne nicht mehr zart und saftig, sondern dick, groß und mehlig geworden. Wichtig: Die Kerne müssen nicht nur aus der wattigen Hülse gepult werden, in der sie stecken, sondern auch aus der Haut! Übrigens handelt es sich nicht um Bohnen, sondern um Erbsen.

Für vier bis sechs Personen:
1 Rezept Bechamelsauce (Seite 88), 100 g frisch geriebener Parmesan, 1 Portion Nudelteig, Salz,
1 kg Dicke Bohnen (in der Schale), 2 EL Gemüsefond,
2-3 EL Olivenöl, Zitronensaft, Parmesan zum Hobeln

Die Bechamelsauce schon am Vortag kochen, den Parmesan einrühren und abkühlen lassen. Den Teig mit der Nudelmaschine dünn auswalzen und in Quadrate von etwa 8 cm schneiden. Jeweils einen Teelöffel Füllung auf eine Ecke setzen, den Teig zum Dreieck zusammenklappen und die Spitzen zum Hütchen zusammenbiegen. Diese Tortelloni in reichlich Salzwasser in 2 bis 3 Minuten gar kochen.
Die Puffbohnen aus der dicken Hülse palen, dann blanchieren, die Kerne dann noch aus der sie umschließenden dünnen Haut lösen (eine Mühe, die sich unbedingt lohnt!). In etwas Olivenöl nur kurz dünsten, dabei salzen. In tiefe Teller verteilen, die abgetropften Tortelloni darauf anrichten. Gemüsefond, Olivenöl und Zitronensaft mit einem Schuss Nudelkochwasser aufkochen, aufmixen und als kleine Sauce über alles träufeln. Parmesanspäne dazu hobeln.

5
LAMM MIT OFENTOMATEN UND SCHMORZWIEBELN

Die Zwiebeln sind so köstlich wie einfach: Sie werden einfach in Folie gepackt und im Backofen geschmort. Allerdings braucht man dafür die jungen, saftigen Zwiebeln, die es jetzt im Frühjahr gibt. Man kann sie wie die Ofentomaten auf Vorrat machen.

Für vier Personen:
1/2 Lammrücken (vom Metzger längs halbieren, den Wirbelknochen entfernen lassen und die Rippen vom Fleisch säubern), Salz, Brühe, Balsamico, Olivenöl
Ofentomaten und Schmorzwiebeln:
1 kg Tomaten, 5–6 Knoblauchzehen, Salz, Pfeffer, Thymian- und Rosmarinzweige, 10 EL Olivenöl, 1 kg junge Zwiebeln (ohne Grün)

Die Tomaten überbrühen, abschrecken, häuten und entkernen; die Hälften auf einem mit einer Backfolie ausgelegten Blech verteilen. Mit gehacktem Knoblauch bestreuen, salzen, pfeffern, mit Kräutern bestreuen und mit Öl beträufeln. Bei 120 Grad im Ofen 2–3 Stunden trocknen.
Die Zwiebeln schälen, mit Salz, Pfeffer und Thymian auf ein doppelt gelegtes Blatt extrastarker Alufolie legen, rundum hochnehmen, gleichmäßig mit Öl beträufeln, die Folie jetzt gut verschließen, damit kein Dampf und schon gar keine Flüssigkeit auslaufen kann. Für gut 25 bis 35 Minuten (nach Größe der Zwiebeln) in den 180 Grad heißen Ofen legen.
Das Lammkarree salzen, mit Öl einreiben und in der Pfanne rundum geduldig anbraten. Bei 180 Grad im Ofen 15 Minuten gar ziehen lassen. Den Bratensatz mit Brühe und Balsamico loskochen, mit Olivenöl aufmixen. Das Fleisch noch 10 Minuten ruhen lassen, bevor es in Koteletts aufgeschnitten wird. Mit Schmorzwiebeln, Ofentomaten und eventuell in Butter geschwenkten grünen Bohnen anrichten.

6
TOPFENSOUFFLÉ UND MARZIPANEIS

Eine Zeitlang waren Soufflés ein bisschen aus der Mode geraten, dabei sind sie immer wieder ein Vergnügen. Besonders, wenn der luftige, duftige und heiße Schaum wie hier mit einem kühlen, cremigen Eis serviert wird.

Für vier Personen:
4 Eigelb, 100 g Puderzucker, 250 g Magerquark, 1 gehäufter TL Speisestärke, abgeriebene Zitronenschale, 5 Eiweiß, 1 Prise Salz, 1 Spritzer Zitronensaft, Butter und Zucker für die Förmchen
Marzipaneis:
125 g Marzipanmasse, 140 g Zucker, 1/2 l Milch, 1/8 l Sahne

Die Eigelb mit dem Schneebesen dick und hell schlagen, dabei den Puderzucker einarbeiten. Schließlich Quark, Stärke und reichlich Zitronenschale unterrühren.
Die Eiweiß mit der Salzprise und einigen Tropfen Zitronensaft steif schlagen, unter die Eigelbmasse ziehen. In Souffléförmchen verteilen, die mit Butter eingefettet und mit Zucker ausgestreut sind, dabei darauf achten, dass sie nur zu zwei Dritteln ausgefüllt sind – die Masse steigt beim Backen über den Rand! In der Fettpfanne des Backofens im Wasserbad bei 190 Grad 12 bis 15 Minuten backen.
Für das Marzipaneis die Zutaten glatt mixen. Thomas Haselwanter verarbeitet diese Masse im Pacojet, der dem Eis eine unnachahmlich sanfte Konsistenz gibt. Man kann sie natürlich auch in einer normalen Eismaschine gefrieren lassen.

Herrisch reckt sich der Kirchturm von St. Peter im Villnößtal, scheint die Spitzen des Geislers übertreffen zu wollen. Und findet im Kleinen eine Entsprechung in den für das Tal charakteristischen, mit Haselnussgerten befestigten Latten des Weidezaunes.

Der junge Wirt und seine Frau hätten sich nicht träumen lassen, dass sie einmal ein anspruchsvolles Restaurant mit Zimmern und mit Ferienappartements führen würden! Thomas Haselwanter, vom unruhigen Wirtsleben der Eltern geschreckt, wollte Zahntechniker werden oder Förster – auf keinen Fall ein hektisches Leben lang am Herd stehen. Aber es kam anders: Weil er immer gern gekocht hat, das Feingefühl dafür offenbar im Blut liegt, begann er doch eine Lehre, hat im Gadertal, woher Mutter Maria stammt, gearbeitet. Stand dann neben Vater Ferdinand in der Küche. Er brachte neue Ideen ein, der Vater hielt am Althergebrachten fest – Ärger war programmiert. Als die Gäste immer häufiger die Gerichte des Sohnes verlangten, setzte sich dieser durch. Seither kümmert sich der Vater um den bäuerlich-romantischen Obst- und Gemüsegarten (mit Pool), dem man ansieht, wie liebevoll er gepflegt wird. Inzwischen hatte Thomas beim Après-Ski Cornelia aus dem Pustertal kennen gelernt. Diese war Buchhalterin, ohne besonderes Vergnügen, nur weil die Mitschülerinnen sie dazu animiert hatten. Thomas wollte ihr zuliebe seinen Beruf aufgeben, doch die junge Frau bestärkte ihn zu bleiben, machte eine Sommelierausbildung und kann sich nun nicht mehr vorstellen, je etwas anderes machen zu wollen, als mit ihrem Mann – »der ist verrückt aufs Kochen, in jeder freien Minute liest er übers Kochen, denkt er ans Kochen!« – im Unterwirt zu arbeiten und sich um Sohn Alex zu kümmern. Thomas aber stört sich weiterhin an der Hektik, die in der Küche aufkommt, wenn die Gäste in Scharen einfallen und pflegt seinen Traum: Alle Mitarbeiter entlassen, nur vier, fünf Tische, Cornelia macht den Service, er ganz alleine kocht, was ihm einfällt – in aller Ruhe …

DER NIEDERSTHOF

liegt einsam, 810 Meter hoch. Der Blick fällt ins düstere Lüsental, schweift über die Natzer Obstwiesen auf die Sarntaler Alpen. Weit, weit weg die geschäftige Welt. Still ist es. Frei fühlt man sich!

*E*rst kam es uns vor, als ob wir im Urlaub wären«, erzählt Franz Unterfrauner mit leisem Lächeln, »aber bald fanden wir es nur noch fad, vor allem im Winter …« Einst war der mindestens 700 Jahre alte, unter Denkmalschutz stehende Bauernhof von der Familie seiner Frau Paula verpachtet gewesen, dann stand er jahrelang leer: Man fand keinen Pächter mehr, der die schwere Arbeit für kargen Gewinn auf sich nehmen wollte. Das ärgerte ihn, der als Koch in der Welt herumgekommen war und in Brixen im angesehenen Restaurant Fink arbeitete. Also war er hier heraufgezogen mit der ganzen Familie, vor 20 Jahren, als gerade die neue Straße gebaut worden war – davor führte nur ein schmaler Schotterweg ins Lüsental, so wie von dort hinauf zum Niedersthof noch immer.

Der Hof musste hergerichtet werden, behutsam und nach und nach natürlich. Das Ersparte ging drauf, die Unterstützung von Land und EU war bitter nötig. Zumal Franz Unterfrauner seinen sieben begabten Kindern eine gute Ausbildung ermöglicht: Zwei Töchter studierten Kunst, eine macht Glas, ein Sohn lernt Stoffdesign, die in der Küche fleißig mitarbeitende Tochter Irene hat die bezaubernden Bilder gemalt, die in der Gaststube hängen. Sechs Hektar groß ist die Landwirtschaft, die der Franz mit seiner Frau umtreibt – im Sommer, wenn es ins Heu geht, muss er dann allen Gästen absagen. Spezialität des Hauses sind Wildgerichte, große Braten und Ragouts: Gemsen stehen in der steilen, unzugänglichen Schlucht unterhalb des Hofes, Hirsche und Rehe gibt es genug im oberen Tal.

Den nach Süden gerichteten Steilhang vor der Gastgartenwiese hat er terrassiert: Hier wachsen die Kernertrauben für seinen einfachen, urig schmeckenden Bio-Wein. Er erntet sogar Melonen! Jetzt, Ende April, blühen die Pfirsiche und Aprikosen. Und wenn ein Gast Spargel bestellt, geht er zum Beet und holt ihn. »So ist er gut, das ist Frische!« begeistert er sich. »Ich wusste ja selbst als altgedienter Koch nicht, wie gut eine Möhre riecht, wenn man sie aus der Erde zieht!« schwärmt er weiter, derweil der Kuckuck ruft.

2
BOHNENSUPPE

Auf Italienisch heißt das »pasta e fagioli«, und man liebt diesen herzhaften Eintopf, während man sich bei uns darunter nicht automatisch etwas Verlockendes vorstellt. Dabei ist es ein wunderbar sanftes, magentröstendes Gericht, das nicht nur bei Frühlingsfrösten schön durchwärmt.

Für vier bis sechs Personen:
350 g Bohnenkerne (möglichst die braun gefleckten Wachtelbohnen), 100 g Speck, 1 EL Olivenöl, 1 große Zwiebel, 2 Knoblauchzehen, 1 Rosmarinzweig, 3-4 Salbeiblätter, je 1 Tasse fein gewürfelte Möhre, Sellerie und Lauch, Salz, Pfeffer, 200 g Pasta (z. B. Penne), Schnittlauch

1
KRÄUTERSAUCE MIT SPARGEL

Der Spargel stammt aus dem eigenen Garten, und die Sauce dazu ist eine ganz persönliche Abwandlung der berühmten Bozner Sauce. »... die ist mir immer zu schwer«, findet Franz Unterfrauner, »und passt doch zu dem leichten Spargel gar nicht...«

Für vier Personen:
Kräutersauce:
100 g Quark, 150 g Joghurt, 1-2 Knoblauchzehen, 1 Kräuterstrauß: Petersilie, Kerbel, Liebstöckel, Schnittlauch, Salz, Pfeffer, je ein Spritzer Apfelessig und Zitronensaft, 3 hart gekochte Eier, Schnittlauch

Quark, Joghurt, Knoblauch und abgezupfte Kräuter im Mixer pürieren, dabei mit Salz, Pfeffer, Essig und Zitronensaft würzen. Die Eier würfeln (von Hand, dann nehmen sie die Würze besser an!) und mit dem fein geschnittenen Schnittlauch unterrühren.
Zum gekochten Spargel servieren. Die Platte mit Schinken und Käse garnieren.

Die Bohnen einweichen – das verkürzt die Garzeit. Die Speckwürfel im Öl sanft ausbraten. Gehackte Zwiebel und Knoblauch zufügen, ebenso Rosmarin und Salbei. Wer mag, streift einige Blättchen ab und hackt sie sehr fein, ansonsten die Zweige einfach mitkochen, so kann man sie anschließend leicht herausfischen und entfernen. Das Wurzelwerk mitdünsten. Schließlich die Bohnen zufügen und alles mit Wasser bedecken. Salzen, pfeffern und langsam zum Kochen bringen, auf kleinster Stufe eine gute Stunde weich kochen. Die Suppe entweder durch die Gemüsemühle passieren oder mit dem Pürierstab einige Male durchfahren, um den größten Teil zu zermusen. Am Ende die bissfest gekochte Pasta einrühren und reichlich Schnittlauchröllchen darüberstreuen.

Die Kirchtagskrapfen bereitet Irene Unterfrauner mit liebevoller Akkuratesse, deren Anordnung auf dem sorgsam geflickten Holzteller gleicht einem Kunstwerk – wie der Glasteller ihrer Schwester mit dem Spargel. Speck und Schinken dazu kommt aus der eigenen Selchkammer, und auch von eigenen Schweinen

3
KIRCHTAGSKRAPFEN

Sie sind länglich und schmal geformt, immer knusprig gebacken und mit Zwetschgenmus, Marillenkonfitüre, mit Erdbeerpüree oder auch mit Mohncreme gefüllt. Der Teig variiert: je ländlicher die Gegend, desto mehr Roggen- oder Dinkelanteil – selten nimmt man ausschließlich Weizenmehl dafür. Mit Roggen- oder Dinkelmehl im Teig bleiben die Krapfen länger frisch!

Für 40 Stück:
200 g Weizenmehl 405, 200 g Weizenmehl 1050,
100 g Dinkelmehl, 100 g Roggenmehl, 1 TL Salz,
100 g zerlassene Butter, 1 Ei, 1 Glas Grappa,
eventuell ein guter Schuss lauwarmes Wasser
Außerdem:
Fett zum Frittieren (Butterschmalz!), Marillen-,
Zwetschgen-, Quittenkonfitüre, Puderzucker

Alle Zutaten rasch zu einem geschmeidigen Teig kneten. Zwei Stunden ruhen lassen. Mit der Nudelmaschine dünne Teigblätter ausrollen. Rechtecke schneiden, je einen Löffel Füllung in der Mitte verstreichen, den Teig darüberklappen und rundum gut festdrücken. Krapfen ausschneiden und in Schmalz ausbacken.

GESAMTHOFWERK

könnte man sein Unternehmen wohl nennen: Karl Mair hat Hof und Stall, Wiesen und Almen, Keller und Restaurant in ein kluges Bio-Konzept eingebaut. Und Frau Ulrike kocht kongenial auf!

Jetzt probieren Sie erst mal das Hausgemachte, damit Sie gleich wissen, was wir hier Gutes machen!« bestimmt der Wirt. Seine Stimme verfügt über einen guten Resonanzboden, signalisiert Durchsetzungskraft. »Schmeckt's Ihnen?«, fragt Karl Mair nach ein paar Minuten fürsorglich – und nimmt das begeisterte Lob mit zufriedener Selbstverständlichkeit entgegen. Der Pretzhof liegt auf 1280 Meter Höhe bei Tulfer im Pfitscher Tal, das von Sterzing Richtung Nordosten zu den Zillertaler Alpen führt. Land- und Waldwirtschaft sowie ein sanfter Tourismus sind die Einnahmequellen. »Freie Bauern haben wir hier kaum noch«, klagt Karl Mair. »Politik, Gesetzgeber und Genossenschaften haben doch kolchosenartige Verhältnisse geschaffen! Die Massenproduktion hat in die Abhängigkeit geführt, die Höfe sind überschuldet, die Ställe zu groß.« Er redet sich in Fahrt: »Man kann doch einen Bergbauernhof nicht wie eine Milchfabrik in der Poebene führen! Beim Nachbarn stehen auf fünf Hektar 48 Kühe – der muss natürlich Futter zukaufen und produziert viel zu viel Gülle. Ich halte pro Hektar eine bis anderthalb Kühe, die können sich von dem Land ernähren und düngen es gleichzeitig. Das ist nachhaltige Landwirtschaft …« Er macht nur eine kurze Pause: »Gutes Rindfleisch importieren wir aus Bayern, aus Neuseeland Lamm – das ist doch Irrsinn! Und die Bauern glauben der Politik, dass sie mehr und billiger produzieren müssen, um zu überleben … Sie haben keine Ausbildung, können kaum eigenständig werden: Die Käserei ist gefährlich, und guten Speck zu machen muss man auch erst lernen.«

Vor 20 Jahren hat Karl Mair begonnen, ein Gegenkonzept zu entwickeln und nach und nach zu verwirk-

lichen: Die Ansprüche unserer Zeit und heutiger Lebensformen mit den besonderen Bedingungen der Alpenlandschaft, der Bewahrung ihrer Einzigartigkeit und ihrer Pflege zu verbinden. Ein karges Bergbauerndasein vergangener Zeiten erscheint vielleicht den Touristen romantisch, ist aber nichts als mühselig für die Einheimischen – das hat ihm nie vorgeschwebt. Nur auf wirtschaftlich solider Basis und der Aussicht auf ein Leben in Unabhängigkeit und Wohlstand kann es eine Zukunft geben, die ja auch die Jugend einbinden muss, soll sie hier bleiben.

Mair ist der beste PR-Mann für sein Unternehmen, weil ein Überzeugungstäter. Schon im Restaurant an den Tischen beginnt die Schulung der Gäste, im hochmodernen Laden mit dem breiten Angebot der Produkte des Hofes und befreundeter Nachbarbetriebe setzt sie sich fort. Und wer will, kann Seminare belegen, um alles über Käse, Speck und Wein zu erfahren. Im Allgemeinen sind die Gäste des Pretzhofs, querbeet durch den sozialen Garten, sehr interessiert. Unter den Verkaufs- und Seminarräumen liegen der Weinkeller, in dem sich alles findet, was das Land und die Nachbarregionen an guten Weinen bieten,

Der Almkäse reift bei hoher Luftfeuchtigkeit, wird alle zwei Tage gewendet und gewaschen. Früher wurden nur große 20 Kilo schwere Laibe gemacht, inzwischen mehr kleinere von drei Kilogramm, weil die Gäste sie so gerne mitnehmen. Der Weinkeller ist eine wahre Schatzkammer – im Restaurant kann man auch große Weine glasweise bekommen, natürlich in den entsprechenden Gläsern. Keine Bauernwirtschaft, sondern ein hochprofessionelles, aber gemütliches Spitzenrestaurant!

weiterhin die Hausmetzgerei und vor allem die nicht nur nach überliefertem Wissen, sondern auch mit hochmoderner Technik eingerichteten Reifekeller für Käse und Speck.

Der Käse kommt Mitte September von der Alm herunter. Schon als fünfjähriger Bub war Karl Mair den Sommer über oben auf der hofeigenen Alm, die aber nur ein Viertel der heutigen Fläche von 280 Hektar umfasste – seit 1992 hat er Gelände zugepachtet: Die 24 Kühe und 10 Ziegen laufen viel herum, das hält sie gesund, und die Milchqualität ist besser.

Der Speck wird natürlich aus selbst aufgezogenen Schweinen gemacht. »Solch fette Schweine kann ich gar nicht kaufen! Fett heißt Gesundheit! Nur fettes Fleisch schmeckt gut! Die Menschen verstehen das in letzter Zeit immer besser und geben auch gerne mehr Geld für gute Qualität aus.« 13 Schweine schlachtet er im November und Dezember, denn nur wenn es kalt ist, gibt es keine Fliegen, die ihre Eier an den feuchten Stellen des Fleischs ablegen könnten. »Wir arbeiten nicht mit Chemikalien, verwenden auch kein Pökelsalz. Wir nehmen Meersalz, Pfeffer, viel Knoblauch, Wacholder, Lorbeer, Majoran, Schluss.«

In der Küche herrscht den ganzen Tag Hochbetrieb – schon ab 11 Uhr bekommt man etwas zu essen, ab 12 Mittagstisch, erst nach 21 Uhr wird die letzte Bestellung aufgenommen. Ulrike Mair hat zunächst mit der Mutter ihres Mannes hier zu kochen begonnen, neben ihrer Arbeit im Reisebüro. Dann kam die Nouvelle Cuisine, das regionale, Bäuerliche verlor alle Wertschätzung. Gegen den Trend hat sie dann gearbeitet, als Autodidaktin, hat sich Bücher angeschaut und von den Bildern anregen lassen: »Die Rezepte selbst haben mich nie interessiert – ich koch' so, wie ich denke, dass es richtig ist!« So hat sie ihren eigenen Stil und eigene Kompositionen entwickelt. »Der Geschmack steht im Vordergrund, das gute Produkt von hier! Wer von weither anreist, will doch nicht das essen, was er zu Hause auch bekommt.« Nur die Einheimischen wollen eher die internationalen Gerichte, die Fremden aber die regionalen Spezialitäten. Sie wird allen gerecht: »Solange es in der Küche fröhlich zugeht und nicht tierisch ernst, mach ich alles mit!«, lacht sie …

Wer zum Gasthaus geht, muss am Stall vorbei – auch das ist Programm! Man wird gleich von den munteren, gar nicht schreckhaften Schweinen begrüßt. Sie sind fett und gesund und werden einen prächtigen Speck liefern. Das per Hand eingebrachte Heu duftet köstlich: »Man könnte einen Tee damit brühen!«, meint Karl Mair.

I
HAUSGEMACHTES

Auf einem großen Teller ist hier eine Auswahl all der Köstlichkeiten versammelt, für die der Pretzhof berühmt ist. Natürlich allesamt hausgemacht oder von befreundeten, gleichgesinnten Bauern, falls die eigenen Vorräte ausgegangen sind. Hier sind es im Uhrzeigersinn, beim 15 Monate gereiften Speck unten links beginnend: Rehcarpaccio, Schweinsbraten, Hirschschinken, Hirschsalami, Ochsengaumensalat, Graukas mit Zwiebel, Lammschulter gebraten. In der Mitte ein Salat aus Gerste und im Töpfchen marinierte Tomaten. Alles bildschön anzuschauen und jedes Detail von höchstem Wohlgeschmack.

1

2
BIGOLICREMESUPPE

Bigoli sind die Sprossen von wildem Knoblauch, der im Frühjahr in den Flussauen sprießt.

Für vier bis sechs Personen:
1 Zwiebel, 3 große Kartoffeln, 2–3 EL Butter, 1 Bündel Bigolisprossen (siehe Photo oben), 3/4 l Fleischbrühe, Salz, Pfeffer, 1/8 l Sahne

Zwiebel, Knoblauch und Kartoffeln schälen, würfeln und in der heißen Butter andünsten. Die klein geschnittenen Bigoli zufügen, mit Brühe auffüllen, salzen und pfeffern. Eine halbe Stunde weich kochen, dann alles mit dem Mixstab pürieren. Die Sahne angießen, einige Minuten durchkochen, abschmecken und vor dem Servieren nochmals aufmixen.

3
BÄRLAUCHSCHLUTZKRAPFEN

Den Bärlauch bringt eine Frau, die ihn im Unterland sammelt – hier oben in den Bergen gedeiht er nicht. Ulli Mair macht daraus Pesto, das sie in Gläsern konserviert – die reichen dann das gesamte Frühjahr über. Ein Esslöffel davon gibt dem Schlutzkrapfenteig Frühlingsduft und würzt die Käsefüllung. Die Schlutzer schmecken aber auch ohne diese Zutat.

Für vier bis sechs Personen:
Kartoffelteig für Schlutzkrapfen:
500 g mehlige Kartoffeln, 120 g Mehl, Salz, Pfeffer, 2 Eigelb, eventuell 1–2 EL Bärlauchpesto, 1 Eiweiß
Käsefüllung:
150 g Mascarpone, 100 g geriebener Bergkäse, 2 EL Bärlauchpesto

Die Kartoffeln gar kochen, pellen, durch eine Presse drücken und auf der Arbeitsfläche verteilt etwas auskühlen lassen. Mit Mehl bestäuben, salzen, pfeffern, dann die Eigelb zufügen und alles zu einem festen, aber geschmeidigen Teig kneten. Zur Rolle geformt, in Folie verpackt eine Stunde kalt stellen und ruhen lassen. Dann portionsweise durch die Nudelmaschine walzen und dünne Teigbänder herstellen. Kreise von etwa 8 cm Durchmesser ausstechen, jeweils einen Esslöffel Füllung (alle Zutaten gut verrühren) darauf setzen, rundum mit Eiweiß einpinseln, zum Halbmond zusammenklappen und sanft festdrücken. Die Schlutzer in leise wallendem Salzwasser etwa 3–4 Minuten ziehen lassen. Mit geriebenem Parmesan und mit brauner Butter servieren.

Regional geprägt und doch modern: Die Küche von Ulrike Mair ist vielschichtig, aber immer klar. Sie hasst überflüssiges Beiwerk, beschränkt sich aufs Wesentliche. Und sie bildet lieber junge Leute aus, als mit in der Gastronomie bereits verbildeten Gesellen zu arbeiten: »Die haben alle keinen Respekt mehr vor dem Produkt …«

4
FREILANDHUHN AUS DEM ROHR

So etwas gibt es heutzutage kaum mehr: Ein erstklassiges Huhn, bei dem man mit jedem Bissen schmeckt, dass es offenbar ein fröhliches Leben hinter sich hat – so zartes, saftiges und trotzdem kerniges Fleisch von kraftvollem Aroma und die Haut so knusprig, dass es geradezu kracht, wenn man hineinbeißt, das kann kein Huhn aus der Massentierhaltung liefern. Hier ist also weniger das Rezept kompliziert, sondern (wie leider so oft bei den besten Dingen!) die Beschaffung der Zutaten.

Für vier bis sechs Personen:
1 erstklassiges Brathuhn (ca. 1,8 bis 2 kg), Salz, Pfeffer, Olivenöl, einige Thymianzweige, 2 EL Apfelessig oder Zitronensaft

Das Huhn innen und außen mit Salz, Pfeffer und Olivenöl einreiben. Die Thymianzweige (ruhig auch einige Petersilienzweige) in den Bauch stecken. Mit Küchenzwirn in Form binden. In einem Bräter in den 250 Grad vorgeheizten Ofen schieben und zunächst 15 bis 20 Minuten anbraten. Dann die Hitze auf 150 Grad reduzieren, das Huhn mit dem Bratenjus, der sich im Bräter gesammelt hat, einpinseln und weitere 60 Minuten braten. Dann mit Apfelessig oder Zitronensaft einpinseln (das macht die Haut noch knuspriger) und den Ofen ausschalten, das Huhn jedoch noch mindestens 15 Minuten in der nachlassenden Hitze ruhen lassen.

WILDER BACH IM GLITZERNDEN GESTEIN

Der Pfitscher Bach springt munter über die Felsen, die im Talgrund glitzern: Silberquarzit wird hier abgebaut und zu Bodenplatten gespalten, die in der Sonne wie Diamant gleißen. Früher wurde hier – wie in den anderen Tälern – auch Silber abgebaut, wovon noch das Bergmannskirchlein St. Jakob (Bild Seite 59) zeugt.

4

5
SPANFERKELRIPPEN MIT KARTOFFELGRATIN

Die Schwarte ist knusprig, das Fleisch an den Knochen jedoch wunderbar zart und saftig. Wieder mal der Beweis, dass die so genannten »billigen« Stücke das Beste sind!

Für sechs Personen:
1 Spanferkelbrust mit Schwarte und Knochen, Salz, Pfeffer, 1 TL Kümmel, 2 Wacholderbeeren, 1/2 TL Zucker, 2 EL Apfelessig
Kartoffelgratin:
1 kg Kartoffeln, Salz, 1/4 l Sahne, Pfeffer, Muskat, ca. 100 g geriebener Bergkäse

Das Bratenstück mit einer Mischung aus Salz, Pfeffer, gehacktem Kümmel, Wacholder und Zucker einreiben. Zunächst mit der Schwarte nach unten in einen passenden Bräter setzen, diesen zwei Finger hoch mit Wasser füllen und in den 220 Grad vorgeheizten Backofen stellen. Nach einer Stunde das Bratenstück umdrehen, jetzt die Schwarte nach oben, erneut ins Rohr schieben und die Hitze auf 180 Grad herunterschalten. Eine weitere Stunde braten, für die letzten 10 Minuten die Schwarte mit Essig einpinseln, damit sie schön knusprig wird. Zum Servieren entlang der Knochen in etwa 2 cm starke Scheiben schneiden.

Für das Gratin die Kartoffeln gar kochen, etwas auskühlen, pellen und in Scheiben schneiden. In einer Auflaufform mit der Sahne übergießen, gut durchschütteln, dabei salzen, pfeffern und mit Muskat würzen. Auch den Käse untermischen und schließlich das Gratin im 180 Grad heißen Ofen etwa 20 bis 25 Minuten überbacken, bis alles brodelt.

6
TOPFENKNÖDEL MIT RHABARBER UND ERDBEEREN

Ein Dessert, mit dem jedes Sternerestaurant prunken könnte: erstklassige Zutaten, handwerklich perfekt.

Für vier bis sechs Personen:
Süße Topfenknödel:
400 g Topfen (Quark), 30 g Butter, 30 g Zucker, 2 Eier, 1 Eigelb, Mark von 1/2 Vanillestange, Salz, Zitronenschale, 80 g Weißbrotbrösel, 70 g gemahlene Haselnüsse, 70 g Butter, 1 EL Zucker
Rhabarberkompott:
1 kg Rhabarber, 1 ungespritzte Zitrone, 100 g Zucker, 1/2 TL Zimt, 1 Tütchen Vanillezucker
Außerdem:
Vanilleeis, Erdbeercoulis

Den Quark in einem Tuch abtropfen lassen. Butter und Zucker schaumig rühren, Eier und Eigelb sowie die Gewürze zufügen. Topfen und Weißbrotbrösel untermischen. 20 Minuten ruhen lassen. Tischtennisballgroße Knödel formen, in leicht wallendem Salzwasser 10 Minuten pochieren. In Haselnussbröseln wälzen, die in Butter mit wenig Zucker geröstet wurden.

Den Rhabarber putzen, in drei Zentimeter lange Stücke schneiden. Nebeneinander in eine ofenfeste Form setzen. Dazwischen die Gewürze verteilen. In den kalten Backofen setzen, auf 200 Grad einstellen. Sobald der Ofen diese Temperatur erreicht hat, ihn ausschalten. Nach dem Abkühlen wird der Rhabarber butterzart. Bis zum Servieren kalt stellen. Mit den heißen Topfenknödeln, Erdbeersauce, Erdbeeren und Vanilleeis hübsch anrichten.

Sommer

Blauer Himmel, grüne Almen, weiße Wolken. Rot leuchten Erdbeeren und Kirschen, golden die köstlichen Marillen. Farbenprächtig zeigt sich die Ferienzeit!

Auf den Bergen schmilzt der Schnee, die Bäche plätschern munter zu Tal, die Stauseen sind wieder wohl gefüllt und können Wiesen, Felder, Wein- und Obstgärten des Landes mit Wasser versorgen. Angesichts der überall sprudelnden Bäche und der – wie der Durnholzer See im Sarntal – still und klar in den Bergen ruhenden Seen vergisst man nur zu leicht, dass Wassermangel jahrhundertelang eine Hauptsorge der Südtiroler Bauern war. Ein kaum weniger großes Problem: die Anbindung jener Seitentäler, die im unteren Bereich durch eine tiefe, unwegsame Schlucht führen. Viele der oben gut besiedelten Täler konnte man einst nicht durch diesen direkten Zugang, sondern nur über Umwege oder Pässe auf Saumpfaden erreichen. Erst in der zweiten Hälfte des 20. Jahrhunderts wurden sie erschlossen durch Straßen, deren Serpentinen und Tunnel in den Fels gesprengt und gebohrt werden mussten. Dank dieser natürlichen Barrieren hat sich das bäuerliche Brauchtum hier besonders rein erhalten – Lebensformen und Trachten, Handwerk und anderswo längst vergessene Speisen. In vielen Familien wird noch zwei Mal im Jahr Brot gebacken wie vor hundert Jahren. Andererseits stellt man heute mit moderner Technik Lebensmittel von höchster Qualität her, zum Beispiel vielerlei Käsesorten. Und die Höhenlage erlaubt die Produktion von Beeren und Obst außerhalb der üblichen Saison.

HANDWERKSKUNST

Im Sarntal blieb erhalten, was anderswo längst unterging: das alte bäuerliche Handwerk. Es wird hier nicht imitiert, sondern aus einem echten, unzerstörten Lebensgefühl heraus geschaffen.

Was Bauern Jahrhunderte hindurch gebaut, gestaltet, hergestellt haben – Häuser, Möbel, Gerätschaften und Kleidung –, ist von unangreifbarer Schönheit, die Form erwuchs aus dem Zweck. Mit dem Drang des städtischen Bürgertums, die Lebensformen des Adels nachzuahmen und sich mit entsprechenden Dingen zu umgeben, entglitt die Stilsicherheit: Kleinbürgerlicher Kitsch entstand. Fragwürdige Geschmacksbilder haben die ganze Gesellschaft erreicht – und natürlich kann man in Südtirol, wie überall, den Niedergang des so genannten Kunsthandwerks an jeder Straßenecke bemerken.

Im Sarntal glaubt man noch an Gott, hält an Traditionen fest. Sämtliche Ansiedlungen und fast alle Höfe sind bereits um 1300 in den Chroniken erwähnt! An Sonn- und Feiertagen tragen viele Sarntaler Tracht, alt wie jung – nicht zur Schau, sondern weil sich das so gehört. Nach tradierter Art werden Bestecke gefertigt und Tapper (Patschen, Hausschuhe aus Filz) gemacht, Fatschen (Schmuckgürtel) mit Federkielen bestickt, Reggl (Pfeifen) geschnitzt.

Inzwischen ist das einst unzugängliche, nur über Pässe oder den Ritten erreichbare Tal durch eine bequem zu befahrende Straße mit Bozen verbunden, die aufwendig in die felsige Talferschlucht gelegt wurde. Viele Sarntaler arbeiten in der Stadt, ihre Lebensumstände ändern sich. Der Fremdenverkehr nimmt zu, die Höfe sind nicht länger einsam. Geld kam ins Tal. Man stellt die Dinge des täglichen Lebens nicht mehr selbst her, sondern kauft sie einfach: Allerweltsdesign. Ob die echte Handwerkskunst da noch lange überleben kann – oder auch in Kitsch abgleitet?

Die Schlösser, Ansitze und Höfe des Sarntals liegen stolz und frei in der Landschaft. In den Bächen fließt Trinkwasser und die Menschen werden alt: Josef Premstaller, Jahrgang 1917, geht noch immer jeden Tag in die Werkstatt, um seine Messer und Bestecke herzustellen. Über 7500 hat er gemacht, seit er dieses ausgestorbene Handwerk nach dem Krieg wieder aufnahm – die Handelskammer von Bozen hat ihm dafür eine Goldmedaille verliehen. Die Klingen fertigt er aus Bandsägeblättern, die Griffe aus Horn, Perlmutt und Silber. Jedes Messer wird ein wenig anders – er mag sich nicht kopieren. Auch Philomena Moser stellt trotz ihrer 85 Jahre jeden Tag ein oder zwei Paar Patschen her – die klassischen Filzpantoffeln sind nicht nur bei den Einheimischen beliebt, sondern begehrtes Mitbringsel. Die Sarntaler Tracht ist schlicht, aber schmuck: der breite, mit Federkielen (aus gespleißten Pfauenfedern) bestickte Bauchgürtel: ein edles, teures Stück, in dem bis zu 200 Arbeitsstunden stecken können!

IM BAUERNBADL

Bad Schörgau war eines der typischen Tiroler Bauernbäder, in denen sich die Bevölkerung von der Mühsal des Alltags erholte. Heute ist es ein biologisch ausgerichtetes Luxus-Wellness-Hotel.

Sanft wellen sich die Wiesen im Sarntal, nicht von schroffen Bergspitzen, sondern von eher gemütlich runden Bergrücken bekränzt. Abseits der Straße liegt unten an der Talfer das ehemalige Bauernbadl Schörgau mit eigener Mineralquelle. Das Baden hat auch in Tirol jahrtausendelange Tradition, war schon vor den Römern als kultische Handlung bekannt. Anders als in unseren damals genauso badelustigen Regionen war das je nach Betrachtungsweise lustvolle oder sündige Treiben in den Bädern hier im ausgehenden Mittelalter nicht in Verruf gekommen und von der Kirche gegeißelt, sondern wurde im Gegenteil als Reinigung vor kirchlichen Festtagen begrüßt. Ob es in den Bauernbadln sittsamer zuging, mag bezweifelt werden – nur kümmerte sich die Kirche offenbar wenig darum, was die Landbevölkerung trieb. Schließlich kamen jedoch auch die reichen Kaufleute und Adligen in die Badln (110 gab es einst in Südtirol, nur noch wenige sind übrig), ließen sich von derben Bäuerinnen waschen und labten sich im zugehörigen Wirtshaus an Speis und Trank…

Im Bad Schörgau kann sich heute der anspruchsvolle Gast mannigfachen Badefreuden hingeben. Und wie früher köstlich tafeln und zechen! Hierfür ist Bad Schörgau seit langem bekannt: Sepp und Rosi Wenter waren von Bozen ins damals entlegene Tal heraufgekommen, weil sie die Kinder in freier Natur aufwachsen lassen wollten. Seine Kochkunst machte ihn bald im ganzen Land bekannt, so dass das kleine Bad mit Wirtshaus nicht mehr ausreichte. Aus dem Holz von alten Stadln (Heuschobern), dessen Bewohner nicht mit Chemie, sondern in Hochdruckkammern getötet wurden, entstand ein wunderschönes Hotel mit geräumigen hellen Zimmern, einer großzügigen modernen Eingangshalle, Restaurants, Bar und Badeabteilung – sorry: Wellnessbereich. Kaum war alles fertig, starb Vater Sepp ganz plötzlich. Die Familie musste sich umstellen: Sohn Gregor, der zwar schon immer Koch werden wollte, aber bis dahin nur eine Ausbildung im Saal genossen hatte, übernahm die Küche. Der Anfang war schwierig, doch die vorhandene Crew erkannte seine Begabung, nahm ihn als Chef an, und so kann er heute unbelastet von falschen Lehren groß aufkochen. Er verwendet ausschließlich Bio-Produkte, Sarner Lamm-, Kalb- und Rindfleisch, Gemüse aus der Region – man schmeckt es! Auch die Töchter stiegen mit ein, Sabine an der Rezeption, Steffi im Saal. Und Mutter Rosi wacht über alles und packt überall mit an – ihre traumhaft schönen Blumensträuße wird kein Gast je vergessen…

1
GEBACKENE ZUCCHINIBLÜTEN

Eine überaus elegante Anrichtung, geradezu künstlerisch, mit den Linien aus konzentriertem Balsamico – sieht viel komplizierter aus, als es gemacht ist.

Für vier Personen:
4 kleine Zucchini mit Blüten, 100 g Mozzarella, 4 Anchovis, Basilikumblätter, Salz, Pfeffer, 100 g Mehl, 1 Eigelb, 1/4 l eiskaltes Wasser, Öl zum Ausbacken.
Außerdem
1 junge Sellerieknolle, Zitronensaft, 150 g Crème fraîche, 2 EL Olivenöl, Schnittlauch, Balsamico

Die Blüten behutsam abtrennen, ein wenig öffnen und den Stempel entfernen. Die Zucchini für die Füllung stecknadelkopfwinzig würfeln, mit dem ebenfalls gewürfelten Mozzarella, Anchovis und fein geschnittenem Basilikum mischen. Abschmecken. In die Blüten praktizieren.
Für den Ausbackteig Mehl, Eigelb und Wasser mit dem Schneebesen aufschlagen, salzen. Die Blüten eintauchen, abtropfen und, in heißem Öl schwimmend, golden ausbacken. Den Sellerie schälen, in streichholzfeine Streifen hobeln, sofort in Zitronensaft wenden, damit sie schön hell bleiben. Mit einer Marinade aus Crème fraîche, Zitrone, Salz, Pfeffer, etwas Olivenöl und reichlich Schnittlauchröllchen anmachen.
Die knusprigen Blüten längs halbieren, mit der Schnittfläche nach oben auf einem Klacks Selleriesalat anrichten. Mit dem sirupartig eingekochten Balsamico dekorative Linien ziehen.

2
SPINATNOCKEN

Im Frühjahr nimmt Gregor Wenter statt des Spinats junge Brennnesseln – ab Juni ist deren Saison jedoch vorbei, dann sind sie nicht mehr zart, sondern störrisch.

Für vier bis sechs Personen:
400 g Mehl, 5 Eier, Salz, 100 g Spinatpüree (wer statt frischem Spinat tiefgekühlten nimmt, muss ihn unbedingt fein mixen!), gekochte Wachtelbohnen, geriebener Parmesan zum Bestreuen, 50 g luftgetrockneter Speck in hauchdünnen Scheiben

Mehl, Eier, Salz und Spinatpüree (Spinat blanchieren, ausdrücken und fein mixen) zu einem leuchtend grünen, festen, aber formbaren Teig mischen. Eine halbe Stunde ruhen und quellen lassen. Dann mit einem Esslöffel, der immer wieder ins Wasser getaucht wird, Nocken abstechen, in der angefeuchteten Handfläche glatt formen und in leise siedendes Salzwasser gleiten lassen. Etwa 5 Minuten köcheln, dann herausheben, in tiefen Tellern anrichten. Gekochte Wachtelbohnen darum anordnen, alles mit geriebenem Käse bestreuen und mit sehr fein geschnittenen Speckstreifen bestreuen.

Ein heißes Bad im Holzzuber – darin kommen die ätherischen Öle der berühmten Sarner Latschen besonders gut zur Wirkung, sie dienen der Entspannung und lindern chronische Gelenkschmerzen, die Dämpfe stärken die Atemwege. Das Milch-Honig-Bad erfrischt und pflegt die Haut. Im Heubett entspannen sich die Muskeln, Schmerzen verschwinden.

3
KARTOFFELKNÖDEL

Eine Spezialität von Gregor Wenter, duftig-lockere Knödel, in einer rahmigen Almkäsesauce – säuerlich angemachte rote Bete sind farblich wie geschmacklich ein hübscher Kontrast.

Für vier Personen:
500 g Kartoffeln, 100 g Frischkäse, 150 g Mehl,
2 Eigelb, Salz, Muskat
Käsesauce:
100 g Almkäse, 1/8 l Sahne, 1/8 l Brühe, Salz,
Pfeffer, Muskat. Außerdem: 1–2 gekochte rote Bete,
1 EL Apfelessig, 1 Lauchstange, 2 EL Butter

Kartoffeln kochen, pellen, durch die Presse drücken und auf einem Backblech ausgebreitet etwas trocknen. Mit Frischkäse, Mehl, Eigelb, Salz und Muskat zum Teig kneten. Ruhen lassen, bevor tischtennisballkleine Knödel geformt werden. In siedendem Salzwasser etwa 8 Minuten gar ziehen lassen. In tiefen Tellern anrichten, mit Käsesauce übergießen. Dafür den geriebenen Almkäse in Sahne und Brühe schmelzen, sobald sich alles innig verbunden hat, mit Salz, Pfeffer und Muskat abschmecken. Rote Bete akkurat und kleinfingernagelklein würfeln, mit Salz, Essig und Pfeffer würzen. Das Weiße der Lauchstange in feinste Ringe schneiden, in wenig Butter weich dünsten, dabei salzen und pfeffern. Die Kartoffelknödel mit beiden Gemüsen garnieren.

3

4
LAMMRÜCKEN AUF LINSEN

Der sorgsam parierte Lammrücken (die Knochen säuberlich freigeschabt) wird natürlich im Ganzen gebraten, weil er so am schönsten saftig bleibt und zum Servieren in zentimeterschmale Scheiben geschnitten, so dass nur jede zweite Scheibe einen Knochenstiel zum Anfassen hat.

Für vier Personen:
1/2 Lammrücken (längs halbiert, ohne Wirbelknochen, sauber pariert), Salz, Pfeffer, 2 EL Olivenöl, 200 g kleinste feine Berglinsen, 3 Salbeiblätter, 1 Tasse Ofentomaten (siehe Seite 50), Basilikum

Das Bratenstück mit Salz und Pfeffer einreiben. Im heißen Öl auf allen Seiten langsam schön goldbraun anbraten. Dann bei 110 Grad im Backofen eine halbe Stunde durchziehen lassen. Den Bratensatz mit etwas Wein und Brühe loskochen, ein gutes Stück Butter zufügen und alles kräftig aufmixen. Abschmecken.
Die Linsen in Salzwasser garen, dabei Salbeiblätter und ein paar Tomatenstücke mitkochen. Zum Servieren das Fleisch aufschneiden, auf einem Bett von Linsen anrichten, das mit Tomatenwürfeln und fein geschnittenem Basilikum vermischt ist, und alles mit dem klaren, aufgemixten Bratenjus beträufeln.

In den althergebrachten Wannen aus Lärchenholz schwitzt man wie früher in Gesellschaft. So kann man sich plaudernd die Zeit vertreiben. Das Hotel atmet Großzügigkeit und Herzlichkeit – Rosi Wenter, Sohn Gregor und Tochter Steffi zeigen auch die handwerklichen Traditionen des Tals und bieten nicht nur bei Tisch die besten Produkte ihrer Heimat.

5
GRUNGGELN

Eigentlich handelt es sich um Knödel aus Trockenfrüchten. Und zwar wurden sie um Pfingsten herum serviert, wenn man die Speisekammer von allem freiräumte, was noch an Wintervorräten übrig geblieben war. Denn dann standen ja die frischen Früchte ins Haus, und es musste Platz für neue Vorräte geschaffen werden. Man hat die Kletzen (Birnen), Äpfel, Zwetschgen und Nüsse eingeweicht, kleingehackt, zu Knödeln geformt und dann in Bierteig ausgebacken. Entweder aß man sie aus der Hand, oder man servierte sie mit den ersten Früchten des Sommers, auf einem Erdbeersalat.

Für vier Personen:
Je 1 Tasse getrocknete Aprikosen, Kletzen (Birnen), Äpfel, Rosinen, Zwetschgen und Nüsse, Saft und Schale von zwei Orangen, 2 EL Honig, 2 EL Rum
Ausbackteig:
150 g Mehl, 2 Eier, 2 gehäufte EL Zucker, knapp 1/4 l Milch, 1 Prise Salz, Butterschmalz zum Frittieren

Die Trockenfrüchte und Nüsse sehr fein hacken oder durch den Fleischwolf drehen. Mit dem Orangensaft tränken, Orangenschale, Honig und Rum zufügen und einige Zeit einweichen, am besten über Nacht. Dann müsste der Saft aufgesogen sein, und man kann aus der Masse tischtennisballkleine Bällchen formen. Die Zutaten für den Ausbackteig glatt rühren und eine halbe Stunde quellen lassen, bevor die Kugeln eingetaucht und schließlich schwimmend im heißen Fett ausgebacken werden.

UMSCHLAGPLATZ

Bozen war jahrhundertelang das wichtigste Handelszentrum zwischen der mediterranen Welt und Mitteleuropa. Heute mischen sich hier deutsche Traditionen mit italienischer Lebensart.

*M*itten auf dem belebten Waltherplatz vor den Toren der Altstadt Bozens steht das Denkmal des Minnesängers Walther von der Vogelweide, wahrscheinlich ein Südtiroler. Der Platz erzählt exemplarisch Bozner Geschichte: Angelegt 1808 unter der kurzen Zugehörigkeit Tirols zu Bayern, hieß er zunächst Maximiliansplatz. Unter Österreich wurde er zum Johannplatz, bekam 1889 sein Waltherdenkmal aus Laaser Marmor. Die italienischen Faschisten versteckten es im Park, benannten den Platz nach König Vittorio Emanuele. Seit 1981 steht der Namenspatron wieder fest auf seinem Sockel… Der Blick geht von den Cafés hinüber zum Dom, dessen filigraner Turm ein Wahrzeichen der Stadt ist, erbaut vom Oberschwaben Hans Lutz. Die Marktstände auf dem Obstplatz bieten Früchte, Kräuter und Gemüse aus Italien feil…

Schlendert man durch die von romanischen und spätgotischen Handwerker- und Patrizierhäusern gesäumten Gassen und die Lauben, genießt man eine heitere, südländisch leichte Atmosphäre. Hier locken holzgetäfelte Tiroler Stuben, dort eine moderne Enoteca zum Glas Wein, hier ein italienisches Restaurant zur gepflegten Mahlzeit, dort eine Brauereigaststätte oder Weinstube zur deftigen Brotzeit, zum traditionellen »Halbmittag« zwischen 8 und 11 Uhr, zur eher neumodischen »Marende« am Nachmittag. Abends stehen die Menschen, vor allem viele junge Leute, mit ihrem Glas Wein oder Bier auf der Straße und freuen sich an den lauen Temperaturen. Italienisch, tirolerisch und deutsch schallt es durcheinander. Am Lorenzitag, dem 10. August, präsentieren die Bozner Winzer ihre Weine in den Lauben, die Leute reden beschwingt miteinander und informieren sich interessiert – das bei deutschen Winzerfesten übliche Besäufnis findet nicht statt. Italienische Lebenskultur.

Noch vor 20 Jahren galt Bozen als hoffnungslos veraltete Stadt, langweilig und dumpf. Das Angebot der Läden entsprach biederem Geschmack, die Jugend fuhr zum Einkaufen nach Meran, Trient und Verona, ging dort in die Bars und Discos. Heute wirkt Bozen lebendiger als all diese anderen Orte. Die gediegenen Läden der alteingesessenen Händler sind längst durchsetzt mit Filialen internationaler Konzerne, dazwischen bereichern elegante und kreative Modeboutiquen, Galerien und Designgeschäfte die Szene. Es herrscht also wieder Trubel, so wie einst, als die reichen Bozner Kaufleute Laubenkönige genannt wurden und dem verarmten Adel die Burgen und Ansitze der Umgebung abkauften (wie die für ihre spätmittelalterlichen Fresken berühmte Runkelstein). Stolz waren die Bozner – unter den deutschstämmigen viele Italiener! –, und mit ihren acht Seligkeiten dem Himmel nah: Ein Haus unter den Lauben haben, ein Weingut vor den Toren der Stadt, eine Sommerfrische auf dem Ritten, einen eigenen Kirchstuhl im Dom, eine Loge im Theater, ein Familiengrab, genug Wäsche im Schrank, um nur zwei mal im Jahr waschen zu müssen, und eine Boznerin zur Frau!

UNTER DEN LAUBEN – SINNENFREUDE UND GASTLICHKEIT

Bozen ist, trotz aller oft rückwärts gewandten und engen Sicht einiger alter Südtiroler und Schützenvereine und der nur rund hunderttausend Einwohner, eine erstaunlich urbane Stadt. Zu ihrem Einzugsgebiet gehören natürlich Unterland und Überetsch, das Meraner Burggrafenamt und das Eisacktal mit Brixen und Klausen – in weniger als einer halben Stunde ist man leicht in der Landeshauptstadt! Deren kulturelles Angebot ist inzwischen auch beachtenswert, mit neuem Theater und Oper sowie dem jungen, von Gustav Kuhn mit Bravour geleiteten Haydn-Orchester, das sich Bozen mit Trient teilt.

Nicht nur die historische Altstadt ist ein Magnet – Touristen besuchen gern den Ötzi. Und für die Südtiroler ist das riesige, sich beidseits der Autobahn hässlich ins Etschtal dehnende Industrie- und Handelsgebiet wichtigstes Einkaufszentrum des Landes. Jenseits der Talfer, Richtung Gries, beginnt hinter dem imperialistischen Siegesdenkmal mit der Via della Libertà, der Freiheitsstraße, das Bolzano der italienischen Bevölkerung, seit 80 Jahren die Mehrheit der Einwohner Bozens. Mussolini wollte aus Bozen eine faschistische Musterstadt machen, repräsentative Verwaltungsbauten und das neue Stadtviertel erscheinen wie aus einer anderen Welt. Die deutschsprachigen Bozner konnten sich nie damit anfreunden – bis heute funktionieren die beiden Teile der Stadt getrennt voneinander.

In den meist mehrere Hinterhöfe tiefen Häusern der Laubenkönige, der reichen Bozner Handelsleute, verbergen sich mancherlei Schätze: Beim eleganten Seibstock bekommt man alle Südtiroler Spezialitäten in bester Qualität, außerdem Delikatessen aus Italien und aller Welt. In der nahen Dr.-Streiter-Gasse entstand in den letzten Jahren ein kleines gastronomisches Zentrum mit Enotheken, Cafés und witzigen Restaurants. Im Keller des Pra Meisa serviert Silvano Lotto ladinische Spezialitäten, bei den Carrettai gibt es wunderbare belegte Brötchen, die man im Vorübergehen verspeist oder mit einem Blick in die Zeitung genießt. Und die alten Verkaufsstände des Fischmarkts, die Fischbänk, wurden zu originellen Imbisstischen umfunktioniert: Hier bietet Cobo einfache Gerichte und Weine an – berühmt wurde er durch seine humoristischen Zeichnungen und Bücher, die man hier kaufen kann. Abends erglüht über der Stadt ihr zweites Wahrzeichen, der Rosengarten. Den Blick genießt man am besten vom anderen Talferufer – und von dort sind es nur ein paar Schritte zur Eisdiele Avalon (oben), wo es das beste Eis der Stadt gibt – jeden einzelnen Schritt wert!

Unerträglich heiß kann es im Sommer im Talkessel von Bozen werden. Die heiße, schwüle Luft scheint zu stehen — und früher, bevor die Etsch Ende des 19. Jahrhunderts begradigt und die Talsohle von den Sümpfen befreit wurde, wütete hier die Malaria. Vor ihr floh man in die Berge, nicht nur die reichen Leute besaßen Ansitze auf den Höhen, sondern auch die einfachen Bürger hatten ein kleines Häuschen in Jenesien, auf dem Ritten, dem Kohlern. Auf den Hausberg Ritten gelangt man am schnellsten mit der Seilbahn, die Strecke Oberbozen–Klobenstein wird zur Freude der Eisenbahnfans noch mit den hundert Jahre alten Waggons bedient. Hotels, Gaststätten und Bergbauernhöfe halten die einheimischen Gerichte parat, von Wurstsalat bis zu Krapfen oder Apfelstrudel. Radi mit Bier schmecken auch oben beim »Lipp« in Predonig unterm Gantkofel auf der anderen Etschseite, von wo aus man einen atemberaubenden Blick auf Bozen und weit hinauf bis nach Meran genießt.

EINE JAHRHUNDERTE-LANGE BOZNER TRADITION: SOMMERFRISCHE AUF DEN BERGEN

WEIN-OASE

Im 500 Jahre alten Ansitz Pillhof an der verkehrsreichsten Kreuzung Südtirols ist munteres Leben eingezogen: In der quirligen Vinothek gibt's Superweine und immer was Gutes zu essen dazu.

*L*angsamer wollten die Sommelière Kathrin Oberhofer und ihr Freund Othmar Reich, der Koch, es angehen lassen, als sie sich im Pillhof selbständig machten. Die Arbeit als Angestellte in einem Abendrestaurant, immer bis weit in die Nacht, war ihnen zu viel geworden. Dass man bei der Renovierung des schönen Ansitzes die ältesten Weinfresken des Landes entdeckt hatte, war für sie ein gutes Omen. Eine Enoteca schwebte ihnen vor, in der man Wein für zu Hause kaufen kann und Spezialitäten der Region, aber natürlich auch den Wein probieren, bevor man sich entscheidet, und dazu einen Happen essen. Und obwohl die Zufahrt so versteckt liegt, dass man auf der Suche nach ihr verzweifeln kann, weil italienischer Behördeneifer ein richtungsweisendes Schild verbietet, schaufelt die zentrale Lage am Frangarter Verkehrskreisel zwischen Bozen und Eppan ihnen die Kundschaft geradezu ins Haus. Die Gäste fühlen sich wohl in der modernen Atmosphäre, lieben die unprätentiöse Küche, die intelligente Weinauswahl – das junge Paar wurde von einem unerwarteten Erfolg überrollt.

Herzstück ist der gläserne Kühlraum für die Weißweine neben dem Eingang sowie die Regalwand für die Roten, vor der die Freaks begehrlich stehen. Zentrum der breite Tresen, an dem die Gäste auf hohen, eleganten Sesseln Platz nehmen, tagsüber rasch auf ein Glas Wein, in der Mittagspause für einen Teller Pasta oder nachmittags auf ein Glas Passito zum Espresso und um sich mit einem Blick in die neuesten Zeitungen und Zeitschriften zu informieren. Wer länger bleiben will, vor allem am Abend gemütlich sitzen, sucht sich einen der intimeren Tische. Und an schönen Tagen sitzt man am liebsten im mediterranen Patio unter weißen Schirmen und fühlt sich weit weg.

I
BRUSCHETTA

Der Klassiker aus der Toskana – natürlich liebt man ihn auch in Südtirol: Geröstete Weißbrotscheiben mit Knoblauch abreiben. Gewürfelte Tomaten, angemacht mit Salz, Pfeffer, fein gehacktem Knoblauch und Basilikum obenauf gehäuft und mit Olivenöl beträufelt.

2 3

2
SOMMERSALAT MIT MELONE

Eine ebenso hübsche wie originelle Vorspeisenkreation: Reife, aber noch feste Honigmelone wird geschält und wie Schinken auf der Aufschnittmaschine dünn aufgeschnitten. Zusammen mit ebenso dünnen Scheiben vom Valtelinaschinken sowie mit bunt gemischten Salatblättern auf einem Teller gemischt und mit einer Marinade beträufelt, die aus Püree von gelbem Paprika, Weißweinessig und Olivenöl aufgemixt wurde. Kleckse vom eingekochten Balsamico setzen dunkle, aromatische Tupfer. Und hauchdünne, geröstete Weißbrotscheiben, die dazwischen stecken, sind für die Zunge eine knusprige Überraschung.

3
SPAGHETTI MIT SEPIOLINE

Manche Meeresfrüchte kann man unbesorgt auch tiefgekühlt kaufen, Garnelen zum Beispiel, aber von allem, was mit Tintenfisch verwandt ist, sollte man in tiefgekühltem Zustand Abstand nehmen – sie sind immer zäh! Und da hilft es auch nicht, einen Korken mitzukochen oder einen Kieselstein, wie man öfter empfohlen bekommt, oder das arme Getier stundenlang simmern zu lassen.

Für vier Personen:
1 Zwiebel, 2 Knoblauchzehen, 2 EL Olivenöl, etwas glatte Petersilie, 2 Tassen frisch gehäutete und entkernte Tomaten, Salz, Pfeffer, 400 g möglichst kleine Sepioline (Tintenfischchen oder Kalmare), Basilikum, 300 g Spaghetti

Zwiebel und Knoblauch schälen, fein würfeln und im heißen Öl anschwitzen. Die Hälfte der fein gehackten Petersilie mitdünsten, dann die Tomaten zufügen. Fünf Minuten leise köcheln, salzen und pfeffern, bevor die gewaschenen Tintenfischchen untergemischt werden. Kurz zudecken und leise schmurgeln lassen. Fein geschnittenes Basilikum unterrühren und mit den bissfest gekochten Spaghetti mischen.

4
KONFITÜREN ZUM KÄSE

Groß in Mode in Italien: zum Käse jeweils passende Spezereien und Konfitüren. Süß, fruchtig, interessant gewürzt und manchmal mit Senfessenz zu beißender Schärfe gebracht. Diese ist leider in Deutschland nirgends, in Italien nur in Apotheken erhältlich. Achtung: Die Essenz ist schwer ätzend und darf tatsächlich nur tropfenweise verwendet werden. Die Konfitüren sind zum Käse eine wunderbare Ergänzung. Zum Beispiel wie hier von links nach rechts: Orangenkonfitüre mit Chili, Feige mit Balsamico, Birne mit Safran und schließlich Quittenmostarda.

Orangenkonfitüre mit Chili:
1 kg ungespritzte Orangen, 800 g Zucker, 2 frische oder getrocknete Chilischoten
Feigenkonfitüre mit Balsamico:
1 kg reife Feigen, 500 g Zucker, 1/8 l Balsamico
Birnenkonfitüre mit Safran:
1 kg aromatische, duftende Birnen (Williams oder Alexander Lukas), 700 g Zucker, 1/2 Zitrone, 1 Döschen Safran
Quittenmostarda:
1 kg Quitten, 700 g Zucker, 2-3 Tropfen Senfessenz

Alle Konfitüren unbedingt in einem Kupfer- oder Messingkessel kochen, nur darin bleiben Farbe und Aroma erhalten.

Orangen mit der Schale in feine Streifen schneiden, dabei die Kerne entfernen, mit Zucker vermischen und zugedeckt über Nacht stehen lassen. Den Saft abgießen, aufkochen, die Orangen und zerkrümelte Chilis zufügen, etwa zehn Minuten köcheln, dabei immer wieder rühren, bis die Masse dicklich wird. In Schraubgläser füllen und heiß verschließen.

Die Feigen grob zerschneiden, mit Zucker mischen und aufkochen. Nach einigen Minuten mit dem Pürierstab zermusen. Balsamico einrühren und abfüllen.

Birnen zerschneiden, mit der Hälfte des Zuckers vermischen und zugedeckt 30 Minuten weich kochen. Durch eine Gemüsemühle passieren, mit dem restlichen Zucker mischen, das Safranpulver mit etwas Fruchtpüree auflösen und unterrühren. Bis zur Gelierprobe köcheln und abfüllen. Quitten wie Birnen behandeln, das Fruchtpüree mit Senfessenz würzen, abfüllen.

Geschäfts- und Lebenspartner Othmar Reich in seinem Reich, der Küche. Die Speisenkarte schreibt er jeden Morgen nach dem Einkauf neu. »Ich muß mich anstrengen«, lacht er, »unsere Gäste kochen selbst zu Hause anspruchsvoll und gut. Ich muß also besser sein, sonst bleiben sie daheim.« Natürlich ist es auch die heimelige Atmosphäre, die lockt, die dekorativen Weinregale, das warme Licht. Die hochbeinigen Tische sind zunächst verblüffend angenehm kommunikativ, weil man sich stehend an sie lehnen, auf barhockerhohen Sesseln daran sitzen und mit vorbeigehenden Gästen auf Augenhöhe sich unterhalten kann.

EIN GASTLICHES HAUS!

Der Marklhof in Girlan ist der Klassiker unter den Gasthäusern der Region: berühmt für die vorzügliche Küche, einen wohlbestückten Keller und die Herzlichkeit der Wirtsleute.

HEIMELIGE STUBEN UND EINE WOHLBESCHIRMTE TERRASSE

Restaurantchef Heinrich Oberhofer (links) und Bruder Andreas, der Küchenchef, sind das ideale Wirtepaar. Es funktioniert, behaupten sie, weil sie Berufs- und Privatleben strikt voneinander trennen — und grinsen dabei wie Schulbuben über einen Scherz.

Als im Jahr 1960 die Eltern Oberhofer den prächtigen Weinhof auf dem Überetsch, der dem Kloster Neustift bei Brixen gehört, gepachtet hatten, um ein Gasthaus daraus zu machen, gab es zwischen Girlan und Kaltern gerade mal drei, vier Gastbetriebe. Das stattliche Gebäude mit dem phantastischen Panoramablick ins weite Tal der Etsch, unter dem bis heute die Rotweine der Augustiner-Chorherren in ihren Fässern lagern, wurde rasch zum beliebten Ausflugsziel. Zunächst kam man zur Jause, daraus entwickelte sich ein immer opulenteres Törggelen, und schließlich wurde der Marklhof ein anspruchsvolles Restaurant. Die beiden Söhne Heinrich und Andreas wuchsen damit auf und ganz natürlich in die Nachfolge hinein. Von Anfang an waren sie sich einig: Andreas, der leidenschaftliche Jäger, wird Koch, sein Bruder Heinrich, mehr von der kommunikativen Art, geht ins Restaurant. Ein Glück, dass die Ehefrauen, die bald hinzukamen, sich völlig unkompliziert in diese Aufgabenteilung eingliederten: Andreas' Frau Maria, selber Köchin, steht nun seit vier Jahrzehnten mit ihrem Mann täglich am Herd. Sie ist verantwortlich für Vorspeisen und Salate und sorgt für eine bemerkenswert gelassene, friedliche Atmosphäre. Und Heinrich, Herr des Weinkellers, betreut mit seiner Ehefrau Ilse die Gäste; von ihrer Herzlichkeit hat Tochter Kathrin, die wir vom Pillhof kennen (Seite 80 ff.), viel geerbt. Die Gäste: Italiener, die für Südtiroler Spezialitäten kommen, Deutsche, die mehr die italienischen Gerichte mögen, und Einheimische, die auch moderne Kreationen schätzen. Und jeder kriegt, was er mag!

1
KÄSETATAR AUF TOMATE

Als Gruß aus der Küche kommt dieser Teller: fein gewürfelter Bergkäse, angemacht mit ein wenig roter Zwiebel, mit einer Vinaigrette aus Apfelessig und Olivenöl und umkleckst mit leuchtend grünem Petersilienöl. Ein hübscher Auftakt, der auf das Essen einstimmt.

2
KALBSKOPF SAUER

Eine handfeste Portion, diese dicke Scheibe von wohlgesottenem, zur Rolle gewickeltem Kalbskopf, mit einer Vinaigrette aus Rotweinessig und Olivenöl. Natürlich dürfen reichlich Zwiebelringe nicht fehlen.
Den Kalbskopf kann man gut auf Vorrat kochen und portionsweise einfrieren.

Für vier bis sechs Personen:
1/2 Kalbskopf (vom Metzger ausgelöst und geputzt), 1 dicker Bund Wurzelwerk, 1 Thymiansträußchen, 2-3 Lorbeerblätter, 1 EL Pfefferkörner, Salz, 1/2 l Weißwein, Wasser

Den Kalbskopf mit dem zerkleinerten Wurzelwerk und den Gewürzen in einen passenden Topf betten, Wein angießen und mit Wasser knapp bedecken. Langsam zum Kochen bringen, leise unterhalb des Siedepunkts etwa 2 Stunden köcheln, bis das Fleisch weich ist. Im Sud abkühlen lassen. Unschöne Partien, zu viel Fett entfernen. Das Stück aufrollen, so dass die Hautseite nach außen zeigt. In Folie gewickelt abkühlen und fest werden lassen. Zum Servieren den Kalbskopf in Scheiben schneiden und am besten in der Mikrowelle sehr behutsam etwas erwärmen. Mit einer Vinaigrette beträufeln und mit fein gehobelten Zwiebeln bestreuen.

3
BOZNER HERRENGRÖSTL

Was man als Gröstl mitunter vorgesetzt bekommt, kann einen das Grausen lehren. Dabei handelt es sich eigentlich um ein fabelhaftes schnelles Essen. Für »Herren« übrigens immer mit bestem, magerem Fleisch (meist ein Stück aus dem Bollito misto oder vom sonntäglichen Kalbsbraten), die weniger feine Version begnügt sich mit Speck oder Bratwurst.

Für zwei Personen:
1 kleine Zwiebel, 1 Knoblauchzehe, 1 EL Olivenöl, 1 EL Butter, 4–5 gekochte Kartoffeln, Salz, Pfeffer, Kümmel, getrockneter Majoran, etwas Thymian, einige Rosmarinnadeln, 2 Tassen Braten oder gekochtes Fleisch in feinen Streifen oder Würfeln, Schnittlauch

Zwiebel und Knoblauch fein würfeln und in einer ausreichend großen Pfanne in einem Gemisch aus Öl und Butter weich dünsten. Die Hitze erhöhen, die Kartoffeln in Scheibchen zufügen und alles nunmehr rösten. Dabei salzen, pfeffern, mit Kümmel, Majoran und den anderen Kräutern würzen. Sanft, aber nachdrücklich braten, dabei mit der Bratschaufel alles immer wieder umwenden und mischen – behutsam, sonst zerbrechen die Kartoffelscheiben und die Zutaten werden zerdrückt. Das Gröstl darf auf keinen Fall matschig wirken, es müssen die einzelnen Bestandteile deutlich erkennbar sein. Zum Schluss Schnittlauchröllchen untermischen und rasch servieren. Dazu gehört unbedingt ein Krautsalat mit feinsten Speckstreifen und viel Kümmel.

4
SPINATNUDELN MIT PFIFFERLINGEN UND WILDSCHWEINRAGOUT

Der Nudelteig wird (wie auf Seite 48 beschrieben) mit Spinatpüree gefärbt. Die Pfifferlinge werden separat gedünstet und mit der frisch gekochten Pasta vermischt, obenauf kommt dann eine Portion vom Wildschweinragout:

Für vier Personen:
Ragout:
1,5 kg möglichst gut durchwachsenes Wildschweinfleisch (Hals, Schulter, Bein), ruhig mit Knochen, 2–3 EL Olivenöl, Salz, Pfeffer, 1 EL Mehl, 2 Zwiebeln, je 1 Tasse fein gewürfelte Möhren, Lauch, Sellerie, 2 Knoblauchzehen, 1 Flasche Rotwein
Außerdem:
300 g Pfifferlinge, 1 kleine Zwiebel, 2 EL Olivenöl, Petersilie, 4 EL Butter, 300 g grüne Pasta

Das Fleisch ganz nach Belieben im Ganzen oder in mundgerechte Würfel geschnitten verwenden: In einem ausreichend großen Topf im heißen Öl rundum schön gleichmäßig anbraten, salzen, pfeffern und schließlich mit Mehl bestäuben. Mitrösten, dann herausheben und beiseite stellen, um Platz zu schaffen, und dort Zwiebeln und anderes Wurzelwerk anrösten. Schließlich mit Rotwein ablöschen, das Fleisch zurück in den Topf geben. Zugedeckt im Ofen bei 130 Grad zwei Stunden schmoren. Das jetzt butterzarte Fleisch von den Knochen lösen und würfeln. Das Schmorgemüse durch ein Sieb passieren, gut ausdrücken. Wenn nötig, diese Sauce nochmals einkochen, die Butter untermixen, damit sie glänzt, und abschmecken. Pfifferlinge mit fein gewürfelten Zwiebeln in Olivenöl andünsten, salzen, pfeffern und gehackte Petersilie unterrühren. Dünsten, bis nur noch wenig Saft in der Pfanne ist. Diesen mit Butterflöckchen binden. Die Pasta damit mischen und in tiefen Tellern anrichten. Mit einer kleinen Portion Wildschweinragout garnieren.

Ilse Oberhofer (ganz links) betreut die Speiseräume, die mit Zirbelholz getäfelt und ganz klassisch ausgestattet sind, mit weißem Leinen, gefältelten Servietten, üppigen Bouquets. Schwägerin Maria hat in der Küche die Zügel ebenso sanft wie unnachgiebig in der Hand, auch wenn selbstverständlich Ehemann Andreas der Chef ist!

5
NUDELROLLEN MIT RICOTTA

Cannelloni auf Südtiroler Art: mit einer Creme aus Schafstopfen und Eiern gefüllt und mit Bechamel überbacken. Den Nudelteig macht Andreas Oberhofer je halb aus Weizen- und Hartweizenmehl, auf 1 kg nimmt er 9 Eier.

Für vier bis sechs Personen:
80 g Butter, 5 Eigelb, Salz, Pfeffer, 500 g Schafstopfen (notfalls Magerquark), 80 g frisch geriebener Parmesan, 5 Eiweiß, 1/2 Portion Nudelteig
Bechamelsauce:
1 Zwiebel, 3 EL Butter, 30 g Schinkenspeck, 2 EL Mehl, 1/2 l Milch, 2 Petersilienstängel, 3 Sellerieblätter, 2 Lorbeerblätter, 1 Stück Zitronenschale, Salz, 1/8 l Sahne, eventuell 1 Schuss Gemüsebrühe

Für die Bechamelsauce Zwiebel fein gewürfelt in der Butter andünsten, mit Mehl bestäuben und blond schmurgeln. Milch angießen, leise köcheln, bis sich alles gut verbunden hat. Kräuter und Gewürze zufügen. Eine halbe Stunde köcheln. Durch ein Sieb passieren, die Sahne angießen, die Sauce würzig abschmecken und eventuell mit etwas Brühe verdünnen. Für die Füllung der Rollen die Butter mit den Eigelben dick und hell schlagen, mit Quark und Parmesan verrühren. Die Masse mit Salz, Pfeffer und Muskat würzen. Die Eiweiße steifgeschlagen unterziehen. Den Nudelteig zu Cannelloniflecken ausrollen und zuschneiden. Mit der Quarkmasse füllen. Nebeneinander in eine feuerfeste Form betten, mit Bechamel übergießen und bei 200 Grad etwa 10 bis 15 Minuten überbacken.

6
KALBSLEBER MIT SALBEI

Ein Klassiker im Marklhof, den die Gäste lieben, der deshalb nie auf der Karte fehlen darf.

Für zwei Personen:
4 zentimeterdicke Scheiben Kalbsleber, 50 g Butter, Salz, Pfeffer, Salbeiblätter

Die Kalbsleber in einer großen Pfanne in die aufrauschende Butter legen, sanft auf beiden Seiten jeweils eine Minute braten. Erst dann salzen und pfeffern und auf einem Teller warm stellen. Unterdessen die Salbeiblätter im Bratfett anrösten und gekochte kleine Kartöffelchen schwenken, bis sie davon überzogen und auch innen warm sind. Sofort zu Tisch bringen.

So einfach ist das. Warum kann man eine solche wundervoll zarte, perfekt rosa gebratene, durch und durch saftige Kalbsleber sonst kaum je bekommen?

7
KIRSCHSTRUDEL

Am besten schmeckt er natürlich so frisch wie möglich, eben noch lauwarm, aber bereits so abgekühlt, dass er in Form bleibt, wenn man ihn in Stücke schneidet. Im Marklhof richtet man den Strudel auf einem Muskatellersabayon, der mit Erdbeercoulis verziert ist, an. Und serviert dazu sahniges Mascarponeeis (siehe Seite 44).

Für sechs Personen:
Strudelteig:
180 g Mehl, 1 Prise Salz, 1 EL Öl oder weiche Butter, 1/8 l lauwarmes Wasser. Außerdem Butter zum Bestreichen und Puderzucker zum Bestäuben
Kirschfüllung:
2 Eigelb, 2 EL Zucker, 75 g geriebene Haselnüsse, 2 Eiweiß, 1 kg Herzkirschen

Mehl auf die Arbeitsfläche häufen, in eine Vertiefung in der Mitte die übrigen Zutaten geben, einen geschmeidigen Teig draus kneten. Unter einer mit heißem Wasser erwärmten und angefeuchteten Schüssel eine halbe Stunde ruhen lassen. Den Teig dann zuerst auf einem großen Tuch ausrollen, schließlich mit den Handrücken vorsichtig ausziehen, zu einer großen, durchscheinend dünnen Teigfläche. Diese mit flüssiger Butter einpinseln. Auf zwei Dritteln dieser Fläche die Füllung verteilen. Dafür Eigelb und Zucker dick und hell schlagen, die Nüsse unterrühren und den steifgeschlagenen Eischnee unterziehen. Eventuell mit einem Schuss Kirschwasser parfümieren. Die entstielten (nach Belieben auch entsteinten) Kirschen unterheben. Das Tuch auf der belegten Seite anheben und dem Teig einen Schubs geben, damit er sich aufrollt. Die Teigrolle mit der Naht nach unten auf ein mit Papier ausgelegtes Blech betten. Dick mit flüssiger Butter einpinseln. Dann bei 200 Grad etwa 30 Minuten backen, unterdessen immer wieder mit Butter einstreichen, bis die Oberfläche goldbraun und knusprig ist. Den Strudel noch warm mit Puderzucker bestäuben.

Im Frühjahr werden für die schönen Tage einige Tische vor das Haus gestellt, als Alternative zu den heimeligen Stuben. Im Sommer aber sitzen alle Gäste auf der riesigen Terrasse hinterm Haus, wo eine gewaltige Markise sogar vor Regen schützt. Und eine Glaswand schirmt die kühlen Winde vom Westen ab.

SCHLOSS MOOS

Oberhalb von St. Michael in Eppan, im lieblichen Überetsch, trifft man inmitten der Rebgärten auf ein trutziges Gemäuer. Ein Schild weist es als Museum für mittelalterliche Wohnkultur aus.

*E*rbaut wurde Schloss Moos im 13. Jahrhundert als wehrhafter Wohnturm von einer Inntaler Adelsfamilie. Gut hundert Jahre später, in weniger kriegerischen Zeiten, wurde der Wehrturm aus- und angebaut und als Sommerfrische, damals sagte man Jagdschloss, genutzt. Das Schloss durchlebte unruhige Zeitläufte, immer wieder wechselten die Besitzer. In seiner wohl glanzvollsten Epoche war es Wohnsitz der Familie Lanser-Schulthaus, die reich war und berühmt für ihre Lebensfreude und grandiosen Feste – noch heute spricht man davon, dass »einer lebt wie der Lanser in Moos«, wenn sich einer dem Wohlleben allzu stürmisch hingibt. Als mit es dem Reichtum vorbei war, zerfiel der Besitz, das Schloss wurde schließlich als Bauernhof genutzt und heruntergewirtschaftet. Vor gut 50 Jahren erwarb es der Bozner Kaufmann Walther Amonn und renovierte es mit Geduld, Geld und unter Aufsicht des Denkmalamts Stück für Stück, bis ein Museum daraus wurde. Herrliche Fresken, seltsame Malereien und versteckte Gänge wurden freigelegt, auch die einzelnen Stuben wieder so eingerichtet mit Mobiliar und Gemälden, wie sie wohl einmal waren. Sogar die Küche wurde wieder hergestellt und mit Werkzeug, Gerätschaften und allen Gegenständen ausgestattet, so dass man sich ein präzises Bild vom damals mühsamen Alltag machen kann. Es waren harte Zeiten, stellt der heutige Besucher fest, der überall den Kopf einziehen muss, und ist beeindruckt von vielerlei sinnreichen Details. Der Christophorus zum Beispiel, der sonst an Außenwänden prangt, ist hier innen an die Wand gemalt, damit er den ganzen Tag den beschützt, der ihn am Morgen ansieht, wenn er das Haus beim Weggehen zuschließt.

Viele der Gerätschaften, die in der Küche versammelt sind, wurden bis in unsere Zeit benutzt. Die Mohnstampfer (links), die flachen Sahneschöpfer (in und am Bord rechts) und die gewaltigen Teigschaffel, die am gemauerten Herd lehnen (unten). In der Gesindestube (ganz rechts unten) sind ganz unterschiedliche Handwerkzeuge ausgestellt.

PETER DIPOLI

Er ist unbequem, gilt als »tipo poco amabile« – wie er selbst nicht ohne Stolz und Selbstbewusstsein sagt – und weiß genau, was er will: sehr gute Weine machen zu einem vernünftigen Preis!

Apfelbauer sollte er werden – die Familie besitzt reichlich Obstgärten –, aber Wein hat ihn eigentlich immer mehr fasziniert. Daher hat er in San Michele Weinbau studiert, viele Weinreisen unternommen, ist schließlich in den Weinhandel eingestiegen: Spitzenweine aus Italien, Toskana und Piemont, immer mehr auch Frankreich. Dabei hat er gründlich gelernt, was gute, was große Weine sind: »Wer gute Weine machen will, muss zunächst einmal wissen, wie solche Weine schmecken!« Als er 1987 einen Weinberg kaufen konnte, auf 500 bis 600 Meter Höhe oberhalb von Kurtatsch gelegen, rodete er ihn und pflanzte Sauvignon Blanc an – drei Mal war er in Pouilly Fumé gewesen und hatte die Erkenntnis mitgebracht, dass Sauvignon nur in der Höhe voll ausreifen kann, damit die ordinären Grastöne verschwinden, er nicht zu alkoholreich wird, kühle Nächte die Säure bewahren und exotische Fruchtaromen ausbilden. »Voglar« – von fogolar, Feuerstelle – heißt der Wein nach diesem Weinberg. »Iugum«, Ochsenjoch, hat er den Rotwein genannt, der 1995 Furore machte: Auf Anhieb gelang auf dem im vierten Jahr stehenden Weinberg bei Margreid ein großer Wein aus 70 % Merlot und 30 % Cabernet Sauvignon! Der Jahrgang war ein Glücksfall: »Was der Weinberg an Qualität bringt, darf man im Keller nicht verlieren! Erst beim Ausbau habe ich erfahren, was meine Weine wollen – zum Beispiel weniger neues Holz, als ich dachte. Man darf dem Wein nicht entgegenarbeiten. Große Weine kann man nicht ›machen‹!« Eine Bescheidenheit, die bei Peter Dipoli verblüfft.

Seit 1998 verfügt Peter Dipoli über einen alten Ansitz mit großen, technisch bestens ausgerüsteten Kellern. Die Weine werden in Holzfässern ausgebaut, zu einem Drittel in neuen Barriques. Es gibt nur die beiden erwähnten Weine sowie den einfachen Merlot »Fill«.

EIN STARKES TAL

Die Ultner Bauern sind besonders bodenständig, lieben und pflegen ihre Heimat mit Hingabe. Und bedienen sich moderner Mittel, um an den Traditionen festhalten und hier überleben zu können.

*V*om Meraner Becken durch eine Steilstufe getrennt, zieht sich das Ultental fast 40 km bis in Spitzen der Ortlergruppe. Erst 1908 wurde eine Straße hinauf gebaut, bis dahin war das nach hinten immer weitere und anmutigere Tal nur über das Tarscher Joch vom Vinschgau aus erreichbar gewesen – und auch die neue Straße erschloss nur seine erste Hälfte bis St. Walburg. Von da an führten nur noch schmale Stege den Bach entlang und zu den Höfen hinauf, die hoch oben am teilweise aberwitzig steilen Südhang liegen. Erst 1950, als man am Talende die Stauseen baute, wurde die Straße verlängert. Jetzt gab es zum ersten Mal andere als bäuerliche Arbeit: Viele junge Männer verdingten sich für ein paar Jahre als Bauarbeiter. Als die Dämme fertig waren, mussten sie abwandern – es gab nichts mehr für sie zu tun! Auch nicht auf den kleinen Höfen, wo die ersten Maschinen die mühselige und zeitraubende Handarbeit ersetzten.

Bis dahin war das Leben im Jahresrhythmus klar: Roggen, Kartoffeln, Rüben, Mohn und Brotklee anbauen als Grundnahrungsmittel, im Sommer Heu und Brennholz machen für den Winter, die Kühe auf die Alm treiben und Käse bereiten, im Herbst die Ernte einbringen, das Vieh wieder in den Stall holen, Schweine schlachten und Speck selchen, Holz schlagen. Im Winter gab es weniger zu tun; da blieb man daheim und bearbeitete das reichlich vorhandene Holz, besserte aus, schnitzte Schindeln, fertigte die nötigen Gerätschaften an, drehte Teller, Schüsseln und Schalen, die man im Frühjahr auf dem Markt im Tal zu Geld machen konnte – um sich wenigstens das Nötigste kaufen zu können, etwa Schuhwerk und besondere Kleidungsstücke. Und zwei Mal im Jahr als große Aktion das Brotbacken, im Juni vor der Heuernte, im November nach der Roggenernte.

Die Heuernte war immens wichtig: Gab es reichlich, kam man gut durch den Winter, war das Futter aber knapp, musste Vieh geschlachtet werden. Die Arbeit an den teilweise schwindelerregend steilen Hängen war beinhart. Heute helfen Balkenmäher, zusammengerecht wird aber meist immer noch von Hand. Geländegängige Spezialtraktoren und verschiedene Maschinen entlasten zwar, aber alles bleibt beschwerlich. Roggen wird inzwischen nicht mehr angebaut.

In Haus und Stall freilich ist es einfacher geworden, vor allem durch elektrischen Strom – für Waschmaschine, Pumpen und Trockenaggregate, Küchen- und Holzbearbeitungsmaschinen und anderes mehr. Motorsägen und Seilwinden sparen im Wald Kraft

Malerisch liegt St. Pankraz in Ulten. Die Bergbauernhöfe sind mit Schindeln aus Lärchenholz gedeckt, die dank deren besonderem Harz über hundert Jahre halten. Die schöne Tür mit dem Spitzbogen gehört der Kapelle des Hospiz St. Moritz am »Rosenkranzweg« über den Tarscher Pass.

BERGBAUERN LEBEN MIT DER NATUR – NICHT GEGEN SIE

und Zeit. Fast alle Höfe sind inzwischen dank EU-Programmen modernisiert, freilich mit viel Eigenarbeit und Nachbarschaftshilfe; die meisten Familien vermieten Ferienwohnungen, wodurch endlich bares Geld verdient wird. Auch dass man den Arzt per Telefon erreicht, der Schulbus die Kinder holt, dass man ins Tal fahren kann zum Einkaufen, sich über das Internet Waren ins Haus bestellen und die Subventionen bei Gemeinde, Land, Staat und EU beantragen kann – all das macht das Leben schon bedeutend leichter. Und sogar im Winter gibt's jetzt Arbeit: als Skilehrer, an den Sesselliften und Seilbahnen, auf Schneepflug oder Pistenraupe!

Mathias Paris mit Richard Schwienbacher auf seiner Hütte unterhalb der Schwemmalm – in absoluter Stille und reiner Natur. Die Hütte könnte aus einem Lehrbuch für biologisch richtiges Bauen stammen! Drum herum lichte Wälder, die alle Hölzer liefern, die man zum Bauen braucht: Fichte, Lärche, Zirbe. Das Einzige, was knapp ist, ist das Wasser an der richtigen Stelle, nämlich auf den Wiesen. Es wird von den Gletscherbächen abgeleitet und aufgestaut, über Leitungen von der »Wasserinteressentschaft«, unterstützt von Land und EU, an Ort und Stelle geführt und gerecht verteilt.

Schlicht und stolz nennt Richard Schwienbacher sein Brot einfach nur »Ultner Brot«. Nur biologisch angebautes Getreide verwendet er, das im Hause selbst erst unmittelbar vor dem Backen gemahlen wird. Nur so bleiben alle Vital-, Ballast- und Aromastoffe erhalten. Wie so oft fügt sich das Nützliche mit dem Guten: Das Mehl lässt sich besser verbacken, die Brote sind gesünder und sie schmecken obendrein besser! Ihre Herstellung erfolgt natürlich mit modernen Maschinen, aber nach traditioneller Art. Freilich schätzen die Ultner neben ihren eigenen Trockenbroten auch frisches Brot, vor allem aber Gebäck vielerlei Art, das früher stets mit besonderen Gelegenheiten verbunden war. So gab es für alle nach der Heuernte Berge von Mohnkrapfen – heute kann sich jeder schnell einen Mohnkuchen leisten, ohne gleich den ganzen Tag in der Küche stehen zu müssen. Gleiches gilt für die »aufgestellten Fürbänk«, die Schwienbacher mit dem leichteren Plunderteig anstelle des üblichen Nudelteigs macht: mit Mohn gefüllte, aufgestellte Rollen, die mit Rahm gebacken und mit viel Sahne verspeist werden. Woher der Name kommt, bleibt unklar – vielleicht von den Kniebänken in der Kirche, wie Gerti Schwienbacher meint. Oder nach den Bänken, die unter der normalen Tischbank standen und hervorgezogen wurden, wenn Gäste kamen?

BROT UND KUCHEN VOM BÄCKERMEISTER AUS ST. WALBURG

1
MOHNTORTE

Saftig und üppig wirkt diese Mohntorte – dabei ist absolut kein Ei in der Mohnmasse.

Für eine Springform von 26 cm Durchmesser:
Mürbteig:
200 g Mehl, 100 g Butter, 50 g Zucker, 1 Ei, 1 Prise Salz
Mohnfüllung:
1/4 l Milch, 250 g Zucker, abgeriebene Zitronenschale, 300 g frisch gemahlener Mohn. Außerdem 200 g Puderzucker, 2 EL Rum oder Zitronensaft für den Guss

Aus Mehl, Butter, Zucker, Ei und der Salzprise einen Mürbteig kneten und eine halbe Stunde ruhen lassen. Ausrollen und eine ausgebutterte Springform damit auskleiden.
Für die Füllung die Milch aufkochen, den Zucker darin auflösen und den Mohn hinzuschütten. Einige Minuten dicklich einkochen. Dann mit Zitronenschale würzen. Die Masse in die Form füllen und bei 180 Grad im vorgeheizten Ofen (möglichst Unterhitze einschalten) 30 Minuten backen. Auskühlen lassen.
Für den Guss Puderzucker mit Rum oder Zitronensaft anrühren, den Kuchen damit überziehen.

Richard und Gerti Schwienbacher lieben ihr Tal, sind leidenschaftliche Botschafter ihrer Heimat. Sie fördern die Natur, kümmern sich um den Erhalt der in Jahrhunderten kultivierten Landschaft, von Gebäuden – hier St. Gertraud –, Bräuchen, Traditionen und Handwerk. Damit, zum Beispiel, die wunderschönen Holzzäune nicht Elektrodrähten weichen.

BACKTAG – VOM LEBEN UND ARBEITEN DER FAMILIE PARIS AUF IHREM BERGBAUERNHOF IN 1800 METER HÖHE IM ULTENTAL

Eine deftige Nudelsuppe zu Mittag tut gut! Schon um fünf hat Mathias Paris begonnen, den Backofen zu befeuern. Vor zehn Jahren wurde er aus Schamottsteinen gebaut, mit einer 30 Zentimeter dicken Schicht Sand mit Glasscherben, die die Hitze besonders gut halten. Gleich danach hat er den Ofen im Nachbarraum angezündet, wo der Teig geknetet und geformt wird – er will es mollig warm und zugfrei! Ehefrau Maria rührte mit Nachbarin Erna den Teig in einer alten Bäckereimaschine, Gott sei Dank: »Früher haben wir immer zwei Backtage gehabt, durchgehend! Zum Schluss konnte man kaum noch stehen… Das Kneten war Männerarbeit, dann haben die Frauen die Brote geformt für die ganze große Familie. Man hat immer bei zunehmendem Mond gebacken, damit der Teig besser aufgeht. Heute backen wir, wenn wir die Zeit haben«, schließt sie pragmatisch, »und brauchen nur einen Tag.« Tochter Sabine bereitete indes die Nudelsuppe zu. Eigenes Rindfleisch aus der Tiefkühltruhe wird mit Gemüse und Liebstöckl ausgekocht zu einer kräftigen Brühe, über gekochte Nudeln gegossen, viel Schnittlauch drauf. Den gibt's im Garten reichlich, und der Liebstöckl bildet einen riesigen Busch. Ansonsten ist es hier oben nicht einfach zu gärtnern: »Es kann in jedem Monat Schnee geben! Der bleibt zwar nicht liegen, aber ohne Folientunnel könnte man keine Gurken ernten. Und Tomaten sowieso nicht.« Also haben die Paris' Möhren, Rüben, Blätterkohl, Salate. Und Mohn. »Da kamen vor ein paar Jahren immer die Carabinieri und haben alles kaputt gemacht. Als ob wir Opium rauchen! Jetzt wissen sie, dass wir den Mohn im Kuchen essen.« Nach der Suppe kommen Krapfen auf den Tisch – in diesem Falle Bouletten. »Wir nennen fast alles Krapfen!« lacht Sabine, die Kindergärtnerin ist und im Tal lebt. Dazu vertilgt Sohn Hannes, der im Wald gearbeitet hat, Berge von Bratkartoffeln mit Zwiebeln und Kartoffelsalat mit Erbsen und Möhren, angemacht mit Mayonnaise. Er will einmal den Hof von seinem Vater übernehmen. »Wenn ich eine Frau find', die das alles mitmacht, auf Ferien verzichtet, das einfache, einsame Leben hier oben liebt …«

Oben rechts: Noch ist kein neues Brot gebacken, das alte ist »spritztrocken«. Es wird in der »Grammel« zerteilt, ist hart zu kauen. Schmeckt aber mit Speck unübertrefflich gut! Links oben eine Spezialität, die Struzn: Den letzten Rest Brotteig, der sehr fest geworden ist, füllt man mit viel frischem Schnittlauch. Struzn schmecken gleich nach dem Backen, besonders gut aber getrocknet in der Brotsuppe!

Schon am Vortag hat Mathias Paris alle Holzgeräte in die Wiese gelegt und gewässert, damit sie der Backhitze widerstehen (1). Der Backofen schluckt Unmengen von Holz (2). Eine Stunde wird der Roggenteig, der mit ungebackenem, getrocknetem oder eingefrorenem Brot vom letzten Mal gesäuert wird, gerührt (3), ehe Maria Paris ihn prüft: Wenn sie ein Loch in die Mitte macht und dieses bleibt, ist er fertig (4). Zusammen mit der Nachbarin formt sie die klassischen Paarl, die Brotpaare (5), und legt sie auf die mit Roggenkleie bestreuten Backtücher auf lange Bretter. Die Teiglinge müssen nun zwei bis drei Stunden gehen, damit sich der Geschmack ausbildet und sie später schön löchrig werden. Die leinenen Backtücher (6) sind ein wohlgehüteter Schatz — sie sind teuer! Vor dem Backen wird die Glut ausgekehrt (7), dann die Brote umgekehrt auf die »Schiassl« zum Einschießen in den Ofen gelegt (8). Mit der »Kruck« holt man sie raus (9), die Kleie wird abgebürstet (10) und die Brote nach dem Abkühlen paarweise so gegeneinander aufgestellt, dass Luft durchstreichen und sie trocknen kann (11).

2
VINSCHGER PAARL

Im Ultental nimmt man ausschließlich Roggenmehl für das paarweise aneinander gebackene typische Brot, Weizen ist hier nie gediehen. Hier das Rezept für den Hausgebrauch.

Für 6–8 Brote:
1,5 kg Roggenmehl, 1 Würfel Hefe, ca. 1,3 l Wasser,
100 g Sauerteig (vom Bäcker, notfalls Fertigprodukt),
1 EL Salz, Kümmel, Anis, Brotklee nach Geschmack,
Mehl und Weizenkleie zum Bestreuen

Roggenmehl in die Rührschüssel der Küchenmaschine geben. Die Hefe in einer Tasse lauwarmem Wasser auflösen, den Sauerteig zufügen und zugedeckt 15 Minuten gehen lassen. Wenn sich Blasen zeigen, kann man fortfahren: die Gewürze zufügen, die Maschine einschalten und so langsam wie möglich das restliche Wasser angießen. Nicht alles auf einmal, denn das Mehl muss genügend Zeit haben, sich damit zu verbinden. Je mehr Wasser man in den Teig verarbeiten kann, desto schöner wird später die Krume, desto lockerer wird das Brot. Wenn der Teig sich vom Schüsselrand löst, herausnehmen, stets nur mit bemehlten Händen anfassen und in einer geräumigen Schüssel zugedeckt eine gute Stunde gehen lassen. Erst dann Brote formen, auf bemehlten Tüchern und mit ebensolchen zugedeckt nochmals gehen lassen, bevor sie gebacken werden. Am besten gelingt das Brot natürlich im Holzofen. Aber auch auf einem Schamottstein im Elektroofen, wenn er lange genug vorgeheizt wurde und genügend Hitze gespeichert hat. Wichtig: Stets eine Hand voll Teig vor dem Backen wegnehmen als Ansatz für das nächste Mal Brotbacken. Hält sich in einem Schraubglas im Kühlschrank wochenlang. Kann man auch einfrieren!

WANDERWEGE

Ein jahrhundertealtes Bewässerungssystem durchzieht den Vinschgau. Diese so genannten Waale entlang zu wandern ist ein beschauliches Vergnügen. Und anschließend lockt die Rast…

*E*s regnet im Vinschgau kaum mehr als etwa auf Sizilien. Das ist für die Touristen schön, für die Bauern aber eine Plage. Schon immer litt das Land unter extremer Trockenheit, die ein ständiger dörrender Wind noch verstärkt. Deshalb hat man schon zu früher Zeit versucht, das Schmelzwasser von den Bergen aufzufangen und dorthin zu lenken, wo man es braucht, auf die Felder. Man hat dafür mit unendlicher Mühe ein Netz von Kanälen angelegt, immer quer in den Hang, zum Teil auch über kilometerweit aneinander gereihte hölzerne Rinnen, die auf oft aberwitzigen Stützkonstruktionen balancieren: Meisterwerke bäuerlichen Erfindergeists. Diese Waale, von den sogenannten Waalern errichtet, ständig kontrolliert und gepflegt, sind inzwischen nicht mehr lebenswichtig, vielerorts sogar durch Röhren ersetzt. Jetzt sind die Pfade neben ihnen mit ihrem sanften Gefälle als Wanderwege ideal. Sie führen die Sonnenhänge entlang, von Reb- und Obstgärten, kunstvollen Trockenmauern oder uralten Bäumen gesäumt, und bieten immer eine grandiose Sicht ins Land. Dabei verlangen sie weder besondere Ausrüstung noch außerordentliche Kondition.

Der Waalweg oberhalb von Algund, bei Plars, ist breit und schattig, Trauben hängen über den Köpfen der Wandersleute wie im Paradies. Direkt darüber lädt das Gasthaus Leiter am Waal mit seiner von Wein überwucherten und von Rhododendren gesäumten Terrasse zur Jause. Mit Faßbier oder Heurigem. Abends wird aufwendiger gekocht und dazu gibt's auch anspruchsvollere Weine aus der eigenen Produktion.

Philipp Hafner hat inzwischen die Verantwortung des Betriebs übernommen und ist der Küchenchef. Der Vater kümmert sich um die Apfelgärten und den Wein. Es sind respektable Tropfen, die er produziert: Fraueler (eine seltene autochthone Weißweinsorte) und Weißburgunder, aber auch Vernatsch und Lagrein. Die Mutter sorgt für die Desserts (ihre Marillenknödel sind berühmt!) und fürs Eingemachte. Nicht nur Kinder lieben den hauseigenen Holunder- und den Apfelsaft. Die durstigen Wandersleute allerdings zischen meist erst einmal ein Bier, das aus der Zapfanlage auf der Terrasse vor ihren Augen in die Krüge schäumt. Die Bandbreite der Küche ist verblüffend, die von den traditionellen Südtiroler Knödeln (männerfaustgroß – zwei sind eine Portion!) bis zur eleganten Vorspeise aus Meeresfrüchten reicht. Der junge Wirt ist anspruchsvoll und voller Ehrgeiz und freut sich, wenn ihn seine Gäste fordern.

1
GARNELENTATAR

Ein erstaunlich weltläufiges Rezept für ein Gasthaus an einem der beliebtesten Spazierwege der Region. Die Garnelen sind erstklassig im Geschmack, und die Zubereitung ist denkbar einfach.

Für vier Personen:
300 g Garnelenschwänze, Salz, Pfeffer, 2 EL Zitronensaft, 3 EL Olivenöl, Basilikum, 2 Tomaten, 100 g Rucola, eingekochter Balsamico

Die Garnelenschwänze entdärmen, das Fleisch klein würfeln und in einem Sieb ganz kurz, etwa eine Minute, in leise siedendes Salzwasser tauchen. Herausheben und mit einer Vinaigrette aus Salz, Pfeffer, Zitronensaft und Olivenöl marinieren.
Fein geschnittenes Basilikum untermischen. Die Tomaten in dünne Scheiben schneiden und dachziegelartig als Bett auf Vorspeisentellern anrichten. Die Rucola auf den Tomaten verteilen und darauf die noch lauwarmen Garnelen geben. Dekorative Tupfen von Balsamicosirup daneben setzen.

2
KNÖDELSALAT

Ein hübscher Vorschlag, was man mit übrig gebliebenen Knödeln noch anstellen kann.

Für vier Personen:
4–6 Semmelknödel, 2 EL Butter, 2 Hand voll bunt gemischte Salat- und Kräuterblätter, Salz, Pfeffer, 3–4 EL Apfelessig, 4 EL Olivenöl, 2 EL Schnittlauchröllchen, junger Parmesan

Die Semmelknödel mit einem scharfen Messer oder auf der Aufschnittmaschine in halbzentimeterdicke Scheiben schneiden. In einer Pfanne in der heißen Butter auf beiden Seiten golden braun braten. Auf einem Bett von Salatblättern anrichten, die mit einer Vinaigrette aus Salz, Pfeffer, Apfelessig und Olivenöl sowie Schnittlauchröllchen angemacht sind. Mit dünn gehobelten Parmesanscheiben bestreuen.

3
RISOTTO MIT PFIFFERLINGEN UND VENUSMUSCHELN

»Mare – bosco« nennen die Italiener ein Gericht, bei dem die Früchte des Meeres mit denen des Waldes vermischt werden. Macht aber nur Sinn und Vergnügen, wenn beides in anständiger Qualität zu kriegen ist.

Für vier Personen:
1 Zwiebel, 2 Knoblauchzehen, 3 EL Olivenöl, einige Stängel Petersilie, 200 g Risottoreis (z. B.: Carnaroli), 1 Glas Weißwein, 1-2 Tomaten, ca. 1 l Gemüse- oder Geflügelbrühe, 500 g Venusmuscheln, Salz, 250 g Pfifferlinge, Pfeffer, 2 EL Butter

Zwiebel und Knoblauch sehr fein würfeln und in etwas heißem Öl andünsten, die Hälfte der fein gehackten Petersilie mitdünsten. Den Reis hinzuschütten, alles gründlich durchschmurgeln. Die gehäuteten, entkernten und gewürfelten Tomaten zufügen, schließlich den Wein angießen und leise verköcheln lassen. In der Folge kellenweise die heiße Brühe angießen, den Risotto immer wieder rühren und schütteln. Immer nur wenig Brühe angießen, damit sie rasch verkochen kann. Salzen und pfeffern. In einer Pfanne das restliche Öl erhitzen, die übrige Petersilie zufügen sowie die Muscheln (mehrmals gewässert). Zugedeckt 2-3 Minuten dünsten, bis sich alle Muscheln geöffnet haben. Herausfischen und aus den Schalen lösen. Stattdessen die Pfifferlinge in die Pfanne geben und auf starkem Feuer ihr Wasser ausschwitzen lassen. Salzen, pfeffern und die Butter darin schmelzen. Unter den fertigen Reis rühren und neben dem Feuer noch etwa 3 Minuten ziehen lassen.

4
SCHINKEN MIT BRATKARTOFFELN

Ohne viel Aufwand, einfach, aber gut!

Pro Person:
1 Scheibe gekochter Hinterschinken (ca. 0,5 cm dick), 2 EL Brühe, 1 EL Weißwein, 3-4 gekochte Pellkartoffeln vom Vortag, 2 EL Öl, Salz, Pfeffer, 1 EL Butter, Schnittlauch, Meerrettich (Kren)

Den Schinken auf einem Teller mit etwas Brühe oder Wein benetzen, mit Folie oder unter einem Deckel verpacken und in der Mikrowelle oder im Backrohr erwärmen. Unterdessen die Kartoffeln pellen, in Scheibchen schneiden und in einer großen Pfanne im heißen Öl langsam, aber geduldig knusprig braten, dabei immer wieder die Pfanne schwenken und die Kartoffelscheiben schütteln, damit sie auf allen Seiten schön bräunen. Zum Schluss die Butter (für den Geschmack) darauf schmelzen und Schnittlauchröllchen untermischen. Schinken und Kartoffeln sofort servieren.

Auf der Terrasse sitzt man an langen rustikalen Tischen auf harten Bänken. Eingeweihte greifen sich daher sogleich, bevor sie ihren Platz ansteuern, eines der Sitzkissen, die neben dem Eingang aufgestapelt sind. Dann hocken die Gäste dicht beisammen und kommen schnell miteinander ins Gespräch. Und empfehlen sich gegenseitig die hauseigenen Spezialitäten, den gekochten Schinken beispielsweise, der frisch aus dem Kessel in der Tat unwiderstehlich ist! Und dazu natürlich Kren…

STILLE UNRUHE

Am Ende des Schnalstals geht die Seilbahn auf über 3000 Meter hoch: Sommerskigebiet! Der ganzjährige Betrieb bringt Geld ins Tal, es wird viel gebaut. Doch daneben gibt's ungestörte Idylle.

*E*s ist erstaunlich, wie früh der Mensch sich in die raue Bergwelt begab: Durch das karge Schnalstal zogen die Jäger und Sammler aus dem Norden hinunter in den Süden – am Similaun fand man den Ötzi im (fast) ewigen Eis. Bis hoch hinauf war das Tal bereits im Mittelalter besiedelt, der sagenumwobene Finailhof auf kaum vorstellbaren 1953 Metern der höchstgelegene Kornhof Südtirols. Allerdings herrschte nach heutigem Begriff wohl doch wenig Betrieb, sonst hätten sich die Kartäuser nicht hier ein Kloster gebaut, um in aller Stille schweigen zu können. Längst ist es in Bauernhöfe umgewidmet.
Neben Roggenanbau und bescheidener Viehwirtschaft war die wichtigste Einnahmequelle der Schnalser der Wald. Fichten-, Lärchen- und Zirbenholz wurde als Baumaterial in den Vinschgau geliefert. »Alles, was außen ist, macht man aus Lärchenholz – sein Harz tritt an die Oberfläche und versiegelt sie«, erklärt Helmuth Raffeiner. »Innen gibt's nur Zir'm – die sind gemütlich und duften! Übrigens: Wir haben hier kein Ungeziefer und keinen Holzwurm!« Früher mussten auch die Kinder arbeiten, etwa auf die bis zu 30 Meter hohen Zirbenbäume klettern und deren Zapfen ernten, die dann im Feuer geröstet wurden, bis sie aufplatzten und die würzigen pinienähnlichen Kerne freigaben. Gefährliche Sache – so manches Kind verletzte sich dabei, stürzte gar in den Tod! »Es klingt hart«, sagt Elisabeth Raffeiner, »aber damals, als mehr als ein Dutzend Kinder die Regel waren, meinte man dann nur: ›Der liebe Gott hat's halt so gewollt‹!« Urgroßvater Raffeiner hatte den Oberraindlhof 1907 gekauft und als Erster im Tal Sommerzimmer an die Notabeln von Schlanders vermietet. Inzwischen ist es ein richtiges Gasthaus geworden mit schönen Stuben, in denen Köchin Johanna Santer die Wildspezialitäten des Tals und Gemüse aus dem eigenen Garten auftischt. Und es können im Sommer auch Wandersleut' und Familien hier unbeschwert Ferien machen, ohne Skifahrer: »Die wollen um halb sieben oben sein – da schlafen unsere Gäste noch!« Für Wanderer gibt es Ziele genug, zum Beispiel den unglaublich türkisfarbenen Vernagt-Stausee oder das stille Pfossental, wo die wilden Adler und Geier horsten.

SCHNALSTALER NUDELN

Es lässt sich diese bemerkenswerte Spezialität ja nur mit der komplizierten Konstruktion produzieren, deshalb erübrigt sich ein ausführliches Rezept. Der Teig aus Roggenmehl, Topfen und Salz ist so fest, dass man ihn mit einer normalen Nudelpresse oder gar von Hand erst recht nicht verarbeiten kann. Und ein weicherer Teig ergäbe nicht die bissfesten dünnen Nudeln. Sie kamen einst das ganze Jahr über jeden Tag als Hauptnahrungsmittel für die schwer arbeitenden Bergbauern und Holzfäller auf den Tisch! Sie werden übrigens nicht in Wasser, sondern in Butter oder Schmalz oder einer Mischung aus beidem gekocht – das macht sie schwer und mächtig. Man serviert dazu Gemüse, entweder Möhren, die man ja eingemietet im Keller auch den ganzen Winter über zur Verfügung hat, oder auch Sauerkraut. Dazu liebt man Preiselbeeren, die in den Wäldern reichlich wachsen, und die man natürlich im Sommer für den Vorrat in großen Gläsern eingeweckt hat.

I
SCHNEEMILCH

Das beliebteste Festtagsdessert, das zum Beispiel bei einer Hochzeit nie fehlen durfte. Sonst war's ein schlechtes Omen für die Ehe.

Für vier Personen:
3 EL Pinienkerne, 2 - 3 EL Sultaninen, 1 EL Rum,
4 altbackene Brötchen in zentimeterkleinen Würfeln,
2 EL Zucker, 1/2 TL Zimt, Schale einer halben Zitrone,
2 EL Honig, Schuss Milch (je nachdem, wie trocken das Brot ist),
1/4 l ungezuckerte Schlagsahne

Die Pinienkerne in der trockenen Pfanne rösten, bis sie duften. Die Sultaninen im Rum einweichen. Beides mit dem Brot und den übrigen Zutaten vermischen, zum Schluss entsprechend mit Milch anfeuchten. Etwa 2 Stunden stehen und durchziehen lassen, dann die Schlagsahne darüber verteilen.

Mit der alten Nudelpresse hat Großmutter Raffeiner ihre Schnalser Nudeln ganz alleine gemacht. Als sie alt und schwach wurde, haben es zwei starke Männer versucht — und mussten einen Dritten dazunehmen! »Es geht doch ganz einfach«, hat die Großmutter nur gesagt, aber sie sind nicht draufgekommen, was ihr Trick war... Nachbar Sepp Santer hat inzwischen eine Presse aus Edelstahl, Eschen- und Lärchenholz gebaut, mit der er gut zurechtkommt. Elisabeth und Helmuth Raffeiner — der seine traditionelle blaue Schürze nur zur Nacht ablegt — sind Gastgeber aus Leidenschaft, umsorgen ihre Gäste in der gemütlichen Gaststube ebenso liebevoll wie perfekt.

1

SOMMERFRÜCHTE

In 850 bis 1800 Metern Höhe reift das Obst, wenn die Saison im Tal schon lang vorüber ist. Auch entwickeln die Früchte hier oben mehr Aroma. Im Martelltal weiß man diesen Tatbestand zu nutzen.

*D*ie besten Geschäfte macht, wer knappe Ware bieten kann – eine Binsenweisheit. Und dass Obst dort seinen intensivsten Geschmack entwickelt, wo zwischen Tag und Nacht besonders krasse Temperaturunterschiede herrschen, es unter Grenzbedingungen gedeiht, ist ebenfalls bekannt. Dies im Sinn, hat bereits 1958 der Bauer Gamper im Martelltal begonnen, Beeren anzubauen; zunächst Johannisbeeren, dann kamen Erdbeeren hinzu. Und heute sind ›Beeren aus den Bergen‹ weit über die Grenzen Südtirols ein Qualitätsbegriff. Mittlerweile ist der Talgrund überall, wo er weit und sanft geneigt ist, ein Obstgarten. Alle Bauern, auch die anfangs misstrauischen, haben sich längst der Idee angeschlossen und vermarkten seit gut 15 Jahren ihre Produkte als Genossenschaft, mit Erfolg. Sie produzieren Beeren, auch Kirschen und Aprikosen, im Fruchtwechsel sogar Gemüse – begehrteste Spezialität: Radicchio –, stets im kontrolliert-integrierten System. So haben alle was davon: Kunde, Produzent und Natur!

Sorte, Art des Anbaus und Erntezeit wird den Bauern vorgeschrieben. Wenn die erste, die beste Tracht geerntet ist, dürfen Selbstpflücker in die Anlagen. Die Genossenschaft (Chef: Peter Gamper, rechts) kann sich modernste Technik leisten. Das Obst wird sortiert, verpackt und in kürzester Zeit auf 4 Grad gekühlt.

STEIN WIE SCHNEE

Die Berge oberhalb von Laas bestehen aus feinstem Marmor, der in der Qualität dem berühmteren aus Carrara in nichts nachsteht. Lange Zeit vergessen, haben ihn jetzt die Künstler wiederentdeckt.

Noch im ersten Drittel des vergangenen Jahrhunderts waren die Marmorsteinbrüche bei Laas ein bedeutender Wirtschaftsfaktor für die Region. Damals arbeiteten bis zu 600 Mann in den gigantischen Hallen, die hundert Meter lang und bis zu 40 Meter hoch in den Berg getrieben sind. Man spricht deshalb vom Untertagebau, obwohl der Steinbruch sich auf 1550 Metern Meereshöhe befindet. Die ausgesägten Blöcke wurden damals – wie heute! – mit einer Drahtseilbahn zu den Werkstätten im Tal befördert. Überall in Laas trifft man auf den weißen Stein, der Friedhof wirkt wie ein Ausstellungsgelände für Steinmetzkunst; die romanische Pfarrkirche aus dem 12. Jahrhundert wurde komplett aus Marmor erbaut, sogar das Straßenpflaster leuchtet weiß. Denkmäler aus dem schönen Stoff, so rühmt man sich, stehen in der ganzen Welt! Und zum Bauen hatte man ihn hier ohnehin stets geschätzt. Aber erst in den letzten Jahren ist der dichte Laaser Marmor mit seinem lichten Schimmer den Künstlern wieder ins Bewusstsein gerückt. Es sind neue künstlerische Werkstätten entstanden; und eine Fachschule für Steinmetze und Bildhauer gibt es seit 1990 auch.

In den Werkstätten wird gearbeitet. In der Dorfwirtschaft sitzen vorn die Männer beim Kartenspiel, und im Hinterzimmer kann man besichtigen, was Künstlern zum Wettbewerb »Marmor & Marillen« eingefallen ist. Zum Beispiel die Verbindung zweier typischer Vinschgauer Spezialitäten: Marillenstein & Marmorkern.

SÜSS & SAUER

Um seine Erzeugnisse auf klassische, uralte Weise zu konservieren, nutzt Bauer Luggin moderne Technik und beweist damit: Ohne Fortschritt lässt sich Tradition nicht bewahren.

Die Landwirtschaft ist heutzutage eine schwierige Angelegenheit: Oft kostet die Produktion fast mehr, als die Erzeugnisse erbringen. Handarbeit ist nötig, und die ist teuer; und dann das ständige Rennen gegen die Zeit, die verderbliche Ware rechtzeitig und dennoch zum möglichst besten Preis loszuschlagen – oft ein Verlustgeschäft, auch wenn in Südtirol dank der Genossenschaften das Risiko gemindert wird. Dem Apfelbauer Karl Josef Luggin in Laas war klar, dass sich nur mit Veredlung des Naturprodukts ein besseres Ergebnis erzielen lässt. Als ihm das handkurbelbetriebene Apfelschälgerät der Großmutter in die Hände fiel, dachte er an deren getrocknete Apfelschnitze und wie gut die schmecken. Das war die Idee: Er begann zu experimentieren, probierte verschiedene Sorten, versuchte es auch mit den herzhaften Palabirnen, sogar mit Erdbeeren. Er lernte dabei, dass die Früchte eine gewisse Säure haben müssen, damit sie auch getrocknet frisch und fruchtig schmecken. An den Kirschen tüftelt er noch, bis er zufrieden ist. Sein appetitlich in Cellophan verpacktes Trockenobst ist nämlich ein Erfolg.

Saft hatte er aus seinen Äpfeln schon lange hergestellt. In 5- und 10-Liter-Boxen abgefüllt, aus denen man bis zum letzten Tropfen frischen Saft zapfen kann. Aber dann hat er bei einer Reise durch die Steiermark gesehen, dass sich aus Saft herrlicher Essig erzeugen lässt. Auch damit hat er so lange herumprobiert, bis er zufrieden war: Mit sortenreinen Säften, von Äpfeln, Birnen und Marillen, sogar Erdbeeressig stellt er her. Manche Essige lässt er in Fässern reifen, aus unterschiedlichen Hölzern, oder setzt sie mit Kräutern an. Eine hocharomatische Produktpalette! Die er an Feinkostläden liefert, an gehobene Restaurants und auch im Vinschgauer Bauernladen in Staben präsentiert, den Reinhold Messner mitinitiiert hat.

Zum Apfelschälen benutzt Luggin eine fortentwickelte Version von Großmutters Schälmaschine, die zugleich die Frucht auch in Scheiben schneiden und vom Kerngehäuse befreien kann. Die Erdbeeren werden von einer Drahtharfe in Scheiben geschnitten und dann im Wärmeschrank getrocknet. Besonders stolz ist Bauer Luggin auf seine Batterie von Essigfässern.

MARILLEN

Schon das Wort klingt süß, man hört förmlich die roten Bäckchen, spürt die samtige Haut; ganz anders als unsere eher spitzmündig auszusprechende Aprikose. Vinschger Marillen, göttliche Früchte!

*A*prikosen, besser Marillen, wie sie in Südtirol gut österreichisch heißen, sind ein kompliziertes Obst. Nur wenn alles stimmt, entwickeln sie ihren betörenden Duft, verdichtet sich ihr Geschmack zu jenem unwiderstehlichen Konzentrat von Fruchtigkeit, schneidiger Säure und inniger Süße, das nie mehr vergisst, wer es einmal gekostet hat. Marillen vertragen keine langen Reisen und schon gar kein Warten im Laden auf Käufer, man findet sie deshalb nicht so einfach auf dem Markt. Man muss sich am besten selbst dorthin bemühen, wo sie zu Hause sind: Der Vinschgau ist Heimat der besten Marillen der Welt (Verzeihung: neben Pakistan, der Hochprovence und der Wachau in Niederösterreich!). Hier trifft zusammen, was zum Gedeihen nötig ist, die richtige Sorte, das ideale Klima, das Terroir. »Marillen brauchen Höhenluft«, erklärt Altbauer Albert Vent vom Wiebenhof, oberhalb von Schlanders – 1050 Meter hoch, also ideal innerhalb des so genannten Marillengürtels gelegen –, »einen nicht zu sauren, keinen fetten Boden, schön dunkel und durchsetzt mit Steinen, die die Wärme speichern. Und sie brauchen Wind, unseren typischen Vinschger Wind, der sie ständig gut durchlüftet.« Zufrieden blickt er hinüber zu den stolzen großen Bäumen, deren Kronen unter der Last der Früchte herabzubrechen drohen; darunter sieht man kräftige Männerwaden auf einbeinigen Leitern balancieren, die dazugehörenden Personen im Blätterwerk versteckt – ein lustiges Bild!

Der Wiebenhof der Familie Vent (unten Jungbauer Robert) ist ein Ferienparadies. Die Zimmer sind zwar einfach, aber traumhaft der Blick ins Tal und die absolute Ruhe. Und dann die gute Küche der beiden Ehefrauen, und die hauseigenen Produkte! Der Keller birgt geradezu ein Schlaraffenland. Vater Albert präsentiert stolz seine Schätze: Speck von glücklichen Schweinen, Käse von eigenen Kühen, die den Sommer auf der Alm verbringen, auch Lamm- und Kalbfleisch vom eigenen Hof. Und zum Frühstück Konfitüre aus den besten Marillen der Welt!

MARILLENKNÖDEL

Die Marillen müssen süß sein, aber genug Säure haben, dann sind sie im Knödel unwiderstehlich. Es gibt drei grundverschiedene Varianten: ein Teig aus Topfen (Quark), aus Brandteig oder, und das ist die sicher klassische Version, aus Kartoffelteig:

Für vier bis sechs Personen:
1 kg mehlige Kartoffeln (am besten noch vom Vorjahr!), 500 g Mehl, 60 g Butter, 2 kleine Eier, 1 Prise Salz
Außerdem:
1–1,5 kg Marillen (Aprikosen), Würfelzucker, 200 g Kuchen- oder Weißbrotbrösel, Zucker und Zimt sowie braune Butter

Die Kartoffeln kochen, noch heiß pellen und durch die Presse drücken. Auf der Arbeitsfläche verteilen, damit der Kartoffelschnee etwas ausdampfen und abkühlen kann. Das Mehl darüber verteilen, auch die Butter in Flöckchen sowie die verquirlten Eier mitsamt der Salzprise. Rasch einen festen, aber geschmeidigen Teig daraus kneten, zu einer Rolle formen und in Folie gewickelt eine halbe Stunde kalt stellen. Dann dünne Scheiben davon abschneiden, jeweils eine entsteinte und stattdessen mit einem Stück Zucker gefüllte Aprikose darin einwickeln. Den Teig gut über der Frucht verschließen und glatt formen. (So lassen sich übrigens die Knödel prima einzeln in Folie gewickelt einfrieren; zum Servieren gibt man sie gefroren ins Kochwasser und lässt sie einfach etwas länger pochieren.) Frische Knödel in leise siedendem Salzwasser etwa 10 Minuten kochen. Abtropfen, in Bröseln wälzen, mit Zimtzucker bestreuen und mit brauner Butter beträufeln. Manche servieren dazu noch gern einen Klacks kühlen Topfen, der für Frische sorgt.

SOMMER

MIT EINBEINIGEN LEITERN IN DEN MARILLENBAUM

Den Marillengarten der Familie Vent mit den stattlichen, zum Teil uralten Bäumen hat bereits vor hundert Jahren der Großvater angelegt. Enkel Robert, der mittlerweile die Verantwortung für den Hof übernommen hat, pflanzt jedes Jahr neue Bäume dazu und kann dabei auf die Experimente seines Vaters bauen. Der hat sämtliche Sorten ausprobiert (eine Auswahl in seiner Hand, auf dem Bild links unten): die Ungarische Beste, die französische Luizet mit ihren hübschen roten Backen, die Orange Red aus Amerika – die schmeckt vielleicht frisch am besten. Aber jedes Jahr schlägt die Vinschgauer Marille alle, vor allem gekocht, als Konfitüre.

Zur Ernte packt die ganze Verwandtschaft an, die Jüngeren, die sonst im Tal zur Arbeit gehen, nehmen gerne eigens dafür Urlaub. Obwohl die Ernte mühsam ist: die Leiter hochkraxeln, pflücken, wohin man reicht, absteigen, die Leiter umstellen, erneut hochsteigen ... Das spürt man abends in den Beinen! Und zart müssen die empfindlichen Früchte angefasst werden, jede einzeln, Druck vertragen sie nicht. Aber es ist, wie jedes Ernten, unglaublich befriedigend.

OBERER VINSCHGAU

Die stark befahrene Straße über den Reschen durchteilt das sonst so friedliche Tal. Einige Orte haben inzwischen eine Umgehungsstraße bekommen, andere liegen ohnehin abseits. Ein Heidi-Land?

Manch einem mag die Welt hier noch ganz heil erscheinen, auch wenn längst die Moderne hinter altem Gemäuer Einzug gehalten hat. Man versteht es hier allerdings gut, die alten Elemente zu bewahren, die eine Geschichte zu erzählen haben. Die Dörfer sind – und werden noch – herausgeputzt, wobei man inzwischen wieder viel Fingerspitzengefühl entwickelt. Doch die unsensiblen Bausünden des ausgehenden letzten Jahrhunderts haben in einigen Orten, etwa Mals und Schlanders, heftige Spuren hinterlassen. Dabei verfügt gerade Mals über die schönsten romanischen Kirchen mit ihren charakteristischen Türmen, und die Churburg von Schlunderns der Grafen von Trapp (ja, der berühmten Trappfamilie!) ist nicht nur gut erhalten, sondern sehr gepflegt und mit einer der reichsten Rüstkammern der Welt ausgestattet (Bild rechts: der Garten). Glurns, mit nur wenig über 800 Einwohnern das kleinste Städtchen Italiens, ist noch vollkommen von der Stadtmauer umgeben – berühmt sind die niedrigen Laubengänge. Heimelig auch Burgeis mit seinem Brunnen. Im verträumten Schleis lädt der Goldene Adler ein, wo Patron Hans Agethle am Herd steht und mit viel Feingefühl die klassischen Gerichte der Region leicht und fein zubereitet, aus hofeigenen Produkten. Neue, lichte Zimmer erlauben es, auch die Freuden des gut sortierten Kellers zu genießen. Am nächsten Tag kann man dann die Kalorien abwandern, die Etsch entlangradeln oder sein Kunstinteresse befriedigen im stolzen Kloster Marienberg am steilen Hang.

GESOTTENE OCHSENWANGE

Das Fleisch ist herrlich mürbe und zart und voller Wohlgeschmack. Dazu bissfest gesottenes Gemüse und eine erfrischende Kräutersauce, mit viel Zwiebel und Tomate – ein sommerlich leichtes Essen. Statt der Ochsenwange, an die man nicht so einfach kommt, sollte man ein mit reichlich Gallerte durchzogenes Fleischstück wählen, etwa Wade oder Schulternaht.

Für vier Personen:
1 ausgelöste Ochsenwange (ca. 800 g), 1 dickes Bund Suppengrün (Möhre, Lauch, Sellerie), 1 Zwiebel, 2 Lorbeerblätter, 1 Thymianzweig, Petersilienstängel, 1 TL Pfefferkörner, Salz.
Außerdem:
2 Möhren, 1 Fenchelknolle, 2 Zucchini
Grüne Sauce:
2 junge Zwiebeln, 1-2 Gewürzgurken oder Cornichons, 1-2 feste Tomaten, 1 Knoblauchzehe, reichlich Petersilie, Basilikum, Schnittlauch, 2 EL milder Essig, Salz, Pfeffer, 2-3 EL Olivenöl

Das Fleisch mit dem Wurzelwerk aufsetzen, die halbierte Zwiebel zufügen (auf der Schnittfläche angeröstet gibt sie der Brühe Geschmack und Farbe!), auch Lorbeerblätter, Thymian, Pfeffer und Salz, mit Wasser gut bedecken und langsam zum Kochen bringen. Erst, wenn der sich dabei bildende Schaum wieder gelegt hat (Nicht abschöpfen! Er hält die Brühe klar!), die Hitze reduzieren, Deckel auflegen, und das Fleisch etwa zwei Stunden langsam ziehen lassen. Möhre, Fenchel und Zucchini putzen, in Streifen oder Scheiben schneiden und in wenig Salzwasser bissfest dünsten. Für die Sauce Zwiebeln und Cornichons fein würfeln, Tomaten häuten, entkernen und klein würfeln. Knoblauch und Kräuter fein gehackt untermischen, mit Essig, Salz, Pfeffer und Olivenöl anmachen. Etwas durchziehen lassen. In einer Sauciere zum in Scheiben geschnittenen Fleisch mit Gemüse servieren.

KÄSE, KÄSE, KÄSE...

Käse ist haltbar gemachte Milch. Auf fast 1500 Almen entsteht in Südtirol der traditionelle Bergkäse. In den letzten Jahren kamen neue Sorten dazu. Ein Verdienst auch von Hans Baumgartner!

»Hansi« nennen ihn alle, keineswegs hänselnd, sondern voller freundschaftlicher Hochachtung. Er ist gewiss so bekannt wie Landeshauptmann Luis Durnwalder oder Reinhold Messner – aber um ihn weht niemals auch nur ein Hauch von Widerspruch!

Zunächst hatte Hansi sich als Koch einen Namen gemacht, 22 Jahre im Gasthaus Pichler in Mühlbach, zusammen mit seinen Brüdern (Seite 146 ff.). Schon bald wurde das Fernsehen auf ihn aufmerksam, denn seine unverstellte und gelassene Art, geprägt von einer ebenso glühenden wie kritischen Leidenschaft zum guten Produkt, kommt gut über den Bildschirm. Hansi bleibt in seinen Live-Sendungen auch bei den größten Katastrophen gelassen und auf seine bedächtige Art schlagfertig, nichts kann ihm Stress machen. Inzwischen ist er nicht mehr Gastwirt (»Gott sei Dank!« stichelt seine Frau Edith. »Das Hin und Her war ja nicht mehr auszuhalten. Aber auch schad' – er kocht ja so irrsinnig gern!«) und trotzdem der bekannteste Koch Italiens. Doch eine andere Passion hatte die Oberhand in seinem Herz gewonnen: die Liebe zum Käse! Und die forderte ihn so sehr, dass er nicht mehr beides so perfekt machen konnte, wie er das von sich verlangt – und so gab Hansi das auf, was er konnte, um sich dem zuzuwenden, was ihm ein Abenteuer zu werden versprach.

Käse ist ein höchst kompliziertes Produkt, das man nicht einfach so herstellen kann, wie man es gerade möchte: Die Beschaffenheit der Milch, die vorhandenen Keime, das Klima des Ortes, das Mikroklima im Gebäude, die Hand des Käsers oder Sennen, die Temperaturführung beim Gerinnen, die Körnung des zerschnittenen Bruches, die Größe der Laibe, die Länge des Salzbades, die Temperatur und Feuchtigkeit beim Reifen, das Waschen und Abreiben des Käses mit bestimmten Kulturen und aromatischen Substanzen – schon minimalste Abweichungen bei auch nur einem dieser Faktoren entscheiden nicht nur, ob der Käse überhaupt gelingt, sondern auch den Typ und welchen Charakter der Käse bekommt! Deshalb kennt Hansi fast alle Almen, alle Sennen. Und besorgt sich dort nicht nur die besten Käse, sondern auch die unterschiedlichste Rohware, um sie in seinem eigenen Betrieb zu veredeln: Er ist der erste und einzige Käse-Affineur Südtirols.

Die grauen Tiroler Kühe laufen in 2000 Metern Höhe auf der Reschner Alm frei herum, fressen Gras, würzige Blumen und Kräuter, wie es ihnen schmeckt – das gibt zwar weniger, aber vorzügliche Milch. Diese läuft in einer Leitung in die Käserei im Tal. Dort wird entrahmte Abendmilch, mit Morgenmilch vermischt, zu Käse verarbeitet (nächste Seiten). Die Laibe reifen auf glatt gehobelten Holzbrettern. »Es wäre vielleicht besser, wenn sie rauh bleiben«, meint Hansi Baumgartner, während er ein Stück Käse probiert. »Nein, glatt sind sie mir lieber«, entgegnet Siegfried Thanei, der Senn, »dann bekomme ich keinen unkontrollierten Schimmel.« Der Käse gefällt Hansi, er kauft 24 zwei Monate alte Laibe: »Ich werd' jetzt halt meine Schimmel drauf wachsen lassen, kontrolliert!«

KÄSE = SAUBERKEIT, PRÄZISION, WISSEN UND ERFAHRUNG

Die Herstellung kleiner Reschner Bergkäse: Rohmilch wurde im Messingkessel auf akkurat 32 Grad erhitzt. Es wurde eine spezielle Kultur (Enzyme, Pilze, Hefen) zugesetzt, die Käsemeister Thanei aus der Schweiz bekommt und selbst vermehrt. Welche das ist? »Ich habe schon eine Freundschaft aufgekündigt, weil ich es nicht sage!« Er hat seinen Stolz. Die Milch ist dann weiter auf 39 Grad erwärmt worden, geronnen und dieser »Bruch« mit der »Harfe« in weizenkorngroße Stücke geschnitten: »So gleichmäßig wie möglich – das ist die Kunst! Das hat enormen Einfluss auf die Qualität des Käses!« sagt Hansi Baumgartner. »Und die Ausbeute!« ergänzt Thanei. Mit dem Tuch wird der Bruch herausgehoben (1), in eine Abtropfwanne gelegt (2), ebenmäßig verteilt (3) und beschwert (4), damit die Molke abläuft. Danach schneidet Thanei den Teig akkurat in Kuben (5) und legt jeweils zwei in runde Plastikformen, getrennt von einer Scheibe (6-8). Erneut beschwert mit einem Gewicht von 12 kg, werden sie rund und flach. Die so entstandenen Laibe werden in der Form mehrmals gewendet – jeder wiegt 4,2 bis 4,5 kg. Danach kommen sie für 24 Stunden in ein Salzbad (10). Darin entwickeln sie eine dünne Rinde. Anschließend werden sie in einem warmen Raum auf Bretter gelegt. In den ersten Tagen werden sie sechs Mal umgedreht und mit Salzlösung abgewischt, später, im kühleren Reifelager, genügt es, sie zwei Mal pro Woche zu wenden und mit der Bürste abzuwaschen. Am Ende, nach drei Monaten, wiegen sie noch 3,5 kg und haben etwa 45 % Fett in der Trockenmasse. Ebenso entstehen die mehr als dreimal so schweren Laibe, die – nur weil sie größer sind! – milder schmecken.

Der Ramsegg-Hof liegt auf 1920 Metern in Melag, ganz hinten im wunderschönen Langtauferer Tal. Im Sommer stehen die sechs Kühe und 25 Ziegen auf der Weide wie auf einer Alm, im Winter fressen sie im Stall das Heu aus erster und zweiter Mahd. Silo oder Ballenfutter kommt Karl Hohenegger nicht ins Haus: »Das stinkt! Und guten Käse kann man dann nicht machen…« Seine Produkte sind bio-zertifiziert: Bärenbart heißt der Ziegenkäse, Freibrunn der aus Kuhmilch und Bergnelke, eine Mischung aus beidem. Hansi Baumgartner riecht am Bärenbart: »Handwerklicher Käse wie er sein soll, intensiv duftend und aromatisch, gleichzeitig rein und klar!« Karl Hohenegger lacht bescheiden: »Ja, die Partie ist gut gelungen. Die Käse haben schöne Ruselen…« »Sommersprossen, goldene, edle Schimmelpunkte«, klärt Hansi auf und schwärmt schon vom Freibrunn: »Riecht ganz milchig und süß; da kann man die Rinde mitessen, fast vanillig schmeckt sie!« Die Kühe werden mit der Maschine gemolken, die Ziegen von Hand – »es dauert nur eine Minute und die Tiere drängeln sich zu der Massage!« wirft Sohn Robert, 16, ein. Die Molkerei ist klinisch rein und hochmodern, im Reifekeller sorgt der Backsteinboden für natürlichen Feuchtigkeitsausgleich. Von Ende November an werden die Geißen trocken, geben keine Milch mehr, weil sie ihre Kitze erwarten. Die trinken dann bis Ostern ihre Milch. Robert, der in Burgeis auf die landwirtschaftliche Hochschule geht, tut es zwar leid, dass sie als Braten auf den Festtagstischen landen. Aber er ist Realist: »Wir brauchen die Milch ja für den Käs'«. Und Beatrix Hohenegger, die vier Gästeappartements betreut, lächelt über ihren Sprössling…

SOMMER

AUF DER ALM, DA GIBT'S EIN KÄS!

66 Kühe von 13 Bauern stehen auf der Schlinigalm oberhalb von Schleis, die von Senn Albert Christandl und Hirt Andreas Gärber betreut werden. 15 bis 18 Käse von jeweils 6 kg werden von Mitte Juni bis Mitte September täglich gemacht, je nach Witterung: »Wenn's kalt ist, brauchen die Kühe mehr Energie, um ihre Körpertemperatur zu halten«, klärt Albert auf: »Dann geben sie halt weniger Milch.« Jeden Tag um halb vier steht er auf, um die Käse vom Vortag aus der Form zu holen. Dann wird die Morgen- und Abendmilch des Vortags entrahmt. Jetzt Kühe melken. Milch für Käse erwärmen und mit Kulturen impfen. Butter machen, auswaschen, in Model pressen. Bruch schneiden. Käse machen. Kessel putzen. Schweine mit Schotten füttern (Molke mit dem beim nachträglichen Aufkochen ausfallenden Eiweiß). Stall putzen. Reifenden Käse waschen. Hansi Baumgartner prüft diesen mit einem Hämmerchen: Am Klang erkennt er die Qualität – erstklassig! Mittagessen, zwei Stunden Schlaf. Stallbuch führen. Melkmaschinen vorbereiten. Kühe in den Stall lotsen. Melken und Milch versorgen; ein Computer zeigt an, wie viel Milch jede Kuh gibt – danach bekommt ihr Eigentümer seinen Käse zugeteilt. Abendessen. Halb zehn: Zeit fürs Bett … das ist hier Alltag, 90 Tage lang!

In der Wirtschaft führt Stefania Angerer das Szepter – das ganze Jahr über, auch wenn kein Almbetrieb ist, mit Herzlichkeit und immer guter Laune: »Sonst darf man nicht Hüttenwirtin sein!« lacht sie. Natürlich gibt es die Produkte der Alm, die ungemein köstliche, süße Rohmilchbutter (darf nur hier und an Privatkunden abgegeben werden), Käse, Milch und Kübelmilch (Buttermilch). Aber sie kocht auch immer einige frische Gerichte, täglich etwas anderes, etwa Polenta mit Pfifferlingen (rechts). Ihre Schwiegermutter backt jeden Tag drei verschiedene Kuchen, Torten oder Apfelstrudel. Zum Schluss gibt's einen Schnaps – und einen Enzian dazu, den ihr Mann, zuständig für das Jungvieh, weiter oben gefunden hat.

Edith und Hansi Baumgartner sind stolz auf ihr neues Geschäft! Im Laden gibt es nicht nur eine Kühltheke, in der man die Käse sehen kann, sondern alle Käse können — nein: sollen! — probiert werden. Auch die Weine und die verschiedenen Brotsorten des Landes fehlen nicht: So macht nicht nur das Arbeiten Spaß, sondern auch den Kunden das Einkaufen! Beim heiteren Beruferaten wäre Hansi Baumgartners charakteristische Bewegung: Käse an die Nase führen! Das Riechorgan kann die Beschaffenheit, die Reintönigkeit des Geschmacks und den Reifegrad eines Käses eben am besten kontrollieren. Besonders streng kontrolliert er seine eigenen Kreationen. Natürlich gelingt nicht immer alles gleich auf Anhieb, aber die Palette seiner Spezialitäten ist inzwischen höchst respektabel — und seine Käse sind überall im Land in Spitzenrestaurants und guten Gasthäusern vertreten. Da gibt es den in Heu gereiften Noagat, benannt nach dem Tuch, in dem das Heu von der Scheune in den Stall getragen wurde; den in Wachs getauchten Sarner Gold; den Boxerkas mit Johannisbrotmehl, das man sich früher über das »Muos«, die mit Mehl angedickte Milch, gestreut hat; dann Ziegenkäse mit Trester von Rosenmuskateller; ein Rotschmierkäse aus dem Pustertal, gereift in Brennnesseln, oder getrocknetem Guten Heinrich; eine Art Camembert, mit getrockneten Äpfeln belegt; den Pustertaler Elzenbaumer, umwickelt mit einem rotweingetränkten Bastband… Hansis Phantasie kennt einfach keine Grenzen!

Mit dem Reifen und Bearbeiten von Käse hat Hansi Baumgartner 1996 begonnen, in den kühlen, feuchten Kellern des Gasthofes; und im Laden nebenan hat seine Frau Edith den Verkauf organisiert. Es war dort aber alles sehr beengt und umständlich, deshalb sind beide sehr froh, dass sie 2004 in einem neuen Gebäude in Vahrn bei Brixen ihren Betrieb »DeGust« einrichten konnten, der nun seinesgleichen sucht: Neben dem Ladengeschäft, gibt es Vorbereitungs- und Verpackungsräume für den Versand, ein Labor und mehrere Kühlkammern mit unterschiedlicher Temperatur und Luftfeuchtigkeit. Hier reifen unter Hansis akribischer Aufsicht die Käse, die er bei Bauern und auf Almen kauft. Übrigens käsen alle »seine« Betriebe in kupfernen Kesseln: Die Oberfläche von Kupfer ist absolut glatt und die Ionen beschleunigen die Reifung der Milch – sie darf deshalb niemals zu lang darin bleiben. Edelstahl ist pflegeleichter, weshalb viele große Milchhöfe damit arbeiten – für Hansi keine Konkurrenz! Das Geheimnis seines Erfolges ist, neben seiner gewinnenden Art, das unermüdliche Ringen um individuelle Qualität – und die kann er nur erreichen, wenn er beste Produkte bekommt. Deshalb ist er dauernd auf Almen und bei Bauern unterwegs, überprüft nicht nur deren Produkte, sondern auch die Verarbeitung. Wenn, wie beispielsweise auf der Schlinigalm, die mittlere Keimzahl regelmäßig bei 10 Prozent der von der EU festgelegten Grenze liegt, dann weiß er, dass er mit diesen Käsen auf der sicheren Seite ist. Auch die Zutaten zum Aromatisieren – Heu, Kletzen (getrocknete Birnen), Guter Heinrich (wilder Spinat), Asche, Boxele (Johannisbrot) – kauft er nur von Bio-Bauern, Wein und Trester bei Spitzenbetrieben. Sein Credo: »Meine persönliche Beziehung zum Produzenten ist die beste Qualitätsgarantie!«

EIN BLÜTENMEER

ist die Seiser Alm im Frühsommer, von einer unglaublichen Vielfalt und Farbenpracht. Die Hochebene unter dem Buckelmassiv des Schlern ist dann wie von einem bunten Teppich überzogen.

*D*ie Seiser Alm steht unter Naturschutz, und das ist ernst gemeint. Hinauf geht es am besten mit der Gondelbahn. Denn der Autoverkehr hinauf ist streng reglementiert. Ein Zerberus an der Zufahrtsschranke, ohne jeglichen Humor (die Frauen sind noch unnachsichtiger als die männlichen Kollegen), sorgt dafür, dass kein Unberechtigter zur Unzeit die Straße nimmt. Oben auf der mehr als 50 Quadratkilometer großen Fläche angekommen, geht man zu Fuß oder lässt sich mit der Kutsche fahren. (Die Preise stehen denen der venezianischen Gondolieri in nichts nach.) Aber der Ärger ist schnell verflogen, wenn man nur die Augen öffnet. Das sanft gewellte Gelände wirkt fast wie eine Filmkulisse, so perfekt ist die Idylle inszeniert: hier eine Hütte hingetupft, dort ein malerischer Tannenhain, von einem derben Fichtengatter eingezäunt. Kühe, den Kopf in die wohlschmeckende Blumenwiese gesteckt oder interessiert den Wandersmann beäugend. Und dann der Blick! Jede Himmelsrichtung eine phantastische Kulisse. Richtung Westen staffeln sich sanfte Wellen. Im Süden ragen schroffe Dolomitenzähne ins Bild. Im Norden reckt sich der stolze Seceda (Hausberg von St. Ulrich) vor dem Hintergrund der Zillertaler Alpen. Und die Blumen! Rosa der unscheinbare, aber betörend duftende Thymian, winzige Primelchen, Enzian zuhauf, tatsächlich unglaublich blau!, weithin leuchtend dickköpfige Trollblumen: ein Traum!

Wer dann dem Wegweiser ›Gostner Schwaige‹ folgt, gelangt schließlich zu einer Almhütte, wie man sie sich perfekter nicht träumen kann: nach allen Regeln alpenländischer Holzbaukunst gebaut, authentisch und ohne jede Tümelei, der junge Wirt mit Tirolerhut, rotkariertem Hemd und blauer Schürze, als sei er grad dem Bilderbuch entsprungen. Da leuchtet selbst die Blasmusik ein, die vom Band trompetet. Man mag den handgeschriebenen Zetteln an der Wand die Genüsse, die sie verheißen, kaum glauben! Erst recht nicht der Weinkarte, die eine nicht nur für eine Almhütte wahrlich eindrucksvolle Auswahl bietet. Und wenn man erst die Küche sieht, mit ihren knapp drei Quadratmetern: Man kann sich gerade umdrehen darin, doch es ist alles da, was ein anspruchsvoller Koch braucht.

Franz Mulser hat sein Handwerk gründlich gelernt, er war beim Zwei-Sterne-Koch Hans Haas im Münchner Tantris, bei den Obauers in Werfen, sogar auf Mallorca bei Eckart Witzigmann, und ist immer wieder unterwegs, auf ›Stage‹, wenn er in der Nebensaison die Hütte schließt, um sich nach Neuem zu orientieren. Aber auf keinen Fall will er woanders leben! Anderswo müsste er doch solche Zutaten suchen, die er hier vom elterlichen Hof ganz selbstverständlich zur Verfügung hat: Speck, Kaminwurzn, Hirsch- und Lammschinken, alles hausgemacht; überhaupt das Wild hier oben, die Pilze, der Käse, den seine Mutter in allen Varianten produziert, vom herrlich durchgereiften Grau- bis zum würzigen Almkäse – nein, den Franz bringen hier keine zehn Pferde mehr weg. Und seine Gäste, die würden auch am liebsten bleiben …

Die Eltern Mulser leben in St. Vigil, auf dem Aussergostnerhof. Jeden Abend kommen sie zum Melken hoch, in ihre Almhütte, die Gostner Schwaige. Dann bringt Johanna mit, was Sohn Franz benötigt, zum Beispiel Blüten aus ihrem Garten, mit denen er gern seine Teller dekoriert, die ersten Steinpilze der Saison und frisches Brot. Und, weil das Gärtchen hier oben nicht genügend liefert, auch Gemüse. Während sie die Lämmer und Geißen füttert, melkt Vater Michael die Kühe. Und nachts schlafen alle, auch der Franz, unterm Dach über der winzigen Gaststube, die kaum 35 Quadratmeter misst. Am nächsten Morgen nehmen sie Abend- und Morgenmilch hinunter zum Hof. Solange die Kellerräume noch nicht ausgebaut sind, reicht der Platz hier oben einfach nicht zum Käsen. Bisher wird auf der Alm nur der Frischkäse produziert und Joghurt. Der gilt bei den Gästen als Geheimtip. Angesetzt mit pro-biotischen Kulturen schmeckt er nicht nur, sondern ist auch gesund.

Sommer

3
STEINPILZRÖSTI

Die Rösti sind außen herrlich knusprig, innen überrascht dann der Schmelz der zarten Pilze – ein großes Vergnügen!

Für zwei Personen:
3-4 Kartoffeln, Salz, Pfeffer, 2-3 schöne Steinpilze, Sonnenblumenöl zum Braten, 200 g Frischkäse, Zitronensaft, Schnittlauch

Die Kartoffeln schälen, auf dem Trüffelhobel (oder Aufschnittmaschine) in dünne Scheiben hobeln, diese mit dem Messer in feine Streifen schneiden. Auf einem Tuch abtrocknen. Je zwei Esslöffel davon als Häufchen auf dem Tuch anordnen und zum Küchlein formen. Salzen, pfeffern, Steinpilzscheiben darauf legen, würzen und mit Kartoffelstreifchen zudecken. Rundum zusammenschieben, damit die Rösti Halt haben. In reichlich Öl auf beiden Seiten schön knusprig braten; bei nicht zu großer Hitze, sonst sind die Rösti außen schon zu dunkel und innen noch roh. Den Frischkäse mit Salz, Pfeffer, etwas Zitronensaft und mit reichlich Schnittlauchröllchen glatt rühren. Zu den Rösti servieren. Franz Mulser streut noch Ringelblumenblätter darüber und garniert den Teller mit Stiefmütterchen.

1
STEINPILZCARPACCIO

Kleine, feste Steinpilze, die natürlich absolut makellos und wurmfrei sein sollten, schmecken am besten roh. Der Franz schneidet sie mit sicherer Hand in exakte dünne Scheibchen. Es ist jedoch keine Schande, einen Hobel dafür zu benutzen.

Für zwei Personen:
3-4 junge, feste Steinpilze, 1 reife Birne, Petersilie, dünn gehobelte Scheiben Grana und Hirschschinken 2 EL Zitronensaft, Salz, Pfeffer, 2-3 EL mildes Olivenöl (z. B. ligurisches)

Die Pilze säubern, dann in feine Scheibchen schneiden oder hobeln. Auf zwei Tellern verteilen. Ebenso die Birne in dünne Scheiben schneiden, entkernt und geschält. Über den Pilzen verteilen. Mit Petersilienblättchen und Käsescheiben bestreuen und Hirschschinken darauf drapieren. Alles mit einer Marinade aus Zitronensaft, Salz, Pfeffer und Olivenöl beträufeln.

2
ANGEMACHTER GRAUKAS

Der Käse sollte schön durchgereift sein, also durch und durch glasig wirken und innen keinen weißen Kern mehr haben. In Scheiben schneiden und auf dünnen Tomatenscheiben anrichten. Hauchdünn gehobelte Zwiebelringe und Petersilie dazwischen verteilen und alles mit Essig und Olivenöl beträufeln.

Herbst

Die Luft wird klar, die Lärchen flammen.
Die Äpfel bekommen rote Backen,
die Kastanien fallen und die Weinlese
beginnt. Beruhigt genießt der Mensch...

Wenn Bozen und Meran im Tal nicht mehr in zartem Dunst, sondern in dichtem Nebel liegen, lacht oben über Almen und Bergen die Sonne. Südtirol sieht aus wie auf den wohlbekannten Postkarten – Klischees? Nein, es ist jetzt wirklich ganz unglaublich schön! Schon frühmorgens stehen die Bergfexe unter den Steilwänden der Dolomiten Schlange. Die gemütlicheren Wanderer schnüren die Stiefel ein paar Stunden später, packen das halbe Frühstücksbüfett in ihre Rucksäcke und ziehen munter los. Immer häufiger werden sie überholt von Kampfgehern, die mit zwei Stöcken modern und »nordic« durch die Landschaft »walken«. Auf den Terrassen der Berggasthöfe herrscht Hochbetrieb, groß ist der Durst. Abends fallen ganze Busladungen in die Gaststuben der Winzerhöfe ein – Törggelen ist angesagt: Südtirol, wie es kracht und lebt – das ist die betriebsame Seite. Das stille Südtirol blüht aber gleichfalls auf: Elegante und moderne Hotels umfangen die Gäste, die Ruhe und Entspannung suchen, mit Luxus, Wellness und erstklassiger Küche. Die regionalen Produkte erfahren neue Wertschätzung, die Spitzenköche wetteifern um die besten Apfel- und Kastanienrezepte. Die Früchte des Waldes und der Felder, Wild und Pilze, Kohl und Kürbis bereichern die Tafel. Winzer und Genossenschaften keltern immer bessere Weine. Der Gast erlebt, während Bauern und Weingärtner ihre Ernte einbringen, ein wahres Schlaraffenland!

BEHÜTETES ERBE

Behäbig hockt der Zirmerhof auf einem Buckel der Sonnenterrasse von Radein. Weit geht der Blick, groß ist die Stille. Schöne Stuben und Zimmer, das Essen schmeckt gut: was für ein Gasthaus!

Wer sich mit Gästen brüstet, die vor hundert Jahren im Hause weilten, ruft Argwohn hervor. Kommt man auf den Zirmerhof, werden die Bedenken schnell zerstreut: Man begreift auch heute noch unverzüglich, was den Chirurgen Ferdinand Sauerbruch und den Physiker Max Planck hierher zog. Und man erlebt beglückt den Genius loci, die Kraft dieses Ortes. Die Vergangenheit ist lebendig geblieben, weil sie jeden Tag erneuert wird – weil Gastfreundschaft hier keine Formel ist, sondern eine Lebenseinstellung. Das springt natürlich auf die Gäste über, die auch gefordert werden: Hier ist kein Platz für lautes Auftreten oder vulgäre Angeberei – hier genießt man in eher zurückhaltender Heiterkeit und Gelassenheit das Leben, die Natur und die Freuden der Tafel.

900 Jahre steht der Zirmerhof inmitten seines weiten Besitzes von 150 Hektar Wald und Wiesen. Vor 100 Jahren hat der Bergbauernhof sich Feriengästen geöffnet – die Familie Perwanger hat Pionierarbeit geleistet, Maßstäbe gesetzt. Es fing bescheiden an – die Gäste erwarteten damals keinen Luxus in den Bergen –, wurde stetig ausgebaut, so dass die Zimmer heute allen Ansprüchen genügen. Lichte, bis ins kleinste Detail wunderschöne Speisesäle, Stuben und die Terrasse laden zu Tisch; letztere bleibt auch an schönen Herbsttagen den Hausgästen vorbehalten, die einkehrenden Wandersleut' dürfen sich innen stärken.

Eine gute Küche und ein wohl sortierter Keller sind in einem einsam gelegenen Haus besonders wichtig – die meisten Gäste nehmen hier Halbpension. Familie Perwanger hat darauf stets größten Wert gelegt. Schon der Großvater hat in Montan einen Weinberg gekauft für hauseigenen Wein, den Gewürztraminer Pinus und den Blauburgunder Salix; und im Keller liegt eine reiche Auswahl großer Gewächse. Hanna, die verstorbene Frau von Seniorchef Josef Perwanger, hatte ihre Rezepte in einem Kochbuch vereint, das wieder neu aufgelegt ist. Ihre Art zu kochen lebt fort, gepflegt von Sohn Sepp (alle Perwangers heißen Josef!), der sich noch nicht entscheiden konnte – und schelmisch lächelt: »Eine Weile wird der Zirmerhof wohl noch eine Männerwirtschaft bleiben…«

I
RINDERCARPACCIO

Das Fleisch hierfür ist nicht einfach roh, sondern wird fast vierzehn Tage lang gebeizt. Am besten eignet sich das so genannte falsche Filet, die Rose. Das Fleischstück wird sorgfältig pariert, also von Häuten und Sehnen gesäubert. Dann mit Salz, Pfeffer und Thymian eingerieben, in Olivenöl gedreht und kühl gestellt, dabei immer wieder gewendet. Zum Servieren schneidet man es auf der Aufschnittmaschine hauchdünn auf.

Pro Person:
Olivenöl, am Stück gebeiztes Rindfleisch, Bergkäse in dünnen Scheiben, Rettich- oder Radieschenkeime, Rucola, Salz, Pfeffer, Weinessig und Balsamico

Große Vorspeisenteller mit Öl einpinseln. Das Rindfleisch in hauchdünnen Scheiben darauf dachziegelartig anrichten. Den Käse in feine Streifen schneiden und mit den Keimen vermischt darauf verteilen. Essig, Salz, Pfeffer und Olivenöl cremig aufschlagen und gleichmäßig über alles träufeln.

Schottische Hochlandrinder, 50–60 Tiere, gehören zum Zirmerhof — in extensiver Mutterkuhhaltung. Im Winter stehen sie im Stall, im Frühjahr in den Waldweiden, im Sommer auf der Alm; und im Herbst grasen sie auf den abgemähten Wiesen. Im Gewölbekeller, umgebaut zum Laden, kann man Produkte des Hauses und befreundeter Betriebe kaufen.

2
MARINIERTER SAIBLING

Die Fische (man kann auch Forellen dafür nehmen) werden filiert, auf der Hautseite behutsam gebraten und dann in eine Essigmarinade eingelegt. So lassen sie sich bestens vorbereiten und sind dann schnell serviert.

Für vier bis sechs Personen:
3 schöne Portionssaiblinge (ca. 350 g), Salz, Pfeffer,
Mehl zum Bestäuben, Olivenöl zum Braten
Lauchmarinade:
1 Lauchstange, 2 EL Olivenöl, 1 Knoblauchzehe,
4 Thymianzweige, 2-3 Lorbeerblätter, 1/4 l Weißwein,
1 Stück Zitronenschale, Weißweinessig,
1-2 EL winzige Kapern
Außerdem:
Salatblätter, Petersilie, Olivenöl

Die Saiblinge filieren, die Haut jedoch nicht abziehen. Die Filets auf beiden Seiten salzen und pfeffern, in Mehl wenden und nur hauchzart damit überziehen. Auf der Hautseite im heißen Öl braten, dann neben dem Feuer einige Minuten ziehen lassen.
In einer Kasserolle den Lauch in frischem Öl andünsten (nur das Weiße, klein geschnitten), den Knoblauch durch die Presse zufügen, auch die Thymianzweige und Lorbeerblätter. Wein angießen, Zitronenschale zufügen, alles etwa zehn Minuten köcheln. Dann mit Essig schön säuerlich abschmecken, salzen, pfeffern, die Kapern unterrühren. Die Fischfilets darin einlegen und für mindestens einen Tag zugedeckt kalt stellen.
Zum Servieren die Filets aus der Marinade nehmen, die Haut entfernen, die Filets in große Stücke teilen und auf Vorspeisentellern anrichten. Auch etwas Lauch und Kapern darauf verteilen und mit Salatblättern garnieren. Marinade und Olivenöl zu gleichen Teilen mixen, mit Salz, Pfeffer und Zitronensaft abschmecken und über die Zutaten träufeln.

3
GESCHMORTE KALBSWANGE

Das wunderbar gleichmäßig von Sehnen durchzogene Backenstück (siehe auch Seite 203) ist in der Gastromonie so beliebt, dass man es als Normalkunde beim Metzger praktisch nie angeboten bekommt. Man kann es aber mit der Wade ersetzen, auch die Schulternaht eignet sich. Aber: dann verdoppelt sich die Garzeit! Zur Saison verwendet man im Zirmerhof natürlich frische Pilze – ansonsten nimmt man auch Zuchtchampignons und getrocknete Pilze.

Für vier bis sechs Personen:
Ca. 1,2 kg gut durchwachsenes Kalbfleisch, 2 EL Olivenöl,
1 Zwiebel, 1 Knoblauchzehe, 50 g durchwachsener Speck,
2 Wacholderbeeren, je 1 Tasse gewürfelte Möhre, Sellerie,
Lauch, Salz, Pfeffer 1-2 EL Tomatenmark , 3/4 l Weißwein,
1 Kräuterstrauß aus Thymian und Lorbeerblatt,
500 g Waldpilze, Petersilie

Das Fleisch in große Würfel schneiden, etwa 4 bis 5 cm Kantenlänge. Im heißen Öl in einem großen Schmortopf von allen Seiten schön kräftig anbraten, dabei die fein gewürfelte Zwiebel, die zerdrückte Knoblauchzehe zufügen, auch den gewürfelten Speck und die Wacholderbeeren. Die Gemüse mitdünsten, alles salzen und pfeffern. Das Tomatenmark einrühren und schön durchrösten, bevor mit Wein abgelöscht wird. Den Kräuterstrauß einlegen. Zugedeckt etwa ein bis zwei Stunden schmurgeln.
Unterdessen die Pilze putzen – wer getrocknete Pilze nimmt, kann sie gleich jetzt zerkrümelt zufügen. Frische Pilze erst nach einer Stunde zufügen. Unbedingt Flüssigkeit kontrollieren – was verkocht, auffüllen. Wenn das Fleisch weich und butterzart ist, die Würfel herausfischen, den Kräuterstrauß wegwerfen. Den Sud entweder durch ein Sieb passieren (wer eine glatte Sauce wünscht) oder mit dem Pürierstab mixen (wer sie lieber dick und gehaltvoll hat) und abschmecken. Die Fleischwürfel wieder darin erwärmen. Petersilie einrühren. Dazu passt gebratene Polenta!

4
RINDSGULASCH

Große, mürbe Stücke von herzhaftem Fleisch, in einer leichten, gemüsigen Sauce, der reichlich Zwiebeln eine verführerische Süße verleihen – zum Seufzen gut! Wofür man übrigens ganz besonders schwärmt, wenn es wieder aufgewärmt! – deshalb ruhig eine größere Portion zubereiten; zum Einfrieren fürs nächste Mal.

Für sechs bis acht Personen:
800 g Zwiebeln, 80 g Schweineschmalz (oder Speck), 4 EL Tomatenmark, 4 EL Delikatesspaprika, 0,2 l Fleischbrühe, 1,2 kg durchwachsenes Rindfleisch (Wade oder Nacken), 1 gestrichener EL Kümmel, 1 gehäufter EL getrockneter Majoran, 4–5 Knoblauchzehen, Zitronenschale, Petersilie

Die Zwiebeln schälen und würfeln, im heißen Schmalz ganz langsam golden schmurgeln. Erst wenn sie weich sind, das Tomatenmark unterrühren, jetzt richtig rösten, aber nicht bräunen. Den Paprika untermischen, dann mit der Brühe durchfeuchten. Das Fleisch in große Würfel (ca. 4 cm) schneiden, salzen und pfeffern und in den Topf betten. Kümmel zufügen, auch den Majoran. Zugedeckt auf kleinem Feuer oder im Backrohr bei 150 Grad etwa zwei Stunden schmoren. Eine halbe Stunde vor dem Garwerden Knoblauch, Zitronenschale und Petersilie miteinander fein hacken und in den Topf rühren. Am Ende sind die Zwiebeln völlig zerkocht und die Sauce ist dicht, würzig und köstlich. Unbedingt Speckknödel dazu servieren (Seite 241).

5
ZIRMERTORTE

Eine derart geniale Resteverwertung kann nur einer Frau einfallen: Hanna Perwanger, die legendäre Urmutter vom Zirmerhof, entwickelte dieses Rezept, um die vielen Eiweiß, die in der Küche beim Nudelmachen übrig blieben, sinnvoll unterzubringen. Heute wird die Zirmertorte gern und vielerorts kopiert – nicht immer mit Angabe der Urheberschaft…

Für eine Springform von 26 cm Durchmesser:
8 Eiweiß, 180 g Haselnüsse, 180 g Zucker, 40 g dunkle Schokolade, je 1 Msp Zimt und Nelkenpulver, Schale einer halben Zitrone, Butter für die Form, 3 EL Rum oder Kirschwasser, 3 EL Kirschkonfitüre, 500 g gekochte Kirschen oder Weichseln, 1/4 l Schlagsahne, geraspelte Schokolade

Die Eiweiß langsam steif schlagen. Geriebene Nüsse und Zucker unterheben, ebenso die geriebene Schokolade, Gewürze und den Schnaps. In eine ausgefettete Form füllen und bei 190 bis 200 Grad etwa 30 Minuten backen.
Nach dem Auskühlen mit Rum oder Kirschwasser tränken, mit Kirschkonfitüre bestreichen und dicht mit abgetropften Kirschen besetzen. Mit steifgeschlagener Sahne überziehen und mit Schokoraspeln bestreuen.

CLAN-WIRTSCHAFT

Das Geheimnis eines guten Gasthauses: Es packt immer die ganze Familie mit an. Das ist auch bei den Baumgartner-Brüdern so, die in der kulinarischen Szene Südtirols eine prägende Rolle spielen.

Zunächst haben die Gebrüder Baumgartner zu dritt das hochgelobte Restaurant Pichler in Mühlbach betrieben, der Hansi (Seiten 124 ff.) in der Küche (»ein begnadeter Koch, schad', dass er damit aufgehört hat«, seufzt sein Bruder Karl, aber auch viele Kollegen und Gäste denken so!), Karl und Siegfried im Service. Eigentlich war Karl gelernter Holzhändler und gehörte in den Betrieb des Vaters. Aber immer schon hatte er eine Leidenschaft fürs Kochen, fürs gute Essen sowieso. Und dann kam die Gelegenheit, ein eigenes Haus zu erwerben, das Geburtshaus von Michael Pacher, dem großen spätmittelalterlichen Holzschnitzer. Ganz ruhig, sehr idyllisch und versteckt am Waldrand bei Mühlen gelegen, oberhalb von Pfalzen im Pustertal. Karl wollte sich beweisen, dass er so anspruchsvoll und begeistert kochen wie essen kann und machte sich mit seinem Bruder Siegfried selbständig.

Schöneck nannten sie ihr Restaurant, nach der Schlossruine oberhalb. Siegfried kümmert sich zusammen mit Karls Frau Mary um die Gäste und serviert in den schönen alten Zirbelstuben Karls moderne, durchaus südtirolerische, aber mediterran inspirierte Küche. Für die sich der Autodidakt die Ideen durch Lesen holt und immer wieder als Gast bei großen Köchen. Es ging stetig aufwärts, die Gäste kamen gern und treu. Nach zehn Jahren belohnte der Michelin endlich ihre Arbeit mit einem Stern, und inzwischen zählt das Schöneck zu den fünf bedeutendsten Restaurants in Südtirol.

Vor einiger Zeit wurde das alte Haus aufwendig umund angebaut. Um mehr Platz zu gewinnen, hat man es mit einer Veranda aus Zirbenholz und Glas umgeben. So sind angenehme, lichte, großzügige Räume entstanden. An schönen Tagen sitzen die Gäste auf der breiten Terrasse rundum unter weißen Schirmen. Von ihr geht's direkt in den weitläufigen Kräutergarten, in dem der Küchenchef pflücken kann, so viel er braucht, auch Raritäten: verschiedene Minzen und Basilikumsorten, Thymian und Salbei in den verwegensten Farben, sogar Wasabi, der grüne, japanische Meerrettich mit den würzigen Blättern. Und alles findet in Karls Küche verschwenderisch Verwendung.

Die Freude über den gelungenen Umbau ist jedoch getrübt. Bildschön und originell die Idee, die Fassade mit riesigen weißen Buchstaben zu bedecken, die das Wort Schöneck zum graphischen Muster machen. Aber das Finanzamt sagt: Reklametafeln unterliegen einer Steuer, je größer, um so mehr. Nun soll die ganze Hauswand als Reklamefeld versteuert werden…

Anheimelnd, die hellen Gasträume in der Veranda, erbaut mit dem traditionellen Zirbelholz und nach altem Muster. Bruder Siegfried, der Sommelier, hat im Laufe der Jahre einen eindrucksvollen Keller aufgebaut, der jetzt nach dem Umbau ebenfalls seine angemessene Bleibe hat.

1
TORTELLONI MIT PFIFFERLINGEN

Die Teigtäschchen sind mit einer Parmesanfonduta gefüllt (eine Masse wie fürs Käsesoufflé). Am besten lässt sich diese kalt verarbeiten, dann ist sie absolut schnittfest. Für den Nudelteig nimmt Karl Baumgartner je zur Hälfte Weizen- und Hartweizenmehl und rechnet auf ein Kilo und 3-4 ganze Eier 40 Eigelb.

Für vier Personen:
1/2 Rezept Nudelteig (siehe Seite 43),
1 Rezept Käsesoufflémasse, Salz
Pfifferlinge:
1 Schalotte oder kleine Zwiebel, 2 EL Olivenöl, 1 Knoblauchzehe, Petersilie, 500 g Pfifferlinge, 1 EL Zitronen-Olivenöl-Paste (siehe Seite 150), 3-4 EL Gemüsefond, Salz, Pfeffer

Den Nudelteig sehr dünn auswalzen, Kreise ausstechen. Auf jeden Teigtaler einen Löffel Füllung setzen, zusammenklappen und zum Hütchen zusammenfassen. In Salzwasser 2-3 Minuten pochieren.
Für die Pfifferlinge die Schalotte sehr fein würfeln und im heißen Öl weich dünsten, gehackten Knoblauch und Petersilie zufügen. Schließlich die geputzten und kleingeschnittenen Pilze zufügen und dünsten, bis sie viel von ihrem Saft abgegeben haben. Etwas Würzpaste unterrühren, mit Salz und Pfeffer abschmecken und eventuell mit etwas Fond binden. Über die tropfnassen Tortelloni in tiefen Tellern verteilen und sofort servieren.

2
KÄSESOUFFLÉ IN STEINPILZCREME

Immer wieder wundervoll, ein solches perfektes Soufflé: luftig, duftig und trotzdem ein Mund voll kräftiger Würze!

Für vier Personen:
Soufflé:
2 EL Butter, 2 EL Mehl, 1/4 l Milch, 200 g geriebener Bergkäse, Pfeffer, ein Hauch Muskat, eventuell 1 Prise Cayennepfeffer, 2 EL Walnussöl, 4 Eigelb, Salz, 4 Eiweiß, Brösel für die Form
Steinpilzcreme:
200 g Steinpilze, 1 Schalotte, 1-2 Knoblauchzehen, 1 EL Olivenöl, Petersilie, etwas Gemüsefond

Die Butter in einer Kasserolle aufschäumen lassen, das Mehl darin andünsten, mit Milch ablöschen und dicklich einkochen. Den Käse darin schmelzen. Mit Pfeffer, Muskat, Cayennepfeffer und einigen Tropfen Walnussöl würzen. Die Eigelb in die Masse rühren, jetzt eventuell mit Salz abschmecken. Abkühlen. Vor dem Servieren den steifgeschlagenen Eischnee unter die Käsemasse heben. Portionsförmchen mit Walnussöl auspinseln und mit Bröseln ausstreuen, die Masse einfüllen, sie sollte jedoch nur bis knapp unter den Rand reichen. Im Wasserbad bei 180 Grad (Umluft) etwa 20 Minuten backen, bis das Soufflé schön hochgegangen und appetitlich gebräunt ist.
Für die Steinpilzcreme die Pilze putzen, in Scheibchen schneiden und mit gewürfelter Schalotte und Knoblauch andünsten. Gehackte Petersilie zufügen, salzen und pfeffern. Glatt mixen, dabei mit etwas Brühe auf die gewünschte Konsistenz bringen.

1 2

3
KALBSKOPF AUF KLEINEM SALAT

Der aus verschiedenen Blättern und Kräutern gemischte Salat wird mit einer Vinaigrette aus Kürbiskernöl angemacht und zum Schluss mit gerösteten Kürbiskernen bestreut. Pro Person eine Kalbskopfscheibe (Rezept siehe Seite 86) in der Mikrowelle sanft erwärmen — notfalls auf einer Schaumkelle in leise siedender Brühe — und auf dem Salat anrichten. Reichlich Schnittlauchröllchen obenauf verteilen und mit Marinade beträufeln.

Für vier bis sechs Personen:
Kürbiskernöl-Vinaigrette:
3 EL milder Apfelessig, Salz, Pfeffer, 1 EL Delikatesssenf,
2 EL mildes Olivenöl oder neutrales Sonnenblumenöl,
2 EL Kürbiskernöl, 1 EL Brühe, Schnittlauch

Essig, Salz, Pfeffer und Senf verrühren, das Öl mit dem Schneebesen einarbeiten, ebenso die Brühe. Schnittlauch unterrühren.

4
STOCKFISCHTÖRTCHEN

Karl Baumgartner würzt die Masse mit einer Zitronen-Olivenöl-Paste, die er immer im Glas vorrätig hat: Dafür lässt er die abgeriebene Schale großer Zitronen (Cedrat) mit gewürfeltem Sellerie, Gemüsefenchel, Schalotten und Knoblauch mit Olivenöl bedeckt sanft weich köcheln, würzt dabei mit etwas Chili, Salz und Kandiszucker. Alles wird im Mixer fein püriert und in kleinen Vorratsgläsern eingeweckt. Dieses Püree wird teelöffelweise zum Abschmecken verwendet; es gibt hellen Saucen, Suppen und Farcen ein zitronenduftendes, würziges Parfum.

Für vier bis sechs Personen:
600 g gewässerter, geputzter Stockfisch, 2 Schalotten, 1 EL Olivenöl, 3 dünne Scheiben Lardo (gesalzener fetter Speck), 1-2 Knoblauchzehen, 200 g Kartoffeln, 2 Lorbeerblätter, 2 Thymianstiele, ca. 1/4 l Gemüse- oder Fischfond, Pfeffer, Salz, 1 EL Würzpaste (s.o.), 1 gehäufter TL Agar Agar, 1 EL rosa Pfeffer
Sardellen-Kapern-Sauce:
1 Schalotte, 2 EL Olivenöl, 4 Anchovisfilets, einige Rosmarinnadeln, 3-4 getrocknete Tomaten, 2 EL Kapern, 1 getrocknete Chilischote, 1 Glas Weißwein, ca. 200 ml Gemüsefond

Den Stockfisch abtropfen lassen. Fein gewürfelte Schalotten im heißen Öl andünsten, den winzig gehackten Lardo zufügen und mitschwitzen lassen, den gehackten Knoblauch zufügen und die gewürfelten Kartoffeln. Außerdem Lorbeerblätter und Thymianzweige in den Topf legen sowie den zerpflückten Stockfisch. Fond angießen, pfeffern und behutsam salzen. Zugedeckt sanft mehr ziehen als wallend kochen lassen, etwa 20 Minuten, bis die Kartoffeln weich sind. Alles mit dem Mixstab glatt pürieren, dabei das Agar-Agar-Pulver mitmixen. Noch etwa 2 Minuten leise köcheln, damit es seine gelierende Wirkung entfalten kann. Die Masse nochmals abschmecken, vor allem mit der oben beschriebenen zitronenduftenden Würzpaste. Die Masse in Förmchen oder in Ringe streichen und über Nacht fest werden lassen. Zum Servieren die Törtchen herauslösen und auf Teller stürzen.
Für die Sauce Schalotte in Öl andünsten, Anchovis zufügen, auch gehackten Rosmarin und Tomaten, sowie Kapern und Chili. Mit Wein ablöschen, Fond angießen. 20 Minuten köcheln, dann durchmixen und abschmecken.
Die Stockfischtörtchen auf der Sauce anrichten und mit rosa Pfefferbeeren garnieren.

5
LAMMBRATL

Ein Ragout, wie man es sich wünscht: große, saftige Fleischstücke, durch und durch weichgeschmort, aber natürlich nicht faserig, sondern schmelzend zart, in einer intensiven Sauce. Damit das Gemüse schön bissfest bleibt und seine Farbe behält, wird es separat gedünstet und erst ganz am Ende untergerührt.

Für vier bis sechs Personen:
Insgesamt etwa 2 kg Schulter, Hals, Brust und/oder Stelzen vom Lamm, 3-4 EL Dijonsenf, 2-3 EL Olivenöl, Rosmarin, Thymian, 500 g Zwiebeln, 4-5 Knoblauchzehen, 500 g Möhren, 2 Selleriestängel, Salz, Pfeffer, 1 Chilischote, 2 EL getrocknete Steinpilze, 2 Tomaten (oder 100 g Tomatenpüree), 1 Flasche Weißwein, 60 g Butter, Zitronensaft, 500 g gekochte Kartoffeln, 1/2 TL Zucker, 1 Prise Cayennepfeffer, französischer Estragon

Die Lammschulter in den Gelenken in drei Teile schneiden. Die Teile mit Senf einreiben und über Nacht marinieren, dann in einem Bräter im heißen Öl rundum anbraten, die Kräuter daneben legen, ebenso die gewürfelten Zwiebeln und den zerquetschten Knoblauch. Möhren schälen, die dickeren Teile längs in gleichmäßige Scheiben schneiden, alle Abschnitte würfeln und mit den Selleriestängeln in den Topf füllen. Salzen und pfeffern, die Chilischote zufügen (ganz oder zerkrümelt) sowie die zerkrümelten oder gehackten Steinpilze. Schließlich den Wein angießen und aufkochen. Den Topf mit einem Deckel verschließen, das Lamm im Ofen bei 150 Grad etwa eineinhalb Stunden schmoren. Nach der halben Zeit überprüfen, gegebenenfalls mit einem Schuss Brühe verkochte Flüssigkeit auffüllen. Die Möhrenscheiben in etwas Butter sanft weich dünsten, die Kartoffeln in Schnitzen zufügen und zum Schluss mitbraten, dabei salzen, pfeffern und mit Zitrone würzen.
Die Lammteile herausfischen, dann das Fleisch vom Knochen lösen und in mundgerechte Würfel schneiden. Die Schmorflüssigkeit durch ein Sieb passieren, alles Gemüse gut ausdrücken. Diesen Saucenfond mit dem Mixstab aufschlagen, dabei die eiskalte Butter einarbeiten. Gut abschmecken. Das Fleisch wieder einlegen. Zum Schluss gehackten Estragon sowie Möhren und Kartoffeln unterrühren.

SCHOKOLADENTÖRTCHEN MIT TABAKEIS

Ein Eis mit Tabakduft, das klingt befremdlich, aber es schmeckt verblüffend gut. Dafür lässt Karl Baumgartner würzigen Pfeifentabak zusammen mit einer Vanillestange in heißer Milch und Sahne ziehen, wie Tee, jedoch etwa 1 bis 2 Stunden lang. Danach schlägt er diesen Sud wie für Vanilleeis mit Eiern und Eigelb auf und lässt es ebenso in der Eismaschine (beziehungsweise dem Pacojet) gefrieren. Das Schokotörtchen bereitet er so:

Für sechs Portionsförmchen:
Mürbteig:
200 g Mehl, 2 EL Sahne, 100 g Butter,
1 kleines Ei, 50 g Zucker
Schokofüllung:
60 g Butter, 60 g Zucker, 70 g Schokolade
(mindestens 70 % Kakao), 4 Eigelb, 1 Eiweiß

Den Teig aus den Zutaten kneten und eine halbe Stunde ruhen lassen. Sechs Förmchen damit auskleiden.
Butter und Zucker im Wasserbad hell und dick schlagen, die Schokolade schmelzen und zufügen, nacheinander die Eigelb unterrühren. Zum Schluss das steifgeschlagene Eiweiß unterziehen. In die ausgekleideten Förmchen verteilen. Bei 180 Grad etwa 20 Minuten backen.

WEIN & WAHRHEIT

Neustift bei Brixen, Anfang des 12. Jahrhunderts von Augustiner-Chorherren gegründet, hatte eine wechselhafte Geschichte, erfüllt aber bis heute ungebrochen die damals definierten Aufgaben.

Ora et labora. Am Anfang steht das Gebet, die vornehmliche Aufgabe der Augustiner-Chorherren ist die Pflege der Liturgie und die Seelsorge. Mit Arbeit ist für sie die Beschäftigung mit Kunst, Kultur, Bildung und Erziehung gemeint – das Kloster war stets Zentrum des geistigen Lebens in Europa. Heute ist die Klosterschule ein Schülerheim, das noch immer 100 Knaben Platz bietet, allerdings an die staatliche Schule angeschlossen. Neustift war Etappe für nach Rom oder ins Heilige Land reisende Pilger; diese Tradition wird heute als Tourismus- und Schulungszentrum fortgeführt. Finanziert wurde und wird dies mit den Erträgen der stiftseigenen Güter, Felder, Wälder und Weinberge. Für deren Bewirtschaftung wurden stets Laien beschäftigt – Augustiner-Chorherren arbeiten ja nicht praktisch wie die Benediktiner!

WEINSUPPE

Eine wunderbare, magen- und herzerwärmende cremige, duftige Suppe, die ein bisschen aus der Mode gekommen ist – jedenfalls findet man sie kaum mehr irgendwo auf den Speisekarten. Vielleicht, weil der Wein, den man dazu nehmen sollte, nicht der billigste sein darf…?

Für vier bis sechs Personen:
1/2 l kräftige Fleischbrühe, 1/4 l Weißwein (Weißburgunder), 4 Eigelb, 200 g Sahne, Salz, 1 Msp Zimt, Schnittlauch 2-3 Scheiben altbackenes Weißbrot, 2 EL Butter, Zimt zum Bestäuben,

Fleischbrühe und Wein zum Kochen bringen. Unterdessen die Eigelb mit der Sahne verquirlen, dabei salzen und mit Zimt würzen, langsam in die noch nicht kochende Brühe gießen, dabei unermüdlich mit dem Kochlöffel rühren. Ständig weiter erhitzen, die Suppe einmal aufwallen lassen, aber nicht richtig ins Kochen geraten lassen, sonst gerinnen die Eigelb und flocken aus. Die Suppe soll jedoch dick und cremig werden. Abschmecken. Zum Servieren Schnittlauchröllchen darüberstreuen. Sowie Croutons: das Brot würfeln, in der Butter golden rösten und zum Schluß mit einem Hauch Zimt überpudern. Wichtig: Der Zimt darf nur zu ahnen sein, sonst schmeckt die Suppe nach Weihnachten!

Der einst weithin bekannte barocke Klostergarten mit seinen Blumen und Kräutern für Tee (gibt's im Klosterladen) ist wieder nach alten Plänen sorgfältig restauriert. Die gotische Klosterbasilika wurde im Barock mit üppiger Pracht ausgestattet, wie auch die berühmte Stiftsbibliothek. Im Kreuzgang sind noch die gotischen Spitzbögen zu sehen, auch Fresken und Tafelbilder aus jener Zeit. Die Landwirtschaft des Klosters erzeugt Äpfel und Wein. Rund um die Klostermauern stehen auf den nördlichsten Weinbergen Südtirols Silvaner, Kerner und Gewürztraminer; für die Rotweine sind die südlicheren Güter, der Marklhof bei Girlan und Kloster Mariaheim bei Bozen zuständig. Besonders stolz ist Verwalter Urban von Klebelsberg auf die im Barrique ausgebaute Linie Praepositus.

LEBENDIGES BRIXEN

Mit dem prachtvollen Dom, der Pfarrkirche und der bischöflichen Hofburg, daneben den kleinen Gässchen und den anheimelnden Lauben, ist Brixen eine der schönsten Städte Südtirols.

Als Etappe auf dem wichtigsten Pilger- und Handelsweg vom Norden nach Süden liegt Brixen von jeher im Brennpunkt der Geschichte. Am Anfang steht der Meierhof Prichsna: Der deutsche König Ludwig, das Kind, schenkte ihn vor gut 1100 Jahren dem Bistum, das damals noch auf dem Felsen Säben oberhalb von Klausen residierte. Kaum aus Großzügigkeit, durchaus zum Eigennutz, um für die Pilger den Weg über den Brenner sicherer zu machen. Gern verlegte der Bischof seinen Sitz von seinem unbequemen Felsen in das lieblichere Tal, zumal das bald errichtete Münster ebenfalls Sicherheit garantierte, nachdem es mit Mauern umgeben und mit Türmen befestigt worden war. Die Blütezeit setzt 1027 ein, als Kaiser Konrad dem Bistum weitere Grafschaften schenkte (immer zur Sicherung des Alpenübergangs!). Von da an wuchs die Bedeutung des Brixener Klerus, einer von ihnen wurde sogar Papst (Bischof Poppo im Jahr 1048 als Damasus II.). Es siedelten sich Handwerker und Händler um die Domanlage an, die Stadt entwickelte sich mit ihren Gässchen, den Bürger- und Patrizierhäusern und den Laubengängen. Sie ist in ihrer Grundstruktur bis heute so geblieben, obwohl sie unter dem Ansturm der Bauern während des Aufstands von 1525 heftig litt. Im Barock wurden Dom und Hofburg neu angelegt, prachtvoller denn je. Mit ihren Stukkaturen und genialen Fresken (das Deckengemälde misst 250 Quadratmeter), vor allem dem Kreuzgang und seinen großartig ausgemalten Arkaden (Brixener Schule) ist der gesamte Komplex ein außerordentliches Meisterwerk des Tiroler Barock. Jahrhundertelange Erfahrung mit durchreisenden Fremden hat die Brixener weltoffen gemacht und gastfreundlich. Traditionsgasthäuser wie der »Finsterwirt« oder der ehrwürdige »Elephant« mit ihren liebevoll bewahrten Stuben zeugen davon. Und es lässt sich im September vergnüglich überprüfen, wenn auf dem Domplatz Brotmarkt abgehalten wird. Ein Fest, das, weit entfernt von folkloristischem Getöse, einem vergangene Zeiten nahebringen kann.

Schuster Gerhard hat seinen mobilen Laden aufgeschlagen, eine eindrucksvolle Antiquität. Die schöne Altstadt ist zum Brotmarktfest voller Menschen, potentielle Kundschaft! Im Gasthof Elephanten ist in der zirbelholzgetäfelten Stube aufgedeckt. Und die Messingbeschläge am Domportal blitzen frisch poliert.

1
BROTSUPPE

Das ursprüngliche Arme-Leute-Essen gilt heute als originelles Partygericht. In einem ausgehöhlten Brot serviert, dient der Teller als Beilage und erspart obendrein dem Gastgeber den Abwasch.

Für vier bis sechs Personen:
300 g altbackenes Brot (traditionell Vinschger, auch Brezeln, jedes dunkle oder Graubrot, sogar Schüttelbrot), 1 Zwiebel, 1 kleine Möhre, ebensoviel Lauch, 1 Knoblauchzehe, 2 EL Butter, 50 g Speck (in nicht zu dünnen Scheiben), 1 EL Mehl, ca. 1 l Wasser, Salz, Pfeffer, Petersilie

Das Brot würfeln, Zwiebel und Wurzelwerk fein hacken. Die Butter in einem Topf schmelzen, den fein gewürfelten Speck mitdünsten, das Gemüse zufügen und schließlich auch die Brotwürfel mitrösten. Alles mit Mehl bestäuben und unter Rühren durchschwitzen. Wasser angießen, salzen und pfeffern. Etwa eine halbe Stunde sanft köcheln, bis das Brot nahezu aufgelöst ist. Mit dem Pürierstab alles so fein wie gewünscht glatt mixen, die Petersilie mitmixen und nochmals abschmecken. Ein, zwei Löffel Rahm können, müssen aber nicht sein.

Der Brotmarkt, einmal im Jahr, ist ein beliebtes Fest. Die Kinder sehen staunend, wieviel Arbeit nötig ist, bis ein Brot entsteht. Es beginnt mit dem Dreschen, das nicht nur Kraft erfordert, sondern mehr noch den richtigen Rhythmus, damit der Flegel sich nicht in seinem Ledergelenk verheddert und selber bremst. Am dröhnenden, dumpfen Klopfen, mit dem er auf die hölzerne Tenne kracht, kann man schon von weitem hören, ob einer Erfahrung damit hat, wie der Bauer ganz rechts. „Achtzig bin i wor'n«, erzählt er strahlend, »un 's wird allwei no schuhg'plattelt.« Donnerwetter! Das hält offensichtlich fit. Bei Kräften hält natürlich auch der Speck, mit dem sich die Männer stärken. Traditionell wird zuerst eine fingerdicke Scheibe abgeschnitten, diese quer in feine Streifchen. Für diesen Zweck trägt jeder Bauer sein stets sorgsam geschärftes Messer griffbereit im Hosensack. Schüttelbrot dazu und ein Glas Vernatsch – dann ist die Welt wieder in Ordnung.
Das leere Stroh wird gebündelt (rechte Seite, links unten) und zum Trocknen aufgehängt. Man nutzt es zum Dachdecken, für den Strohsack im Bett (statt Matratze) oder, wenn es schön gerade ist, für Strohsterne zu Weihnachten. Das Korn wird ausgesiebt – die Spreu also vom Weizen getrennt oder, wie hier, vom Roggen –, gemahlen und verbacken. Für Festtage zum kunstvoll verzierten Gebildbrot (rechts)

2
SPINAT-TIRTLEN

Die traditionellen Krapfen werden mit Spinat gefüllt, es passt auch Sauerkraut oder eine Topfenfüllung.

Für vier bis sechs Personen:
200 g Roggenmehl, 200 g Dinkel- oder Weizenmehl, 1 EL Öl, Salz, 1 Schuss Grappa, 1 Zwiebel, 1 Knoblauchzehe, 2 EL Butter, 800 g Spinat, Salz, Pfeffer, Muskat, 2-3 EL Rahm Öl oder Butterschmalz zum Ausbacken

Aus beiden Mehlsorten, Öl, Salz und einem Schuss Grappa einen festen Teig kneten. Zur Rolle geformt, in Folie gehüllt eine halbe Stunde ruhen lassen. Dann dünne Scheiben abschneiden, mit dem Nudelholz zum etwa 10 cm großen Kreis auswalzen. Einen guten Löffel Füllung in die Mitte setzen, mit einem zweiten Teigkreis zudecken und rundum gut zukniffen. Die Tirtlen in heißem Fett schwimmend ausbacken.
Zwiebel und Knoblauch für die Füllung fein würfeln und in der Butter andünsten. Den blanchierten, gut ausgedrückten Spinat zufügen. Etwa 5 Minuten dünsten, dabei mit Salz, Pfeffer und Muskat würzen. Den Spinat im Mixer pürieren (fein hacken oder durch den Fleischwolf drehen), etwas Sahne unterrühren und kräftig abschmecken.

Der Teig für Schüttelbrot besteht halb aus Weizen und Roggen und ist flüssiger als sonst. Jeder Teigling wird auf einem Brett geschüttelt (Bild ganz links), so entstehen die typischen Blasen. Schüttelbrot wird erst gegessen, wenn es trocken ist.

3
ZWIEBELKUCHEN

Basis ist ein Brotteig, der Belag sollte nicht zu üppig sein – damit man den Kuchen gut aus der Hand essen kann.

Für eine Springform von 28 cm Durchmesser:
Brotteig:
500 g Weizenmehl Type 550, 20 g Hefe, 1 Prise Zucker, ca. 300 ml lauwarmes Wasser, 2 EL Schweineschmalz, 1 flacher TL Salz, Mehl zum Arbeiten, Butter für das Blech
Zwiebelbelag:
3-4 Zwiebeln, 3 EL Butter, Salz, Pfeffer, 50 g Speck in dünnen Scheiben, 2 Eier, 200 g saure Sahne

Mehl in die Rührschüssel der Küchenmaschine füllen, Hefe mit der Zuckerprise in einer Tasse lauwarmem Wasser auflösen, zum Mehl schütten und mit etwas Mehl vermischen. Zugedeckt 10 Minuten gehen lassen. Erst dann die Maschine einschalten, das warme Schmalz und Salz und langsam so viel Wasser zufügen, bis ein weicher Teig entstanden ist, der sich glatt vom Schüsselrand löst. Mit bemehlten Händen noch mal durchwalken. Zugedeckt eine Stunde gehen lassen. Dann dünn ausrollen und eine ausgefettete Springform damit auskleiden.
Die Zwiebeln für den Belag fein hobeln, in der Butter weich dünsten, ohne Farbe nehmen zu lassen, dabei salzen und pfeffern. Auf dem Teigboden verteilen, den in feine Streifen geschnittenen Speck darauf verstreuen und schließlich die mit dem Rahm verquirlten und gewürzten Eier gleichmäßig darübergießen. Den Kuchen bei 200 Grad etwa 30 bis 35 Minuten backen.

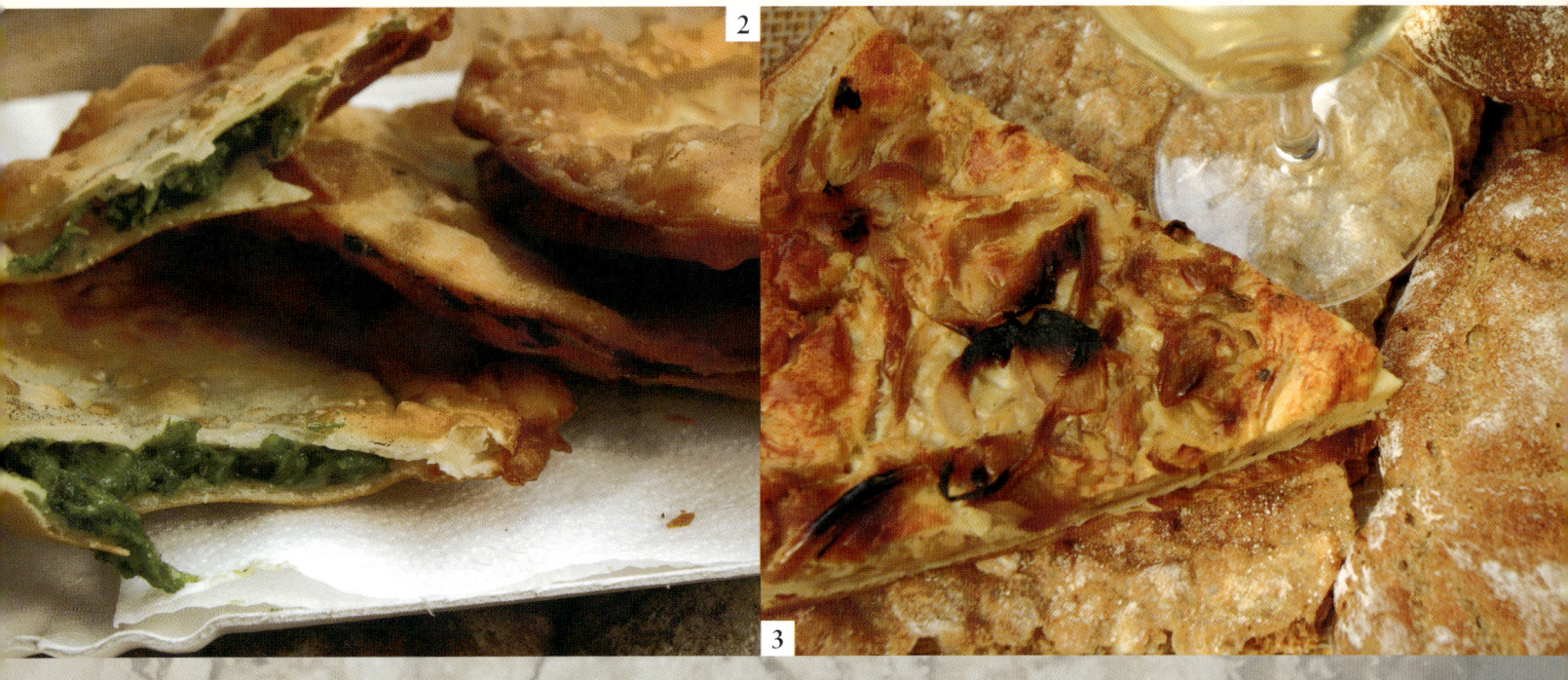

DAS EISACKTAL

scheint eng und wenig attraktiv, braust man auf der Autobahn hindurch. Zwar strebt der Blick hinauf – aber unten kann sich niemand vorstellen, wie ruhig, weit und schön die Welt dort oben ist!

Der Durchgangsverkehr prägt das Tal des Eisack seit Jahrtausenden. Der Brennerpass ist als der kürzeste und niedrigste Alpenübergang seit Urzeiten auch einer der wichtigsten. Hier zogen die Römer nach Norden, um Germanien zu erobern. Auf der von ihnen bestens ausgebauten Straße gelangten dann die Germanen um so schneller in den Süden, um das Römische Reich zu zerstören. Im Mittelalter reisten, immer auf demselben Weg, die Fürsten und Pilger nach Rom zur Kaiserkrönung. Die Römerstraße verlief freilich nicht wie heute Autobahn, Straße und Eisenbahn auf dem teilweise schluchtartigen Talboden, sondern von Kollman über den Ritten nach Bozen hinunter. Noch heute ist dieser Kaiserweg vorhanden, zum größten Teil als Straße ausgebaut. Ihr folgt streckenweise der wunderschöne, als Touristenattraktion eingerichtete Keschtenweg (Weg der Esskastanien), der in Vahrn beginnt und an der durch ihre spätmittelalterlichen Fresken berühmten Burg Runkelstein (Bild rechts) in den Weinbergen bei Bozen endet. Wenn im Herbst die stacheligen Früchte zu Boden fallen und aufplatzend ihre braunen, wie poliert glänzenden Kastanien entlassen, dann bricht die hohe Zeit des Törggelens an: Die Bauernhöfe öffnen ihre Stuben, und allenthalben kann man frisch geröstete Keschten knacken, neuen Sauser und den Wein vom Vorjahr trinken, Speck, Kaminwurzen und Käse vespern. Tirtlen und Krapfen werden frittiert, und es wird gekocht, gebacken und geschmort ... Es wird musiziert und gesungen, die Tiroler sind lustig wie im Lied, und die Touristen auch.

WENN DIE KESCHTEN FALLEN, KOMMT DIE ZEIT DES TÖRGGELEN

Entlang des Keschtenwegs gibt's reichlich Einkehrmöglichkeiten – gleich hinter Feldthurns Richtung Süden den Bio-Hof Radoar von Familie Blasbichler: Die köstlichsten Keschten purzeln brüllend heiß aus dem Feuer der gewaltigen Rösttrommel. Dazu passt der Hofwein, frisch gepresster Apfelsaft oder ein Keschtenbrand; schmeckt fein, aber wenig ausgeprägt nach Kastanien. Unbedingt probieren: den kleinen Steinpepp von einem alten Baum hinter dem Haus, eine lokale Apfelsorte: So geschmackvolle Früchte kann man leider nirgends mehr kaufen! Nicht einmal im gut bestückten Hofladen.

Nur selten bekommt der Gast von den Köstlichkeiten des Waldes angeboten: Pilze. Dabei dürfen die Einheimischen nach bestimmten Regeln sammeln, der Gast hingegen braucht einen Erlaubnisschein. Parasole (Bild Seite 161), Steinpilze und Maronen, Reizker und Täublinge, Butterpilze, Schafseuter und Champignons gedeihen zwar zuhauf, werden aber leider auch in Gaststätten und Restaurants kaum zubereitet – sie gelten, von Pfifferling und Steinpilz abgesehen, noch immer als Armenkost, werden nicht als Delikatesse geschätzt; die isst man zu Hause, den Fremden wagt man sie nicht aufzutischen.

Anders Kastanien: Nachdem man sie jahrzehntelang eher vernachlässigt hatte und sie fast nur noch geröstet gegessen wurden, hat man inzwischen wieder ihr kulinarisches Potenzial entdeckt. Sowohl im Eisacktal als auch in anderen Regionen, etwa auf der Mittelgebirgsstufe von Tisens und Völlan oberhalb Lana, hat man alte Rezepte wieder ausgegraben oder neue Kreationen entwickelt (Seite 170).

Als Goethe nach Italien reiste, fühlte er sich nach dem Überqueren des Brenners erstaunlicherweise bereits in Italien – erst seit 1919 ist es staatliche Realität. Bis dahin war Tirol, das »Land im Gebirge«, eins gewesen, Süd- und Nordtirol nur durch den Alpenkamm getrennt. Geschichte und Kultur sind daher auf beiden Seiten gleich. Sterzing beispielsweise, die erste Stadt nach dem Brenner und bereits zu römischen Zeiten wichtiger Militärstützpunkt, erinnert in seiner Bauweise an die Städte im Inntal. Die hier und in Brixen tätigen Künstler stammten größtenteils aus Oberschwaben und Bayern. Das in den Seitentälern zu Tage geförderte Erz – vor allem Silber und Blei – sorgte für erheblichen Wohlstand; man konnte sich im spätmittelalterlichen Eisacktal die teuersten Künstler leisten und prachtvolle Bauten errichten. Der Wohlstand erwuchs freilich vor allem aus der Bedeutung des Tals als Handelsweg. Das eigentlich nur aus einer Straße bestehende Sterzing, Klausen mit seinem Postkartenmotiv der Klosterburg Säben (Seite 8) und das herrliche Brixen, ganz besonders aber die vielen alten Gasthöfe allerorts zeugen davon.

EIN SCHLOSS ALS SOMMERFRISCHE FÜR DEN BISCHOF

Feldthurns, hoch über dem Eisack, haben sich die Bischöfe von Brixen für ihre Sommerresidenz ausgesucht – das massive, fast wehrhaft wirkende Schloss auf dem Gebirgsabsatz blickt weit hinein in die Dolomiten: Im Vordergrund das Dorf Teis im Villnösstal, bekannt für die Teiser Kugeln, deren Inneres faszinierende Kristalle birgt (im Museum in Teis zu besichtigen), dahinter die Geislergruppe. Dem Bischofsbau sieht man von außen nicht an, wie reich die Zimmer und Säle gestaltet sind, mit komplizierten Paneelen und Schnitzwerk aus Kastanienholz. Der wunderschöne Keschtenweg führt durch sanfte Wiesen, lichte Wälder, Obstplantagen und Weinberge (vor allem Silvaner), vorbei an mächtigen Kastanienbäumen – diese waren in den letzten Jahrzehnten immer mehr in Gebüsch eingewachsen, bekamen dadurch Krebs und gedeihen erst so üppig wie früher, seit sie wieder freigehauen wurden! – bis in die Vernatsch-Weinberge oberhalb von Bozen. Vom Vahrner See wandert man bis dort, gemütlich einkehrend und die atemberaubenden Ausblicke genießend, drei bis vier Tage.

DREI RÄTSELHAFTE KIRCHEN UND ZWEI BESONDERE HOTELS

Alle paar Meilen mussten auf den schwierigen, oft steilen Straßen die Pferde gewechselt werden; die Poststationen und die von jeher komfortablen Gasthöfe – die Kundschaft waren schließlich reiche Handelsherren, Adlige und Regierende! – verfügten daher über geräumige Stallungen und Scheunen. Auch die vielen Burgen fallen auf – sie hatten eine doppelte Funktion: den Durchgang zu garantieren und natürlich Wegzoll zu erheben.

Das mächtigste Handelshaus der damaligen Zeit, die Fugger aus der Wirtschaftsmetropole Augsburg, wickelte einen großen Teil seines Warenverkehrs über diesen Weg ab. Doch es war ein ebenso mutiger wie vorausschauender Kaufmann aus Bozen, Heinrich Kuntner, der mit gewaltigem Aufwand durch die Eisackschlucht einen Weg anlegen ließ, der die Reisezeit enorm verkürzte. Freilich, er kassierte für die Benutzung eine Maut. So wie heute die Betreiber der die Anwohner nervenden Autobahn. Aber wer wollte das Rad der Zeit zurückdrehen, als man von Innsbruck nach Bozen im Sommer zwei ganze Tage unterwegs war? Das ist erst ein halbes Jahrhundert her! Gewiss ist der Verkehr ein Moloch, doch die breite Trasse der Autobahn, die für uns so wichtig ist wie die erste schmale Straße für das Römische Reich, ist eine ebenso große Leistung: Ihre kühnen Brücken und elegant die Hänge entlangschwingenden Kurven können schließlich auch faszinieren.

Zwischen Villanders und Barbian schlängelt sich die schmale Straße den Hang entlang. Auch wenn man aufmerksam nach oben blickt, wird man kaum erkennen, dass auf einem kleinen Absatz im Hang dort ein merkwürdiges Kleinod liegt: drei romanisch-gotische Kirchen. Kein Mensch weiß, was das zu bedeuten hat. Sicher ist, dass der Platz schon in vorgeschichtlicher Zeit ein Heiligtum war – auch, weil direkt unterhalb eine heilträchtige Quelle entspringt. Heute ist aus dem bäuerlichen Heilbad Dreikirchen ein angenehmes Hotel (rechts) geworden, absolut ruhig gelegen, weil autofrei. Man muss hier herauf laufen (eine gute halbe Stunde), sich abholen lassen oder mit dem Taxi hinfahren. Wer die Kirchen besichtigen will, holt sich die Schlüssel im einfacheren Gasthaus Mesnerhof nebenan (ganz rechts unten). Noch weiter oben, auf zwischen den Wald verstreuten Triften, liegen mehrere höchst interessante Häuser, die sich die Familie Settari als Sommerfrische hat bauen lassen – in einem schlichten, von Art Deco und Bauhaus geprägten Stil, der vieles vorwegnimmt, was erst in unseren Tagen wieder mit den ortseigenen Materialien probiert wird. Eines davon, Haus Briol (Bilder rechts oben), wird im Sommer als Hotel geführt – ohne Strom, ohne Bad und WC, aber mit dem Charme früherer Zeiten. Und einem Pool, mitten in der duftenden Wiese!

GENIESSERFREUDEN

Die Gebirgsstufe oberhalb von Lana mit ihren Apfelgärten und Kastanienhainen an der Südflanke des Etschtals, nicht weit von Meran, ist vor allem im Herbst einen Besuch wert.

Von Tisens bis Völlan stehen die schmucken Dörfer in der obersten Reihe über dem Tal in den letzten zwei Oktoberwochen ganz im Zeichen des »Keschtenriggls«. Das ist ein länglicher, an den Seiten spitzer Korb, in dessen bauchige Mitte man direkt aus der Röstpfanne die glühend heißen Kastanien füllt. Durch heftiges Schütteln löst sich deren Schale, und den so freigelegten süßen Kern kann man genüsslich knabbern. Seit jedoch das Kastanienessen vom Lagerfeuer auf der Wiese in die Stube verlegt wurde und keine Wirtin gern in Kastanienschalen watet, ist der Keschtenriggel nur noch Dekoration. Und Symbol für die herbstlichen Kastanienwochen der Region.

Im Gasthof Kirchsteiger in Völlan, genau gegenüber der Kirche, legt der junge Wirt Christian Pircher seinen besonderen Ehrgeiz darin, seine Menüs ganz nach der Jahreszeit auszurichten. Im Frühjahr, etwa der Bärlauchzeit, liegt der Schwerpunkt bei den wilden Kräutern, später folgen Morcheln, dann der Spargel; im Sommer kann sich alles um Tomaten drehen. Natürlich gibt es Apfel- oder Kürbiswochen und zur Keschtenzeit – Ehrensache! – feiert die Kastanie seiner Küche ihre Triumphe.

Pircher hatte schon sehr bald nachdem er die Verantwortung des elterlichen Betriebs übernommen hatte, vom Michelin den wohlverdienten Stern bekommen (als jüngster Koch im Land!). Nach seinen Lehrjahren (unter anderem im Münchner Tantris und bei Johanna Maier in Filzmoos) war er voll Elan zurückgekommen und hatte mit Enthusiasmus die Küche des einfachen Gasthauses umgekrempelt. Die Eltern hatten ihn unterstützt, die Zimmer modernisiert, um den anspruchsvolleren Gästen ihres Sohnes eine adäquate Unterkunft zu bieten. Aber schon nach zwei Jahren hat man ihm den Stern wieder weggenommen. Die Tester fanden es unpassend, dass unter demselben Dach einerseits der dörfliche Gastwirtschaftsbetrieb mit Speck- & Knödelküche (übrigens stets von bester Qualität und ein Vergnügen!) weiterläuft, es die feine Sterneküche nur in der kleinen Stube gibt. Der schüchtern wirkende, wenn es jedoch um seine Küche geht, bei aller Bescheidenheit durchaus selbstbewusste junge Mann trägt's mit Fassung und bleibt bei seiner Philosophie. Wobei ihn seine Freundin, die Sommèliere Lenka Demelova aus Tschechien, mit ansteckender Begeisterung und leidenschaftlichem Feuer geradezu kongenial unterstützt. Die Gäste freut's!

REHCARPACCIO

Inmitten der hauchdünnen Rehfleischscheiben thront ein makelloser Steinpilz, so perfekt, wie frisch im Wald geschnitten. Natürlich ist er eingelegt, und zwar in Essigwasser pochiert und dann mit Olivenöl bedeckt.

Für vier bis sechs Personen:
1 Stück ausgelöster Rehrücken, 1 TL Salz, 1 TL Pfefferkörner,
1 einige Thymianzweige, Olivenöl; Parmesan oder Granakäse,
Salatblätter
Kastanienvinaigrette
3-4 gekochte oder gebackene Kastanien (geschält),
3 EL Apfelessig, Salz, Pfeffer, 4 EL Olivenöl

Das Fleisch sollte zunächst zwei bis drei Tage lang mariniert werden: dafür häuten und sorgfältig parieren. Salz, Pfefferkörner und abgezupfte Thymianblättchen im Mörser fein zerstoßen. Das Fleisch damit rundum fest einreiben, dann mit Olivenöl einreiben und, fest in Klarsichtfolie gewickelt, kalt stellen.
Zum Servieren das Fleisch mit Küchenpapier sauber wischen. Auf der Aufschnittmaschine dünn aufschneiden und auf mit Öl eingepinselten Tellern dachziegelartig zum Kreis auslegen.
Für die Vinaigrette die Kastanien würfeln, mit Essig, Salz, Pfeffer und Öl verrühren. Über die Rehscheiben verteilen. Mit hauchdünnen Spänen von Parmesan oder Grana und mit zerzupften Salatblättern garnieren.

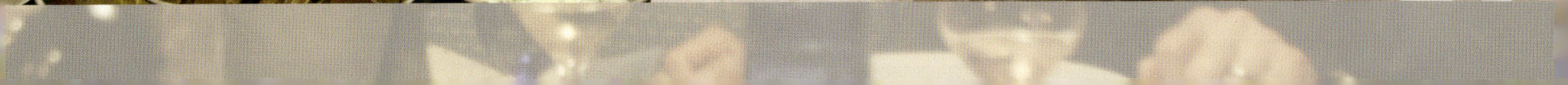

2
KASTANIENNUDELN MIT WILDRAGOUT

Pfiffig, die Pasta aus Kastanienmehl! Allerdings muss man es mit Weizenmehl mischen, sonst bekommt der Teig keine ausreichende Bindung. Die Nudeln haben eine appetitlich braune Farbe und schmecken sanft süßlich – was verblüffend gut zum würzigen Wildragout passt.

Für vier bis sechs Personen:
Kastaniennudeln:
125 g Kastanienmehl, 375 g Weizenmehl, 4 Eier,
1/2 TL Salz, 1 EL Olivenöl
Wildragout:
Ca. 1 kg weniger edle Teile vom Reh (Vorderläufe, Schulter, Bauchlappen, Hals), 2-3 EL Öl, Salz, Pfeffer, 2 Zwiebeln, 1 Knoblauchzehe, je 1 halbe Tasse gewürfelte Möhre, Sellerie, Lauch, Thymian, Lorbeerblatt, eventuell sogar Rosmarin, 1-2 EL Tomatenpüree oder -mark, 3 Wacholderbeeren, 1/2 l kräftiger Weißwein, je 1 EL Hagebuttenmark und Quittengelee

Für den Nudelteig die Zutaten mischen, dabei einen Schuss lauwarmes Wasser zufügen. So lange kneten, bis ein geschmeidiger, fester Teig entstanden ist. Mit der Nudelmaschine auswalzen. Die dünnen Teigblätter etwas antrocknen lassen, bevor sie zu Fettuccine (zentimeterbreiten Bandnudeln) geschnitten werden – so kleben sie nicht so leicht aneinander.
Für das Ragout die Rehstücke in einem breiten, flachen Topf im heißen Öl langsam, aber gründlich anrösten – diese Röststoffe bringen den Geschmack! Dabei salzen und pfeffern, schließlich nacheinander fein gewürfelte Zwiebel und Knoblauch sowie das Gemüse zufügen. Thymian, Lorbeer und Rosmarin zum Sträußchen binden und zufügen. Das Tomatenmark mitrösten und die zerdrückten Wacholderbeeren. Wein angießen, alles zugedeckt etwa eineinhalb Stunden leise schmurgeln lassen. Eventuell einen Schuss Wasser angießen, falls zu viel Flüssigkeit verkocht. Das Fleisch von den Knochen lösen und zentimeterklein würfeln. Die Sauce durch ein Sieb passieren, das Gemüse fest ausdrücken. Alles im Topf mischen. Nun Hagebuttenmark dem Quittengelee unterrühren und abschmecken. Die bissfest gekochte Pasta untermischen und servieren.

3
GEBACKENES EI AUF SPINAT

Selbst wenn gerade keine weißen Trüffeln Saison haben, die Christian Pircher hier drüber gehobelt hat, ein ebenso schönes wie wohlschmeckendes Zwischengericht.

Für vier Personen:
Cremespinat:
1 kleine Zwiebel, 1 Knoblauchzehe, 2 EL Butter, 500 g Spinat, Salz, Pfeffer, 1/8 l Sahne, Muskat
Gebackene Eier:
4 Eier, Essig, Mehl zum Wenden, 1 Ei, Salz, Pfeffer, 3 EL Semmelbrösel, Öl zum Frittieren

Zwiebel und Knoblauch sehr fein hacken und in der Butter weich dünsten. Den blanchierten, gehackten Spinat zufügen und damit innig mischen, dabei salzen und pfeffern. Sahne angießen, zwei Minuten leise köcheln. Mit Muskat würzen.
Die Eier in Essigwasser zwei Minuten pochieren. Mit der Schaumkelle herausheben und abtropfen, in Mehl wenden, dann in verquirltem, mit Salz und Pfeffer gewürztem Ei drehen, und schließlich durch Semmelbrösel ziehen, bis sie überall davon überzogen sind. Kurz vor dem Servieren in heißem Öl schwimmend golden ausbacken. Auf einem Bett von Rahmspinat anrichten und nach Belieben mit weißem Trüffel überhobeln.

4
KALBSRÜCKENSTEAK MIT KASTANIENKRUSTE

Das Fleisch von einem glücklichen Kalb zergeht auf der Zunge, die würzige Kruste schützt es nicht nur vor zu viel Hitze, sondern gibt außerdem ein verführerisches fruchtig-süßliches Aroma.

Für vier Personen:
4 schöne Kalbsrückensteaks (ca. 2 cm dick), 2 EL Olivenöl, Salz, Pfeffer, 1 kleine Zwiebel, 1 EL Butter, Thymian, Petersilie, 4–5 gekochte oder gebackene Kastanien (geschält), 2 Eigelb, Semmelbrösel, Zitronenschale

Die Steaks in einer schweren Pfanne im heißen Öl auf beiden Seiten scharf, aber kurz, höchstens je eine halbe Minute, anbraten, dabei salzen und pfeffern. Auf einem Teller beiseite stellen. Die fein gewürfelte Zwiebel in der Butter andünsten, abgezupfte Thymianblättchen und gehackte Petersilie zufügen, schließlich auch die klein gewürfelten Kastanien. Vom Feuer nehmen, die Eigelb unterrühren und so viel Semmelbrösel, dass eine feste Masse entsteht. Mit Zitronenschale abschmecken, etwas quellen lassen. Gleichmäßig auf die vier Steaks verteilen, dabei schön festdrücken. Kurz vor dem Servieren ganz kurz unter dem Grill bräunen.
Christian Pircher richtet die Steaks auf Lauchgemüse an (einfach in Butter dünsten), gießt etwas Bratensauce an (den Bratenfond mit Weißwein, Kalbsfond und Sahne einkochen) und reicht dazu eine Kartoffelroulade: würziges Kartoffelpüree, in Pfannkuchen eingerollt, quer in zweifingerdicke Scheiben geschnitten und in Butter kross gebraten.

5
KASTANIENMOUSSE MIT KAKI

Verblüffend, wie gut die sanfte Kastanienmousse zur fruchtig-herben Kaki passt. Natürlich ist Voraussetzung, dass man wirklich reife Früchte erwischt, die absolut weich sind und daher alle Adstringenz verloren haben.

Für vier bis sechs Personen:
Kastanienmousse:
200 g gekochte oder gebackene Kastanien (geschält), 1/8 l Milch, 5 EL Zucker, 2 Eigelb, 1 Tütchen Vanillezucker, 3 Gelatineblätter, 200 g Sahne.
Außerdem:
3–4 reife Kaki, eventuell Zucker zum Abschmecken, Zitronensaft

Die Kastanien in der Milch mit etwas Zucker fünf Minuten köcheln, dann im Mixer pürieren und nach Belieben zusätzlich durch ein Sieb streichen. Inzwischen die Eigelb mit dem restlichen Zucker über heißem Wasser dick und heiß schlagen, das Kastanienpüree unterrühren, ebenso den Vanillezucker. In dieser heißen Masse die eingeweichten Gelatineblätter auflösen. Kalt stellen, bis sich eine Straße bildet, wenn man mit der Gabel durchfährt. Schließlich die steifgeschlagene Sahne unterziehen und die Masse endgültig fest werden lassen.
Zum Servieren Nocken abstechen. Auf einem Spiegel von Kakisauce anrichten – dafür die reifen Früchte häuten (die Schale ist papierdünn!), feste Teile in Schnitze teilen, alles zerfließend Weiche mit etwas Zucker und einem Spritzer Zitronensaft mixen und durch ein Sieb streichen. Wie auf dem Photo anrichten. Mit Minze garnieren.

MATTEO THUN

Der Mailänder Designer und Architekt, Mitbegründer der Gruppe Memphis, stammt aus Südtirol. Zwei Hotels hat er hier gebaut, die sich stark und wohltuend von den üblichen Häusern abheben.

*N*ur ein paar Meter von der Bergstation der Seilbahn entfernt, mit der man von Lana in wenigen Minuten auf das 1500 Meter hohe Vigiljoch heraufschwebt, liegt das vigilius mountain resort auf einem Wiesenabsatz, umrahmt von Lärchen. Ein klarer, langgestreckter Baukörper aus Glas und Lärchenholz, filigran und vielschichtig, der den fast magisch erscheinenden Platz nicht besetzt, sondern sich eingliedert in die Struktur der Bergwelt. Eigentlich würde man hier ja ein alpenländisch verschnörkeltes

GERSTENSUPPE

Der Arme-Leute-Eintopf schmeckt wunderbar, wenn man ihn mit gutem Speck ansetzt und eine kräftige Brühe zum Angießen nimmt und zum Schluss noch frisches Gemüse zugibt. Vielleicht klingt auch einfach Gerste irgendwie appetitanregender als das bei uns übliche Wort Graupe …

Für vier bis sechs Personen:
1 Zwiebel, 2 EL Butter, 1–2 Kartoffeln, 100 g Rollgerste, 1 l Fleischbrühe, 250 g durchwachsener Bauchspeck am Stück, Salz, Pfeffer, 2 Möhren, 1 Petersilienwurzel, 1 Stück Sellerie, Petersilie

Die fein gewürfelte Zwiebel in der Butter andünsten, die geriebene Kartoffel zufügen und die Gerste. Mit Brühe auffüllen. Den Speck einlegen, salzen und pfeffern. Etwa zwei Stunden leise köcheln, bis die Gerste weich ist. Dann das Gemüse fein würfeln und in die Suppe rühren. Weitere 30 Minuten alles leise simmern lassen. Den Speck herausfischen, klein würfeln und wieder einrühren. Nochmals abschmecken und mit fein gehackter Petersilie bestreut in tiefen Tellern servieren.

Auf der Terrasse und in der Stube Ida aus 300 Jahre altem Holz gibt's einfache Südtiroler Küche, im Restaurant 1500 kreative Kompositionen mit mediterranem Einschlag; außerdem eine großartige Weinauswahl. Überall brennen Kamine, in den 35 Zimmern sorgt eine beheizte Lehmwand zwischen Raum und Bad für wohlige Behaglichkeit.

Haus erwarten, verziert mit Schnitzereien, mit zünftig karierten Tischdecken und von Industriespitzen gesäumten Gardinen, Trockenblumenstrauß in der falschen Zinnvase und anderem Schnickschnack aus dem Reservoir jenes unsäglichen Lederhosenstils, aus dem die Mehrzahl der Südtiroler Gasthöfe und Hotels sich mit Freuden bedient.

Matteo Thun und der Bauherr Ulrich Ladurner – im pharmazeutischen Bereich erfolgreicher Unternehmer aus Meran, bereits seit seiner Jugend in den Platz verliebt – hatten sich entschlossen, das bereits seit Anfang des letzten Jahrhunderts bestehende Gasthaus abzureißen und etwas ganz Neues zu bauen: Ein Luxusresort in absoluter Stille, ohne Autos und ohne Zivilisationslärm. Mit Spa, Pool, Liegeterrasse und guten Restaurants, damit man sich rundum geborgen fühlt. Ein Haus, aus dem heraus man die Natur nicht nur betrachtet, sondern sich als Teil von ihr erleben kann. Alles ökologisch und ökonomisch in die Gegebenheiten des Ortes integriert. Wenn Natur für den modernen Städter Freiheit bedeutet, hier kann er sich wahrhaft frei empfinden!

Ruth und Josef Innerhofer, der mit Einbauküchen handelt, wollten auf ihrem Grundstück in den Weinbergen oberhalb von Algund zunächst ein Hotel der üblichen Art bauen. Dann trafen sie Matteo Thun. Der machte ihnen einen Plan, in dem das Haus flach den Hang entlang verläuft, sich in die Rebzeilen integriert und die Form der traditionellen Pergeln über den Terrassen aufnimmt. Sie waren skeptisch, aber willigten ein – jetzt sind sie glücklich mit ihrem Pergola Residence, dessen Wohnungen mit oder ohne Hotelservice vermietet werden, für Tage, Wochen oder Monate. Freilich war es nicht einfach gewesen, eine Baugenehmigung zu erhalten – zu kühn war den Einheimischen der Plan. Aber es gelang, und heute ist man stolz auf das Objekt, das auch ganz andere als die normalen Pensionsgäste in den Ort zieht.

Ruth Innerhofer, ehemals Gemeindesekretärin, zeigt ihr Reich, von dem aus man einen herrlichen Blick über Algund, Meran und das Burggrafenamt genießt. Die Pergolen müssen noch mit Reben zuwachsen. Das Holz für die geleimten Balken kommt aus Vorarlberg, wurde nach den Mondphasen geschlagen, damit es nicht arbeitet und die riesigen Isolierglasfenster sprengt. Die Stube zeigt, wie auch ohne Zierrat Gemütlichkeit entstehen kann. Bis in die Details stammt alles von Matteo Thun – ein wenig teurer als üblich, aber stimmiger und schöner!

BUSCHENSCHÄNKEN

haben in Tirol bereits im Mittelalter Tradition. Die Winzer bekamen vom Lehnsherrn das Recht, einen Teil ihres Weines selbst auszuschenken. Markenzeichen war ein Büschel Zweige an der Tür.

*I*n Österreich galt seit 1843 ein eigenes Buschenschankrecht; als Südtirol zu Italien kam, geriet die Kultur zunächst in Vergessenheit. Erst mit dem Aufblühen des Tourismus besannen sich die Bauern wieder auf ihr Recht. Heute sind die Regeln dafür im Landesgesetz festgeschrieben. Und mittlerweile listet sogar ein eigener Feinschmeckerführer die besten und schönsten unter den Buschenschänken auf. Wohlgemerkt: Es handelt sich nicht um Restaurants. Man ist zu Gast beim Bauern, sitzt in seinen privaten Stuben, und es werden fast ausschließlich eigene Produkte aufgetischt. Oft nur auf Vorbestellung, immer zu reglementierten Zeiten.

Eine Buschenschänke ganz besonderer Art ist der Schnalshuberhof in Oberplars, westlich von Algund. Das etwa 700 Jahre alte, denkmalgeschützte Bauernhaus mit dem schönen Ziehbrunnen davor liegt sehr versteckt. Man steigt eine enge Treppe hoch, muss klingeln, drinnen zwei bemerkenswert schöne Stuben. Alles ist perfekt gedeckt, wenn die angemeldeten Gäste kommen, und das Menü steht ebenfalls fest.

Christian Pinggera, der junge Wirt, empfängt die Gäste, mit der Burggräfler Bauernschürze angetan, die sich von der Tiroler Schürze deutlich unterscheidet (werktags in Blau, am Sonntag weiß!): Sie wird maßgeschneidert, denn der gerade Latz muss die Brust hoch reichen, das Schürzenteil sogar übers Knie; es wird reich gefältelt angesetzt und auf dem Rücken mit großem Schloaß (Schleife) trickreich gebunden. Mutter Rosi hat gekocht, vorzüglich das ganze Südtiroler Repertoire, von Schlutzkrapfen über Rippelen oder Schweinernes im Kraut, gewaltige Knödel aller Art und knusprige Krapfen. Vater Hans, eigentlich ein Künstler (dessen Bilder die Stuben schmücken; die wunderschöne jahrhundertealte Sonnenuhr am Haus hat er einfühlsam restauriert), unterhält lieber die Gäste. Den Bauernhof, dessen Produkte hier verzehrt werden, hat nämlich sein Sohn bestens im Griff. Der ist mit Leidenschaft dabei, schon von Kindheit an hat ihn die Landwirtschaft interessiert. Längst tauscht er sich über die Grenzen hinweg mit Gleichgesinnten aus, holt sich Ideen für immer neue Experimente. Beim Wein (besonders stolz ist er auf den im Barrique gereiften Merlot), beim Brennen – seiner ganzen Liebe (nicht nur Äpfel, Birnen, Trester, auch ein Zitronen- und Orangenbrand mit Früchten von sizilianischen Freunden!). Oder die Sirupe und Säfte (von Melisse über Minze bis Holunder)! Dass er rein biologisch arbeitet, ist für ihn völlig selbstverständlich. Aber er hat es lieber, wenn die Gäste nicht aus weltanschaulichen Gründen zu ihm kommen, sondern weil es ihnen schmeckt.

Als die Stube renoviert wurde, kam unter der Tapete die Unterlage hervor: Zeitungen von 1871, noch immer lesbar! Natürlich hat man sie als Kuriosum sorgsam konserviert. Christian schneidet fachmännisch seinen Speck, der im Weinkeller hängend reift; dass dieser zum Besten weit und breit gehört, ist ihm klar – bei aller Bescheidenheit!

BIO-BAUER-PASSION

Josef Kröss ist ein Wahnsinniger! Was er versucht und zu Erfolg geführt hat, widerspricht allen Lehrmeinungen. Aber er hat auch Opfer bringen müssen – und 15-Stunden-Tage sind die Regel.

»Was die EU alles Bio nennt«, sagt Josef Kröss gelassen, aber bestimmt, »das ist doch nur eine abgemilderte Form der ›konventionellen‹ Landwirtschaft: Es werden Symptome bekämpft!« Er hat keine Lust, mit den durchaus erlaubten 20 bis 25 Schwefel- und Kupferspritzungen alles niederzukämpfen, was ja auch Natur ist: »Da wird der Schorf vernichtet, aber die acht natürlichen Gegenspieler dieser Pilzkrankheit eben auch... Damit ist alles aus seinem Gleichgewicht! Und das so häufig verwendete Wort ›naturnah‹ besagt ja, dass es genau nicht mit reiner Natur zugeht...« Deshalb hat der Jungbauer vom Töllerhof mitten in Algund vor 20 Jahren die Notbremse gezogen. Er bewirtschaftet seine (und zugepachtete) sechs Hektar Land alternativ: Apfelbäume, Birnen, Kirschen, Pfirsiche und Feigen, ein paar Weintrauben, einige Felder mit vielerlei Gemüse auch im Folientunnel. Und schließlich zieht er Schweine auf.

Als er mit jeglicher Behandlung der bis dahin stets im konventionellen Anbau gehaltenen Bäume aufhörte, sahen diese binnen Monatsfrist erbärmlich aus: Die Blätter zerfressen und grau, die Äpfel fleckig und voller Würmer, an Blättern und Zweigen Ungeziefer. Schildläuse hatten sich eingenistet und vernichteten sogar das Cambium, die für das Wachstum nötige Schicht zwischen Holz und Rinde, was als irreversible Schädigung gilt – eine Katastrophe bahnte sich an.

Aber er gab nicht auf: Er wusste, dass eine Übergangszeit nötig ist, in der die Pflanzen sich kräftigen müssen, bis sich ein Gleichgewicht unter den natürlichen Schädlingen und ihren Widersachern einstellt. Und er wusste, wie wichtig die Bodenbearbeitung ist (siehe Seite 26): Düngung, Lockerung, Durchlüftung. Aber er ahnte nicht, dass es acht Jahre dauern würde, bis seine Bäume wieder schöne und viele Äpfel liefern würden. Immer wieder gab es Rückschläge, Krankheiten, Schädlingsbefall. Er holte Marienkäfer, Florfliegen und Raubmilben gegen Schadinsekten, brachte Nistkästen an, damit die Vögel die Spinner, Rüssler und Stecher vertilgen, ehe sie Schaden anrichten. Der Boden wurde gelockert, mit Gesteinsmehlen und Kompost angereichert, Regenwürmer eingesetzt.

Den großen Durchbruch erzielte er jedoch mit Schweinen: Sie pflügen mit ihrem Rüssel den Boden unter den Apfelbäumen regelrecht um, rücken den Schädlingen und Pflanzen zu Leibe, die man nicht

ZURÜCK ZU DEN BEWÄHRTEN SCHNITTMETHODEN

will, aber traditionellen Methoden widerstehen – wie dem Giersch, dem man mit Hacken nicht beikommt, weil jedes Wurzelstückchen neu austreibt und den Boden so verfilzt, dass die Bäume leiden. Die Schweine graben die Wurzeln hingegen säuberlich aus und fressen sie mit Vergnügen! Gleichzeitig düngen sie... Und wenn alles nach ein paar Tagen gesäubert und gelockert ist, lässt er die Schweine auf die nächste Obstwiese. Die arbeiten weiter und fressen sich dicker...

Josef Kröss hingegen sät den Boden neu an, mit Gras oder mit die Erde anreichernden Pflanzen wie Phacelia oder Erbsen. Der so behandelte Boden gibt Kraft und sogar das verlorene Cambium bildet sich neu – was nach Lehrmeinung unmöglich ist! Freilich macht das mehr Arbeit, als auf dem Traktor mit Kreiselmäher oder Fräse durch die Reihen zu fahren, doch die Bäume gedeihen seither bestens. Die Äpfel geben Josef Kröss recht: Sie sehen schön aus, halten besser und schmecken umwerfend gut und intensiv!

Sein Erfolg? Als er auf seine Apfeletiketten schrieb »ohne Kupfer und Schwefel«, warfen ihn die Bio-Läden aus dem Sortiment: Weil er damit kund tat, dass ›normale‹ Bio-Äpfel doch gespritzt werden! Passion heißt zwar Leidenschaft – aber auch Leiden...

Malerisch trocknen einige Roggengarben ungedroschen – für die Weihnachtsdekoration! Die Äpfel machen mehr Arbeit: Josef Kröss musste lernen, seine Bäume anders zu beschneiden als in den Plantagen: Die so genannten Wasserschossen, die starken, gerade nach oben strebenden Triebe, lässt er nun zum Teil stehen und sich verzweigen. An ihnen gedeihen am drei- bis fünfjährigen Holz gut versorgte, deshalb krankheitsresistente und schöne, große Äpfel. Kröss schneidet die Bäume also nicht mehr zurück, sondern lichtet sie nur aus – wie man es früher gemacht hat, vor der Industrialisierung der Landwirtschaft. Allerdings lassen sie sich nicht mehr vom Boden aus pflücken. Kröss muss eine Loan erklettern, die typische Südtiroler Leiter, die einfach in die starken Äste gelehnt werden kann. Das sichere Stellen und Besteigen will jedoch gelernt sein und geht mächtig in die Waden! Den Unterschied zwischen den konventionellen Reihen und den hohen Bäumen von Kröss kann man auf Seite 178 schön sehen. Diese Erziehungsmethode bekommt erstaunlicherweise den neuen Sorten (Kröss hat neben den frühen, hocharomatischen Gravensteinern hauptsächlich Golden und Red Delicious, Granny Smith, Gloster, Morgenduft) ebenso gut wie den alten – etwa dem kleinen, rotbackigen, frisch-säuerlich schmeckenden Kalterer. Auf Seite 179 hält Josef Kröss einige Calville in seiner Schürze, eine empfindliche, fast ausgestorbene Sorte, die vor hundert Jahren den Ruhm der Südtiroler Äpfel begründete.

WER SCHWEINE HAT, BRAUCHT NICHT ZU PFLÜGEN

Josef Kröss hatte schon immer ein paar der üblichen Hausschweine im Stall, die mit den Abfällen seiner Produktion gefüttert wurden. Aber er fand die Qualität ihres Fleisches nicht aufregend, sie waren ihm auch zu mager, nervös und krankheitsanfällig. Da hörte er von einer fast ausgestorbenen Rasse, den Turopolje aus Kroatien, von denen einige vor dem Krieg nach Österreich gebracht worden waren. Er besorgte sich ein paar dieser reichlich aromatisches Fett ansetzenden Tiere, deren Speck einfach umwerfend gut schmeckt. Zwar hat er hierfür Liebhaber genug, aber manche Kunden ziehen ein weniger fettes Fleisch vor. Er kreuzt deshalb einige Turopolje mit kanadischen Duroc, wodurch sie ein kernigeres Fleisch bekommen, mit längerer und nicht ganz so fetter Rückenpartie. Alle diese Tiere sind intelligent, zutraulich, quicklebendig und kerngesund und übertreiben die alte Weisheit »An apple a day keeps the doctor away« mit größter Lust und Erfolg. Der leidenschaftliche Landwirt Kröss möchte sich nicht spezialisieren — und so bietet er seinen Kunden ganzjährig etwas an (und braucht dafür natürlich doch einen Pflug!): Aus dem Folientunnel im Frühjahr und Herbst zarte Gemüse, Salate und Kräuter. In der Saison gibt es jung geerntete Möhren und Kohlsorten, Erbsen und Bohnen, für den Winter werden Kürbisse, Rüben, Kohl und Zwiebeln eingekellert, und Kartoffeln: Sie aus dem überwucherten Feld zu hacken, ist beschwerlich — aber das Wort »Unkraut« kennt ein Bio-Bauer nicht!

AUFSTIEG UND FALL

Erst prächtige Residenzstadt der Grafen von Tirol, dann abgelegenes Kuhdorf, schließlich eleganter Kurort: Meran hat schon vor seiner Eroberung durch den Massentourismus viel erlebt!

Wenn nördlich der Alpen das nasse Schmuddelwetter begann, reisten im 19. Jahrhundert Kaiser und Könige, Adel und Großbürgertum über die Alpen in die Sonne: nach Meran zur Traubenkur. Prächtige Burgen, Schlösser und Ansitze, Hotels, elegante Pensionen, Kurhaus und Theater (oben Mitte) zeugen von der Glanzzeit der Stadt. »Österreichisches Nizza« nannte sie sich, weil der Talkessel so geschützt unter den hohen Bergen liegt, dass hier mitten in den Alpen Palmen und mediterrane Pflanzen gedeihen.

Und heute? Blickt man zum Beispiel vom ebenfalls durch Neubauten reichlich verschandelten Schenna hinunter, ahnt man, wie schön es hier einmal war! Doch inzwischen ist die Landschaft zersiedelt – Kastenhäuser mit geschmackloser Holzverkleidung, einfallslose oder überladene Hotels und Pensionen allenthalben. Ein modernes Wohnhaus wie »das Auge« des Architekten Erich Erlacher blieb bislang die Ausnahme. Doch das soll sich ändern – Merans Stadtverwaltung unternimmt große Anstrengungen, um das Image als Rentner-Paradies los zu werden und ein jugendlicheres, finanzkräftigeres Publikum mit Zukunft zu gewinnen. Mehrere Bauprojekte, darunter auch ein Glaspalast von Matteo Thun, sollen die optische Erscheinung ändern. Dies ist auch dringend nötig, denn durch die Lauben mit nur wenigen eleganten Geschäften schieben sich eher unpassend bekleidete Massen als eine elegante Gesellschaft, in Dorf Tirol speien Karawanen von Bussen ihre Ladungen in die falschen Törggelenstuben.

Daneben gibt es freilich auch Lichtblicke – etwa die Gastwirtschaft im Schloss Thurnstein, von wo aus man einen herrlichen Blick auf Schloss Tirol genießt (rechts). Eine neue Attraktion sind der Botanische Garten von Schloss Trauttmansdorff (Bild darunter, hier weilte Kaiserin Sisi zur Kur) in Obermais. Und natürlich locken die vielen luxuriösen und exklusiven Schlosshotels in der Umgebung zum Bleiben.

Sieben Kilometer von Meran, auf einer zunächst steilen und schmalen, dann herrliche Ausblicke bietenden Straße zu erreichen, liegt Schloss Fragsburg (ganz rechts) zwischen den Weinbergen auf einem Absatz über dem Etschtal: absolute Ruhe, ein traumhafter Blick in den Talkessel, ein schönes, helles Restaurant mit kühner Panoramaterrasse, gute Küche und freundlicher Service, große, angenehm eingerichtete Zimmer – man braucht nicht viel Phantasie, um sich hier vorzukommen wie zu Gast auf einem eleganten Jagdsitz in der guten alten Zeit…

BESTER TRAMINER

Ob die Traminerrebe tatsächlich aus dem Dorf Tramin stammt, weiß man nicht genau. Aber dass der Traminer hier besonders gut gedeiht, ist sicher: Das beweist Willi Stürz mit seinen Genossen!

Rund zwei Drittel des Südtiroler Weins wird von Genossenschaften produziert. Sie wurden Ende des 19. Jahrhunderts gegründet, um dem Druck der Kellereien und Weinhändler entgegenzuwirken und den kleinen bäuerlichen Winzern das Überleben zu sichern. Die schönsten Ansitze und besten Weinberge befanden sich ja in adligem oder kirchlichem Besitz – die bayerischen und oberschwäbischen Klöster hatten seit Jahrhunderten hier einen Weinhof und kelterten gute Tropfen. Die Genossenschaften setzten daher mehr auf das gängige Glas zum Essen, den süffigen Alltagswein. Einziges qualitatives Kriterium war der Zuckergehalt, die Öchslegrade. Wir kennen diese Entwicklung aus Deutschland: Die Weine wurden immer dünner, billiger, schlechter. Da begannen die Genossenschaften, sich um die Winzer zu kümmern: Beratung bei der Weinbergspflege und Lese, welche Sorten auf welchen Böden und in welchen Lagen mit Aussicht auf gute Qualität gepflanzt werden sollen, welche Klone, welche Erziehungsform (Rahmen oder Pergel). Nicht Menge steht seither im Vordergrund, sondern Qualität.

Willi Stürz, Kellermeister der Traminer Genossenschaft, ist ein kräftiger Mann, gelassen, wach, bestimmt. Seine natürliche Autorität wird durch kein Lächeln aufgeheitert. Er genießt höchsten Respekt, bei den Kollegen wie bei seinen 280 Mitgliedern, die 220 Hektar Rebfläche bewirtschaften. Darunter auch ein Klosterhof und adlige Ansitze, was der Qualität zugute kommt. 1970 vereinigte sich die Traminer Genossenschaft mit der Neumarkter, weshalb man

Charakteristisch für Traminer oder Gewürztraminer: die rot-goldene, stark ins Violette spielende Farbe der Schale. Die an klassischen Pergeln gezogenen Trauben geben einen feinfruchtigen, schneller trinkfertigen Wein als die am Drahtrahmen gezogenen, der Zuckergehalt ist eher höher, die Lese meist später, weil die Trauben im Schatten hängen. Aber es kommt auch auf den Boden an: Lehmige Lagen bringen mächtige, aber verhaltenere Weine, die ein längeres Entwicklungpotential haben, schottrige Böden betonen die duftigen, floralen Noten. Er wird hier nicht so süß wie im Elsass ausgebaut, soll zum Essen passen. Auch die blauen Trauben sind »weiße«: Grauburgunder (Ruländer) bei dem einzelne Beeren grün mutieren. Rechts Weißburgunder.

auch beste Rotweinlagen auf der anderen Talseite hat, vor allem für den Spätburgunder in Mazzon.
Vor dreißig Jahren waren 70 Prozent der Rebfläche mit Vernatsch (in Deutschland als Trollinger bekannt) bepflanzt, dem idealen Massenträger. Heute sind es nur noch 35 Prozent, wovon der größte Teil als Literware vermarktet wird. In 0,75-l-Flaschen füllt Stürz nur Weine hoher Qualität, was dem Renommee gut tut. Die Traminerfläche hat sich im übrigen fast verdreifacht: Oberhalb des Dorfes und bei Söll gedeihen zwischen 350 und 450 Metern Höhe die besten Traminer. Hier liegt auch der Nussbaumerhof, nach dem der beste Gewürztraminer benannt wurde. Was aber, wenn ein solcher Spitzenwein in größerer Menge gekeltert werden kann, aber nicht mehr alle der Trauben von diesem Hof kommen? Üblicherweise hat man nichts geändert, belässt es bei dem Hofnamen. »Das ist«, sagt Willi Stürz, »eine Täuschung des Kunden, der einen Hof- oder Lagenwein erwartet.« Deshalb hat er das ›hof‹ inzwischen weggelassen: Die Premium-Linie mit durchweg großartigen Weinen heißt jetzt »Nussbaumer« (Gewürztraminer), »Unterebner« (Ruländer), »Freisinger« (Vernatsch), »Schießstand« (Blauburgunder), »Urban« (Lagrein). Eine Aufrichtigkeit, die dem Kellermeister entspricht, der weiterhin ernst in die Welt blickt. Dabei hätte er gut lachen – gewinnen doch Weine von ihm regelmäßig drei Gläser im Gambero Rosso, dem Weinführer. Der »Nussbaumer« ist immer dabei!

Die Traubenkontrolle ist Willi Stürz' wichtigste Arbeit im Herbst: Im Weinberg werden Reifestadium und Gesundheitszustand überprüft. Diese Traminertrauben bleiben noch 14 Tage hängen, obwohl sie bereits 110 Grad Öchsle haben. Sie werden ihre Säure behalten, nicht mehr viel Zucker zulegen, aber ausreifen – Trauben für den Nussbaumer! Qualitätskontrolle auch bei der Anlieferung: Eine Spindel entnimmt an drei Stellen Traubenmaterial, entsaftet die Beeren und leitet den Saft ins Labor. Willi Stürz begutachtet eine Ladung Vernatsch: Die Finger ertasten die Schalenkonsistenz, die Nase forscht nach flüchtiger Säure (Essigstich), die Zähne prüfen, ob die Kerne ausreichend fest und verholzt, die Beeren also richtig reif sind.

DORFNERHOF

Durch das enge Dorfgässchen des Weinorts geht's in ein schmales Tal. Die gewundene Straße endet am Fuß des Trudner Horns in Gschnon, bei einem Gasthaus.

Sind wir noch richtig? Eigentlich möchten wir aufgeben, aber nach jeder dieser engen Kurven geht es weiter. Bis endlich das Gasthaus in den Blick rückt, mitten auf der Straße versperrt es sozusagen die Weiterfahrt. Hier ist die Welt zu Ende.
Den Dorfnerhof hat uns Peter Dipoli (Seite 92) empfohlen, sein Lieblingsgasthaus, weil ursprünglich und wahr. Auf der traumhaft schön, hoch über dem Tal gelegenen Terrasse mit weitem Blick tafelt am Nebentisch eine bereits beschwingte Truppe Italiener. Ihr Südtiroler Gastgeber, uns als Ausländer erkennend, nicht ahnend, dass wir ihn verstehen, macht sich lustig über die Deutschen und deren Geiz: »Morgens stopfen sie sich am Frühstücksbüfett die Taschen voll, dann wandern sie den ganzen Tag. Am Abend trinken sie Cappuccino, und gehen dann ins Bett.« Seine Gäste lachen herzlich und geben sich mit Lust der Tafel hin. Nach dem Antipasto, einer Speckplatte von gewaltigen Ausmaßen, vertilgt jeder eine Riesenportion Gnocchi mit viel Fleisch im Sugo. Es folgt noch Hirschragout, dazu für jeden mindestens zwei enorme Knödel. Dazu fließt üppig der Wein. Und als wir es ihnen nachtun, ihnen schließlich in ihrer Sprache zuprosten, lachen sie vergnügt und meinen: »Ausnahmen bestätigen die Regel!«

1
FRITTATENSUPPE

Zuppa celestina, sozusagen himmlische Suppe, nennt man sie auf Italienisch, und das mit Recht: Die flaumig-duftigen Pfannkuchenstreifen in der kraftvollen Consommé sind wirklich ein wunderbarer Genuss!

Für vier bis sechs Personen:
1 l kräftige Fleischbrühe, Muskat, Schnittlauch
Pfannkuchen:
3 Eier, 1 Eigelb, 150 g Mehl, knapp 1/8 l Mineralwasser, 1/4 l Milch, Salz, Butterschmalz oder eine Speckschwarte zum Backen

Eier, Eigelb und Mehl gründlich verquirlen, Wasser und Milch zufügen und mit dem Schneebesen zu einem glatten und sehr flüssigen Teig schlagen, dabei salzen. Eine halbe Stunde quellen lassen. Dann in wenig Butterschmalz oder dem Fett einer Speckschwarte, mit dem die Pfanne ausgerieben wird, möglichst dünne Pfannkuchen backen. Die Pfannkuchen aufrollen, in feine Streifen schneiden und in Suppenteller verteilen. Mit der heißen, gut abgeschmeckten Brühe (etwas Muskat!) auffüllen. Schnittlauchröllchen darübergeben und heiß servieren.

2
KÄSEKNÖDEL IN LAUCHRAHM

Die klassischen Semmelknödel, statt mit Speck zur Abwechslung mit Käse. Serviert in einer federleichten Sahnesauce, mit Lauchstreifen und Möhrenwürfeln. Sieht hübsch aus und schmeckt wunderbar!

Für vier Personen:
Knödel:
250 g Knödelbrot (oder altbackene Semmeln in dünnen Scheiben), ca. 1/8 l Milch, Salz, Pfeffer, 1 Zwiebel, 2 EL Butter, 2-3 Eier, 150 g Bergkäse, Petersilie
Lauchrahmsauce:
1 Lauchstange, 1 Möhre, 2 EL Butter, 1 Tasse Brühe, Salz, Pfeffer, 1/4 l Sahne, Zitronensaft, Muskat

Das Knödelbrot in einer Schüssel mit heißer Milch benetzen und einweichen (Brötchen in feine Scheiben oder sogar Würfel schneiden). Nicht alles auf einmal hineinschütten – wie viel man braucht, hängt von der Beschaffenheit, vor allem der Trockenheit des Knödelbrots ab!
Salzen, pfeffern. Die sehr fein gewürfelte und in Butter weich gedünstete Zwiebel zufügen, außerdem die Eier, fein gehackte Petersilie sowie den in Würfel geschnittenen Käse. Gründlich mischen und eine halbe Stunde durchziehen lassen.
Tischtennisballgroße Knödel formen, mit angefeuchteten Händen schön glatt streichen. In leise siedendem Wasser 15 bis 20 Minuten gar ziehen lassen. Lauch und Möhre putzen, in feine Ringe beziehungsweise Würfel schneiden und in der Butter andünsten. Mit Brühe bedecken und einige Minuten bissfest kochen, dabei salzen und pfeffern. Sahne angießen und etwas einkochen. Die Sauce schließlich mit einem Spritzer Zitronensaft und Muskat abschmecken.

3
OCHSENMAULSALAT

Das gekochte, gepresste Ochsenmaul muss man sich vom Metzger schön dünn aufschneiden lassen, dann ist der Salat im Handumdrehen gemacht.

Für vier Personen:
400 g Ochsenmaul, 1-2 junge Zwiebeln oder Schalotten, eventuell 1-2 gekochte Möhren (kann man auch mit gekochtem Knollensellerie oder Stangensellerie ersetzen), 2 EL Rotweinessig, 1-2 EL Balsamico, Salz, Pfeffer, 4 EL Olivenöl, Petersilie

Das Ochsenmaul in Quadrate schneiden, Zwiebeln (Schalotten) fein würfeln. Auch das Gemüse klein schneiden, in einer Schüssel mischen. Mit Essig, Salz, Pfeffer, Olivenöl und Petersilie anmachen.

4
GESCHMOLZENER KÄSE MIT EI

Schmeckt unglaublich gut, der würzige Bergkäse, sanft in der Pfanne geschmolzen und dann mit dem langsam stockenden Ei behutsam vermischt. Einsiedlers Leibspeise!

Für zwei Personen:
200 g Bergkäse in Scheiben, 3-4 Eier, Salz, Pfeffer, nach Belieben etwas Kümmel, Delikatesspaprika

Die Käsescheiben in einer großen, möglichst beschichteten Pfanne ausbreiten und auf mittlerer Hitze schmelzen. Inzwischen die Eier in einer Schüssel verquirlen, salzen, pfeffern, mit Kümmel und Paprika würzen – eventuell auch mit Muskat! Erst dann in die Pfanne gießen, wenn der Käse geschmolzen ist und jetzt mit dem Rührspatel alles gleichmäßig mischen. Auf keinen Fall fest werden lassen! Sofort auf vorgewärmte Teller verteilen und servieren. Dazu passen Bratkartoffeln und ein grüner Salat!

LAUBENWIRTSCHAFT

Neumarkt im Unterland ist ein entzückender Ort. Am schönsten die Hauptstraße, gesäumt von liebevoll herausgeputzten Häusern, mit ihren blumenreichen Erkern und den heimeligen Lauben.

Der Ortskern ist für den Durchgangsverkehr gesperrt und so ist die Straße, an manchen Stellen breit und ausladend wie ein Platz, sozusagen das Wohnzimmer der Stadt. Am großen Brunnen gabelt sich die Laubengasse, gleich links befindet sich die Enoteca Johnson & Dipoli. Vor dem Eingang unter den Arkaden sind antike Bugholzmöbel aufgestellt, wunderschönes Kaffeehausmobiliar, als wären wir in Wien. Drinnen die Bar, winzig! Mit milchkaffeefarbenem Marmor ausgekleidet, nur der verspiegelte Tresen und drei, vier kleine Tischchen, die ganze Wand hinten ein einziges riesiges Weinregal. Rechts das Nebenzimmer, hier haben auch nur an zwei Tischen acht, zusammengerückt vielleicht auch zwölf Personen Platz. Enzo, der Wirt, ist flink zur Stelle, bietet Platz, stellt einen Aperitif auf den Tisch, noch bevor man sitzt, taxiert mit viel Erfahrung den neuen Gast und liest ihm die Wünsche von den Augen ab, bevor der sie formulieren kann. Sein Weinkeller ist schier unerschöpflich, natürlich nicht nur mit Weinen der Region, er bietet alles, was in der Weinwelt Rang und Namen hat, lässt auch gern probieren – stets im passenden Riedelglas, versteht sich. Spaß macht es ihm, die Gäste raten zu lassen, was er verdeckt einschenkt, und wenn sie ihrerseits daran Vergnügen haben und Sachkunde zeigen, freut er sich wie ein Kind. Bereits mit zwölf, erzählt er, hat er in der Pizzeria mitgeholfen, heimlich nach der Schule. Seine Augen leuchten geradezu, wenn er erzählt, wie stolz er war, als er nach einer Weile die Pizzen selbst belegen durfte. Und wie er da gelernt hat, mit Lebensmitteln behutsam umzugehen, dass man Schinken zum Beispiel nicht drapieren darf, sondern die hauchdünnen Scheiben locker auf die Platte fallen lassen muss. Es ist ansteckend, wie Enzo vor Begeisterung fast platzt. Dieser Enthusiasmus muss der Grund gewesen sein, dass die beiden Damen Hillary Johnson und ihre Freundin Judith Dipoli (die Schwester des Winzers von Seite 92), die ursprünglich die Vinothek eröffnet hatten, ihm den Laden nach zwei Jahren leichten Herzens anvertrauten, als sie sich daraus zurückzogen. Seither ist die Enoteca Enzos Leben und rund ums Jahr geöffnet, ohne Ruhetag.

2

1
CULATELLO MIT TRAUBEN

Das Herzstück des Schinkenstücks gilt als das feinste unter den rohen Schinken. Die Spezialität aus Zibello, einem Ort in der Emilia, nicht weit von Parma, ist besonders zart. Natürlich gehört der Culatello extrem fein aufgeschnitten. Gut passen dazu Trauben, aber auch Feigen oder im späten Winter reife Kaki.

2
LASAGNETTE VOM STEINBUTT

Ein dekorativer Stapel von gekochten Nudelblättern und gebratenem Steinbutt. Dazwischen bringen dünne Tomatenscheiben Farbe und Frische. Und eine leichte cremige Weißweinsauce sorgt für die Verbindung.

Für vier Personen:
1/2 Portion Nudelteig (Seite 43), ca. 400 g Steinbuttfilet, Salz, Pfeffer, Mehl zum Wenden, 3 EL Olivenöl, 2 feste Tomaten, 1 Glas Weißwein, 1/2 Tasse Fischfond, 1 Tasse Sahne, Zitronensaft, Basilikum

Den Nudelteig dünn ausrollen, mit einer Tasse zwölf Kreise ausstechen. In Salzwasser bissfest kochen und auf Küchenpapier abtropfen. Steinbutt in Portionen schneiden – pro Person zwei schöne Scheiben. Salzen, pfeffern und in Mehl wenden, sie sollen nur hauchzart davon bepudert sein. Im heißen Öl rasch auf beiden Seiten bräunen. Wie auf dem Bild übereinander stapeln, jeweils eine dünne Tomatenscheibe dazwischen betten, die natürlich gesalzen und gepfeffert wird.
Mit der Sauce übergießen, für die Wein, Fond und Sahne cremig eingekocht werden. Mit Salz und Pfeffer würzen, mit Zitrone abschmecken und fein geschnittenes Basilikum einrühren.

1

3
LAUCHRISOTTO MIT GARNELEN

Damit der Lauch seine schöne leuchtende Farbe behält, wird er zunächst separat gedünstet und erst zum Schluss unter den fertigen Risotto gerührt.

Für vier Personen:
1 Zwiebel, 4 EL Butter, 200 g Risottoreis (z. B. Carnaroli),
1 Glas Weißwein, Salz, Pfeffer, ca. 1 l Brühe,
1–2 Lauchstangen, Muskat, Petersilie,
ca. 20 Garnelenschwänze, Olivenöl zum Braten

Die Zwiebeln fein würfeln und in zwei Löffeln Butter andünsten, ohne zu bräunen. Den Reis zufügen und kurz mitrösten, bevor mit Wein abgelöscht wird. Salzen und pfeffern und jetzt leise köcheln lassen. Sobald die Flüssigkeit verdampft ist, eine Kelle voll Brühe angießen, so lange, bis die Reiskörner gar sind. Dabei immer wieder rühren oder am Topf rütteln, damit nichts ansetzt.
Den Lauch putzen, nur das helle Grün und das Weiße verwenden. In sehr feine Ringe schneiden. In der restlichen Butter sanft dünsten, dabei mit Salz, Pfeffer und Muskat würzen. Mit der gehackten Petersilie unter den Risotto mischen. Die Garnelen wenn nötig entdärmen, dann im heißen Öl scharf, aber kurz braten, salzen und pfeffern. Kurz durchziehen lassen, bevor sie auf dem Risotto angerichtet werden.

4
SPAGHETTI MIT HUHN

Klingt ganz unspektakulär, schmeckt aber richtig gut, vor allem der viele Thymian, mit dem das Hühnerfleisch gewürzt ist, gibt dem Gericht etwas Besonderes.

Für vier Personen:
300 g ausgelöste Hähnchenbrust, 1 TL Speisestärke, 2 EL Olivenöl, 1 Frühlingszwiebel, je 1 Tasse in feine Streifen geschnittene Möhre und Zucchini, 1 Knoblauchzehe, 1 Thymiansträußchen, Salz, Pfeffer, 1 guter Schuss Weißwein, 1 Tasse Sahne, Petersilie, 400 g Spaghetti

Das Hähnchenfleisch in Würfel schneiden (ca. 2 cm groß) und mit Stärke überpudern. Im heißen Öl in einer breiten Pfanne anbraten, dabei die fein geschnittene Frühlingszwiebel und die Möhren zufügen, nach zwei Minuten auch die Zucchini, den fein gehackten Knoblauch sowie die abgezupften Thymianblättchen. Alles salzen und pfeffern, schließlich den Wein angießen und sobald dieser verdampft ist, auch die Sahne. Eine Minute sanft köcheln und durchziehen lassen. Fein gehackte Petersilie einrühren und unter die tropfnassen, bissfest gekochten Spaghetti mischen.

Die Runde der fröhlich zechenden Herren — Stammgäste! — hat Grund zum Feiern und sich große Bouteillen öffnen lassen. Da ist Wirt und Sommelier Enzo de Gasperi in seinem Element. Und Küchenchef Joseph Affenzeller aus Oberösterreich kocht dazu — auf seine persönliche, austriakisch-mediterrane Art.

ENZOS MAXIME: DAS ESSEN MUSS SICH DEM WEIN UNTERORDNEN

5
ORANGENCREME

Ein Dessertklassiker — später, im Winter, nimmt Küchenchef Affenzeller auch gern Blutorangen als Basis. Garniert wird mit den Früchten der jeweiligen Saison — hier mit dekorativ zugeschnittener Birne und mit Klecksen von Heidelbeermark.

Für vier bis sechs Personen:
2 Eigelb, 50 g Zucker, 1/4 l Orangensaft und abgeriebene Orangenschale, 3 Blatt Gelatine, 200 g Sahne

Eigelb und Zucker mit dem Schneebesen über heißem Wasser dick und cremig schlagen, den Orangensaft und die Orangenschale zufügen und nochmals unter Rühren erhitzen. Die eingeweichte Gelatine in dieser Masse auflösen. Abkühlen und so lange kalt stellen, bis die Masse anzuziehen beginnt. Erst dann die steifgeschlagene Sahne unterziehen. In Portionsförmchen verteilen und zugedeckt über Nacht im Kühlschrank erstarren lassen.
Zum Servieren auf Teller stürzen und mit Früchten oder Fruchtsaucen garnieren.

Winter

Klare Kälte umfängt die Berge. Buntes Treiben im weißen Schnee – der Mensch hat die einst einsame Bergwelt gründlich erobert. Im Ofen ein Feuer, warm die Stube: Nach dem Sport kommt der Genuss!

Hochsaison! Die Abfahrtspisten und Slalomhänge im Grödner und Gadertal (Alta Badia), die Loipen für die Nordischen Wettbewerbe in Antholz und Kastelruth sind weltbekannt. Doch in einem Land, von dem mehr als die Hälfte im hochalpinen Bereich liegt, ist allenthalben Wintersport möglich! Skipisten, Langlaufloipen und Rodelbahnen befinden sich praktisch überall gleich vor der Haustüre: Kaum ein Südtiroler, der nicht Wintersport betreibt! Und an den Wochenenden fallen begierige Wintersportler aus ganz Mittel-, Nord- und zunehmend Osteuropa in Massen ein. Auch die Italiener haben Südtirol in den letzten Jahren entdeckt. Sie stellen weit höhere Ansprüche an die Freuden der Tafel als die bisher dominierenden deutschen Gäste. Die wiederum legen mehr Wert auf gut geführte, angenehm ausgestattete Hotels. Sportbegeisterung und Lebenskunst schließen sich nicht mehr aus – die Zeiten einfallsloser Eintöpfe ist vorbei! Wer die schönsten Pisten runterfegt, will auch sein Mittagessen genießen und abends gut dinieren. Die deftigen alpinen Spezialitäten werden immer mehr von der leichteren italienischen Art zu kochen inspiriert. Jetzt ist die beste Zeit für Wild und roten Wein, der erste Speck wird angeschnitten, die Almkäse sind endlich reif, und nach einem Tag in kalter Winterluft sind die berühmten Knödel gewiss die richtige, kräftigende Kost! Und: Weihnachten bringt auch seine Genüsse ...

SANKT HUBERTUS

Alta Badia, das ladinische Hochabteital, hat sich in den letzten Jahren zum exklusivsten Skigebiet und der attraktivsten Region für Feinschmecker entwickelt. Konkurrenz belebt das Geschäft!

*S*chon die Ortsnamen klingen verheißungsvoll nach Lebensart: Corvara, Colfosco, La Villa, San Cassiano – Kurfar, Kollfuschg, Stern, Sankt Kassian hören sich dagegen hausbacken an. Da die Italiener sowieso die ladinischen Bezeichnungen verwenden, haben sie sich inzwischen allgemein durchgesetzt. Nirgendwo könnten die Berge faszinierender sein, die Pisten sind traumhaft, schöne Hotels für jeden Geschmack und ausgezeichnete Restaurants konkurrieren um die Gunst der Gäste. Viele Italiener lassen sich aus dem mondänen Cortina d'Ampezzo herüberfahren, um hier in hoher Vorzüglichkeit zu speisen.

Im Hotel Rosa Alpina in San Cassiano, das in den letzten Jahren von der Besitzerfamilie Pizzinini konsequent zum ersten Haus am Platze ausgebaut wurde, kocht Norbert Niederkofler geradezu exemplarisch die phantasievolle neue Küche der Region. Im Mittelpunkt stehen Produkte aus den umliegenden Wäldern, Flüssen und Seen, von den Bergen, Almen und Feldern des Gader- und Pustertals, Kräuter aus Brixen, Gemüse aus dem Unterland. Er kocht mit Phantasie und Präzision, italienische und französische Einflüsse, manchmal finden asiatische Anklänge ebenso Eingang wie ausgefallene Garmethoden und modernste Küchentechnik. Und natürlich verzichtet er nicht auf all jene Zutaten, die in einer luxuriösen Spitzenküche in aller Welt üblich sind. Dabei verkünstelt sich Niederkofler keineswegs – auch höchst raffiniert klingende Zuammenstellungen sind bei ihm nie überladen, bleiben klar und eigentlich ganz einfach, schmecken unzweideutig und einleuchtend. Und sie lassen sich perfekt mit einem Wein begleiten, was bei den nicht selten etwas wirren Kreationen junger italienischer Köche keineswegs selbstverständlich ist. Die Weinkarte bietet mit über 800 Positionen auf jeden Fall reichlichen Anreiz zum Probieren, doch der Sommelier weiß ohnehin, welcher Wein zu welchem Gericht am besten passt, und serviert die edelsten Gewächse Südtirols auch glasweise.

Hotel wie Restaurant atmen Großzügigkeit und Gastfreundschaft. Man fühlt sich sogleich wohl, die Zimmer sind groß, alles ist warm gestaltet mit wunderbarem Holz. Die durchaus alpenländische Ausstattung tümelt nie! Das Restaurant huldigt mit Bildern und silbernem Tafelschmuck seinem Namenspatron St. Hubertus. Die Tische stehen angenehm weit auseinander, der Service ist ausgezeichnet, die Atmosphäre ungezwungen. Bis vor wenigen Jahren war hier eine simple Pizzeria – so ändern sich die Zeiten.

Rund ums Sella-Massiv, im Grödner Tal oder Alta Badia – wie hier in Corvara unter dem gewaltigen Turm des Sassongher – gilt: Ski und Rodel gut! Die Stua di Michil im Hotel La Perla in Corvara ist für Küche und Keller, besonders aber für seine imposante Sassicaia-Sammlung bekannt. Das barocke Kirchlein bewacht San Cassiano.

I
HAUSGEBEIZTER SAIBLING MIT KARTOFFELCHIPS

Eine elegante Komposition, wie man sie eher im Restaurant als zu Hause serviert. Aber es lassen sich die einzelnen Bestandteile leicht zubereiten. Vielleicht lässt man daheim die Krebse und den Kaviar weg?

Für vier Personen:
1 frischer Saibling (ca. 350 g), 1 Frühlingszwiebel, einige Stängel frisches Korianderkraut und Dill, 1 Stück Zitronenschale, je 1 EL Pfefferkörner, Korianderkörner, Senfkörner, 90 g Salz, 90 g Zucker, je 2 EL Zitronensaft und Olivenöl, 2 große Kartoffeln, Öl zum Frittieren, 2 Hand voll zerzupfte Salat- und Kräuterblätter, 3 EL saure Sahne, 2 EL Crème fraîche, 1 TL Olivenöl
Außerdem
eventuell Flusskrebsschwänze und Kaviar

Den Saibling filieren und häuten, mit einer Pinzette alle Gräten herauszupfen. Die beiden Filets mit der Innenseite nach oben nebeneinander in eine Schale legen. Die frischen Kräuter fein schneiden und darauf verteilen.
Pfeffer, Koriander, Senf, Salz und Zucker im elektrischen Zerhacker zu feinem Pulver mixen. Ebenso auf den Fischfilets verteilen. Die Filets aufeinanderlegen, fest in eine Folie oder einen Plastikbeutel packen und zwölf Stunden im Kühlschrank marinieren, dabei ab und zu wenden, damit sie von der Lake, die sich jetzt bildet, überall erreicht und gebeizt werden.
Für die Kartoffelchips die Kartoffeln mit der Schale gründlich waschen. Mit der Aufschnittmaschine in hauchdünne Scheiben schneiden. Zwei Stunden gut wässern (am besten unter laufendem Wasser) dann auf einem Tuch trocknen. Bei ca. 140° C Öltemperatur frittieren.
Zum Servieren die Saiblingfilets abspülen und trocken tupfen. Schräg in dünne Scheiben schneiden. Zitronensaft und Olivenöl mit Salz und Pfeffer cremig aufschlagen, die Scheiben damit marinieren und abwechselnd mit den Kartoffelchips auf einem Vorspeiseteller dekorativ übereinander stapeln. Dabei mit Salatblättern (zuvor in Vinaigrette wenden) und eventuell mit ausgelösten Flusskrebsen dekorieren. Den Sauerrahm mit Salz, Pfeffer und einigen Topfen Olivenöl würzen und als Sauce daneben klecksen. Schön und kostbar sind, wie auf dem Photo, zwei kleine Nocken Kaviar.

SZEGEDINER GULASCH VOM WALLER

Eine sehr feine und moderne Version des ursprünglich bäuerlichen ungarischen Gerichts!

Für vier Personen:
350 g Wallerfilet, 2 weiße junge Zwiebeln, 3 EL Delikatesspaprika, 250 g junger Spitzkohl, 1 EL Olivenöl, 1 EL Butter, 1 Knoblauchzehe, 1 Lorbeerblatt, 1 Thymianzweig, 100 ml Fischfond, 1 EL Weißwein, Meersalz, 8 speckige Kartoffeln (La Ratte), 2 EL Sauerrahm, Pfeffer, Zitronensaft

Das Fischfilet in Portionsstücke von ca. 5 cm Länge schneiden. Zwiebeln und Kraut in feine Streifen hobeln. Öl und Butter aufschäumen lassen, die zerdrückte Knoblauchzehe darin angehen lassen, Zwiebel und Kraut zufügen. Mit Paprika bestäuben und andünsten.

Fischfond angießen, mit Wein und Salz würzen, Lorbeer und Thymian unter das Kraut mischen. Zugedeckt einige Minuten dünsten. Unmittelbar vor dem Servieren die Fischstücke darin behutsam gar ziehen lassen.

Inzwischen die Kartoffeln kochen, pellen, halbieren und in etwas Olivenöl goldbraun rösten, dabei salzen. Fischfilet auf einem Krautbett auf vorgewärmten Tellern anrichten, die Kartoffeln daneben setzen. Sauerrahm mit Salz, Pfeffer und Zitronensaft würzen und dazwischen klecksen.

Tipp: Unbedingt zur Fischgabel auch einen Löffel dazu servieren, damit man den wunderbaren Saft vollständig auslöffeln kann.

Im St. Hubertus wird das Brot selbst gebacken: 40 verschiedene Sorten, die im Turnus abwechseln. Acht bis zehn von ihnen kommen auf den Tisch, im holzgeschnitzten Buttermodel. Da muss man schon aufpassen, dass man sich daran (vor allem zusammen mit der herrlichen, frischen Gadertaler Butter) nicht schon satt isst, bevor die Mahlzeit beginnt…

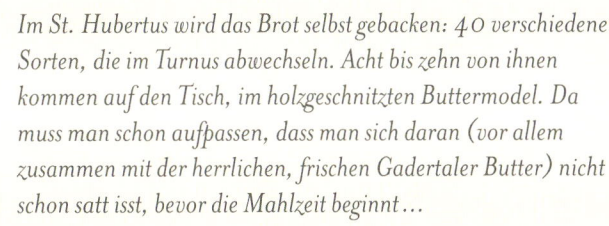

3
LATSCHENRISOTTO MIT GERÄUCHERTER PERLHUHNBRUST

Seinen betörenden Waldduft und die leuchtend grüne Farbe bekommt dieser Risotto durch Butter, die Norbert Niederkofler mit jungen Latschentrieben mixt. Lässt sich übrigens gut einfrieren!

*Für vier Personen:
3 Schalotten, 2 EL Olivenöl, 300 g Carnarolireis, 0,1 l Weißwein, Salz, Pfeffer, 1,2 l Geflügelbrühe, 100 g Butter, 50 g gehackte junge Latschentriebe, 50 g frisch geriebener Parmesan, 2 ausgelöste Perlhuhnbrüste (insgesamt ca. 250 g), Räuchermehl*

Schalotten fein würfeln, im Olivenöl andünsten, den Reis hinzuschütten und anschwitzen. Mit Weißwein ablöschen; sobald dieser eingekocht ist, nach und nach heiße Geflügelbrühe angießen. Salzen und pfeffern. Etwa 20 Minuten leise köcheln, bis die Körner zart sind, aber innen noch ein wenig Biss aufweisen. Die Latschenbutter stellt Norbert Niederkofler im Pacojet her (siehe auch Seite 205), es schafft aber auch ein normaler Mixer: die zarten Nadeln der jungen Latschentriebe mit der weichen Butter im Mixer pürieren und kalt stellen. Zwei bis drei Esslöffel davon zusammen mit dem Parmesan unter den fertigen Risotto rühren.
Die Perlhuhnbrüste salzen und pfeffern. Auf der Hautseite in etwas Butter schön golden braten, auf der Fleischseite nur leicht anbraten. Schließlich etwas Räuchermehl in einer Pfanne auf dem Boden verteilen, das Fleisch auf einem Rost darüber setzen. Die Pfanne auf der Herdplatte erhitzen, das Geflügelfleisch im aufsteigenden Rauch etwa 2–3 Minuten räuchern. Zugedeckt einige Minuten ruhen lassen, am besten im 70 Grad warmen Backofen. Schließlich in dünne Scheiben schneiden und auf dem Risotto hübsch anrichten.

Norbert Niederkofler ist ein umtriebiger Mensch. Er kocht rund um die Welt als kulinarischer Botschafter seiner Heimat, veranstaltet Skirennen für seine Kollegen, richtet spektakuläre Picknicks im Schnee und auf den höchsten Spitzen der Dolomiten aus. Und er liebt es, an »seinem« Tisch mit Durchblick in die Küche spezielle Freunde zu bewirten: Da geht es fröhlich zu, und der Koch kann daran teilhaben und ausnahmsweise selbst verfolgen, wie seine Gerichte ankommen.

4
KALBSWANGE MIT GÄNSELEBER IM STRUDELTEIG

Das saftige Backenfleisch eines Kalbs ist in der Gastronomie so begehrt, weil es dank seiner geschlossenen Form sich problemlos perfekt schmoren lässt und dank der Sehnen, die es durchzieht, herrlich saftig bleibt. Ein normaler Metzger bietet es leider fast nie an. Man könnte sich mit der Schulternaht behelfen, dem so genannten Bürgermeisterstück, das durch seine Gallertschicht in der Mitte ebenfalls schön zart bleibt.

Für vier Personen:
4 Kalbswangen, Salz, Pfeffer aus der Mühle, 1 TL Senf, 1 TL Mehl, 1 EL Olivenöl, 4 Schalotten, 1 Möhre, 1/2 Lauchstange, 1 Knoblauchzehe, 1 Lorbeerblatt, Salbei, Rosmarin, Thymian, 1 TL Tomatenmark, 1/4 l Blauburgunder, 1/4 l Kalbsfond, 8 Scheiben rohe Gänsestopfleber (ca. 1 cm dick), Strudelteig (siehe Tipp oder Seite 79), 2 Kohlrabi, 1 EL Butter, 0,1 l Sahne, Muskat, Cayennepfeffer

Die Kalbswangen von Fett befreien, salzen pfeffern und mit Senf einstreichen. Mit Mehl bestäuben und in einer Kasserolle (sie sollte die Fleischstücke gerade eben bequem aufnehmen, also nicht zu groß sein) im heißen Öl rundum anbraten. Kräuter und das fein gewürfelte Gemüse mitrösten. Das Tomatenmark zufügen und ebenfalls rösten, schließlich mit Rotwein ablöschen. Auf- und etwas einkochen, mit Kalbsfond knapp bedecken. Das Fleisch bei kleiner Hitze (im Ofen ca. 130 Grad, auf dem Herd auf kleinster Stufe) zugedeckt zwei bis drei Stunden weich schmoren. Auskühlen lassen, quer in drei gleichmäßige Scheiben schneiden. Diese abwechselnd mit den leicht gesalzenen Gänseleberscheiben aufeinander stapeln.

Den Strudelteig in Quadrate von ca. 10 Zentimetern schneiden, die Türmchen jeweils darin einschlagen. Die Päckchen, Nahtstelle nach unten, auf ein Backblech setzen und 10 Minuten im 160 Grad heißen Ofen backen.

Den Schmorfond einkochen, durch ein Sieb passieren, abschmecken, einige Butterflocken einrühren.

Die Kohlrabi schälen, auf der Aufschnittmaschine in dünne Scheiben (2 mm) schneiden, in etwas Butter leicht angehen lassen, ohne Farbe nehmen zu lassen, mit Sahne auffüllen, salzen, pfeffern, mit Muskat und Cayennepfeffer würzen und mit Biss fertig garen.

Zum Servieren Kohlrabigemüse in die Tellermitte geben, die Strudelpäckchen aufschneiden und darauf anrichten, mit etwas Fond umgießen, mit frischen Kräutern garnieren.

Tipp: Strudelteig kann man in Süddeutschland fertig kaufen. Er ist aber leicht selbst gemacht: 190 g griffiges Mehl, 1/2 TL Salz, 1 EL Öl, 1/8 l lauwarmes Wasser. Alles zu einem geschmeidigen Teig kneten. Bevor der Teig hauchdünn ausgezogen wird, ihn zur Kugel geformt unter einer mit heißem Wasser ausgespülten Schüssel eine halbe Stunde ruhen lassen.

5
RINDERFILET IM BERGHEU IN DER SALZKRUSTE GEGART

Zutaten für vier Personen:
800 g Rinderfilet, sauber pariert, 20 g Dijon-Senf,
Salz und schwarzer Pfeffer aus der Mühle, 2 EL Olivenöl
Salzkruste
2 kg grobes Meersalz, 200 g Eiweiß, 60 g Mehl
Außerdem:
200 g getrocknetes Bergheu, Rosmarin, Thymian,
200 ml kräftige Rotweinsauce, 20 g schwarzer Trüffel
in feine Würfel geschnitten
Schmorgemüse
200 g Karotten, 200 g Kohlrabi (geschält in Stücke
geschnitten) 200 g Zucchini, Salz Pfeffer aus der Mühle,
frische Kräuter

Das Rinderfilet mit dem Salz und Pfeffer würzen, mit Senf einstreichen und von allen Seiten in heißem Olivenöl scharf anbraten.

Für die Salzkruste das Mehl und das grobe Salz in einer Schüssel gründlich vermischen. Das Eiweiß steif schlagen und unterheben.

Ein Backblech mit Alufolie bedecken und 1/3 der Eiweißmasse darauf verstreichen, Bergheu und Kräuter darauf verteilen, das Rinderfilet obenauf betten. Darauf Kräuter streuen, mit Heu zudecken, schließlich mit der restlichen Eiweißmasse rundum zudecken.

Für ca. 35-40 Minuten in den 170 Grad heißen Ofen schieben (Kerntemperatur ca. 48° C). Dann aus dem Ofen nehmen, die Salzkruste aufschneiden. Das Fleisch herausheben und in Folie verpackt im 80 Grad warmen Ofen ruhen lassen. Dabei immer wieder drehen, damit sich die Fleischsäfte verteilen.

Für das Schmorgemüse Karotten und Kohlrabi in einer Pfanne von allen Seiten in Olivenöl goldgelb anbraten, nach ein paar Minuten auch die Zucchini in ebensolchen Stücken zufügen. Salzen, pfeffern, frische Kräuter unterrühren und für 10 Minuten in den auf 140°C vorgeheizten Ofen schieben.

Die Rotweinsauce erwärmen, die Trüffelwürfel unterrühren. Das Fleisch schräg in Scheiben schneiden und wie auf dem Bild anrichten.

Tipp: Die Rotweinsauce kann man gut auf Vorrat herstellen. 100 g rote Zwiebeln (geben eine schöne Farbe!), 1 Lorbeerblatt und 1 EL Pfefferkörner in 50 g Butter anrösten. 5 EL Tomatenmark mitrösten. Je 1/2 l Rot- und Portwein mit 300 ml Kalbsjus angießen, 1 Thymiansträußchen einlegen. Ohne Deckel leise köcheln, bis die gewünschte Konsistenz erreicht ist. Erst jetzt salzen!

6
FENCHELMOUSSE MIT PREISELBEEREIS

Gemüsefenchel als Dessert, das klingt ungewöhnlich und ist es auch. Aber es schmeckt verblüffend gut.

Für vier Personen:
1 Fenchelknolle, Salz, 1 EL Pastis, 1/2 Blatt Gelatine,
1 Ei, 50 g weiße Schokolade, 1/8 l Sahne
kandierte Grapefruit:
2 Grapefruit, 1/2 l Läuterzucker (500 g Zucker, 1/2 l Wasser)
Preiselbeersorbet:
150 g Preiselbeerpüree, 5 EL Wasser, 1 El Orangensaft

Die Fenchelknolle putzen, dabei die Fäden ziehen, die Stiele abschneiden, das zarte Grün aufbewahren. Fenchel würfeln und in Salzwasser etwa 20 Minuten weich kochen; dann fein mixen und durch ein Sieb passieren.

Pastis erwärmen, die in kaltem Wasser eingeweichte Gelatine darin auflösen und unter das – möglichst noch warme – Fenchelpüree rühren.

Das Ei mit einer Salzprise zuerst über heißem Wasser dick und warm schlagen, die geschmolzene Schokolade unterrühren. Dann im kalten Wasserbad kalt schlagen, bevor die steifgeschlagene Sahne darunter gezogen wird. Die Masse in Förmchen oder Ringe füllen und kalt stellen.

Zum Kandieren die Grapefruit mit einem Messer schälen, dabei die weiße Haut ebenfalls entfernen. Die Filets ausschneiden, in Läuterzucker einlegen und ca. 24 Stunden marinieren.

Für das Preiselbeersorbet alle Zutaten mischen, im Pacojet einfrieren und bei Gebrauch aufmixen – sonst in der Eismaschine rühren.

Tipp: Der Pacojet ist ein (leider teurer) Hochleistungsmixer für den Profigebrauch, in dem man gefrorene Zutaten pürieren und so ein Eis von ungewöhnlich glatter Konsistenz herstellen kann.

Typisch Norbert Niederkofler: Er hat die altbekannte Methode des Backens in der Salzkruste adaptiert, mit der das Fleisch besonders saftig bleibt und eine zarte Konsistenz behält. Gleichzeitig hat er aber seine eigene Note hereingebracht – das intensive Heu von der Alm teilt dem Fleisch eine eigene, fast exotisch wirkende Würze mit! Und spektakulär ist die Präsentation obendrein – dabei ohne große Schwierigkeiten, wie im Rezept beschrieben. Einzige, allerdings nicht selbstverständliche Voraussetzung: gutes Heu im Haus!

ÜTIA DE BÖRZ

heißt das Würzjoch auf Ladinisch, Passo delle Erbe in Italienisch. Und genauso nennt sich auch der Almgasthof, der hier auf stiller Dolomitenhöhe steht – neu gebaut und doch ganz traditionell.

Zwischen dem runden Kopf des Kurtatsch und dem bulligen Peitlerkofel verbindet das Würzjoch Eisack- und Gadertal. Im Winter ist es nur von letzterem her auf einer schmalen, aber wunderschönen Straße zu erreichen – nach jeder Wegbiegung hält man den Atem an! –, im Sommer kann man auch durch das Lüsental oder über St. Andrä herauffahren. Schon immer hatte hier eine Schutzhütte gestanden, doch war sie für den Andrang zu klein geworden und in die Jahre gekommen. So wurde gleich eine neue Hütte gebaut, eigentlich schon fast ein Hotel-Gasthof. Schön ist sie geworden, keine Jodel-Architektur, sondern klare, an der herkömmlichen Bauweise ausgerichtete Holzarbeit, außen Lärche, innen Zirbel und Kiefer. Die geräumigen Gaststuben sind gemütlich, das Panorama einfach phantastisch.

Die Küche passt: Traditionelle Gerichte der Region, mit guten Zutaten aus der Umgebung gekocht, sorgfältig und mit Sinn für das Wesentliche zubereitet – und in ordentlichen Portionen serviert! Hierher kommen schließlich vom Rodeln oder Langlaufen, von der Skitour oder einer Wanderung hungrige Menschen; tatsächlich kann man am Würzjoch sogar im Winter gut zu Fuß unterwegs sein.

Wer Natur sucht, ist hier gut aufgehoben: Helle, angenehm große Zimmer, im ersten Stock aus duftendem Zirbelholz, im zweiten aus Kiefer. Alles, was man braucht, um die würzige Bergluft zu genießen...

Das bäuerliche Leben ist im Dorf Antermoia noch ziemlich intakt, die Gläubigkeit der Leute ungebrochen, der Tourismus noch nicht exzessiv. Die Menschen hier sind stolz auf die ladinische Herkunft und Sprache – oberhalb von St. Martin zeigt das Museum Ladin in Schloss Thurn die besondere Geschichte und Lebensweise der Ladiner.

I
LEBERKNÖDELSUPPE

In der Berghütte »Ütia de Börz« macht man die Leberknödel hauptsächlich aus dunklem Brot – sie sind herrlich locker und würzig.

Für sechs bis acht Personen:
200 g Grau- oder Bauernbrot, auch Vinschgauer (oder 5 altbackene Semmeln), gut 1/8 l Milch, 1 große Zwiebel, 1 EL Butter, 1-2 Knoblauchzehen, glatte Petersilie, 200 g Kalbs- oder Rinderleber, 100 g Nierenfett (auch fetter, ungeräucherter, grüner Speck), 1 Ei, Salz, Pfeffer, je 1 Prise Muskat und Piment, abgeriebene Zitronenschale, 1 gehäufter TL Majoran, 2 EL Mehl, 1 l kräftige Brühe

Das Brot in kleine Würfel schneiden, mit der warmen Milch beträufeln und einweichen. Inzwischen die Zwiebel sehr fein schneiden, in der Butter weich dünsten, ohne Farbe nehmen zu lassen. Gegen Ende den fein gehackten Knoblauch zufügen und ganz zum Schluss die gehackte Petersilie. Leber und Fett durch die feine Scheibe des Fleischwolfs drehen. Wer keinen hat, muss die Leber schon vom Metzger mahlen lassen, auf keinen Fall im Mixer zerkleinern: dann wird sie zäh! Auch die Brötchenmasse durch den Wolf laufen lassen (oder im Mixer pürieren). Alles gut mischen, dabei das Ei einarbeiten und die Gewürze. Sehr gut abschmecken. Mit dem Mehl die Masse binden. Tennisballgroße Knödel formen, in siedendes Salzwasser geben und ca. 20 Minuten sanft pochieren. In der heißen Brühe servieren.

NATUR PUR UND EINE KÜCHE OHNE SCHNÖRKEL

ZIEGERKASNOCKEN

Duftig und ganz locker sind diese ebenso herzhaften wie zarten Knödel. Zusammen mit einem knackigen Krautsalat ein Imbiss, der den Skiläufern wieder die Kraft zur nächsten Abfahrt gibt.

Für sechs Personen:
3 altbackene Semmeln, ca. 1/8 l Sahne, 75 g Butter, Salz, Pfeffer, Muskat, 2 Eigelb, 250 g Ziegenfrischkäse, 70 g Mehl, 50 g Hartweizengrieß, 2 Eiweiß
Außerdem:
Schabziegerkäse zum Reiben, Butter zum Beträufeln

Die Semmeln in kleine Würfel schneiden, mit der warmen Milch anfeuchten und einweichen. Butter mit dem Schneebesen schaumig rühren, dabei die Gewürze und die Eigelb zufügen. Schlagen, bis die Masse hell und dick ist. Den Käse durch ein Sieb treiben und unterrühren. Alles miteinander mischen, dabei Mehl und Grieß einarbeiten. Die Masse eine Stunde ruhen und quellen lassen. Erst dann die steifgeschlagenen Eiweiß unterziehen. Mit einem Suppenlöffel Nocken formen, in leise siedendem Salzwasser etwa zehn Minuten ziehen lassen. Mit einer Schaumkelle herausheben und abtropfen, mit geriebenem Schabziegerkäse bestreut und mit brauner Butter beträufelt servieren.

Dazu passt ein Krautsalat, der ganz einfach gemacht ist: fein hobeln, mit Salz gründlich durchkneten, den Saft abgießen. Dann mit mildem Apfelessig, grob geschrotetem Pfeffer, etwas gehacktem Kümmel und neutralem Öl anmachen.

3
HIRSCHKALBGULASCH

So einfach, aber so selten wirklich gut zu kriegen, ein Wildgulasch, wie es sich gehört: mit saftig-mürben großen Fleischwürfeln und einer intensiv würzigen, dichten, aromatischen Sauce.

Für sechs Personen:
2 kg Fleisch aus der Schulter oder Keule eines jungen Hirschkalbs, 50 g luftgetrockneter Speck, 1–2 EL Öl oder Schmalz, 2 Zwiebeln, 1 Möhre, 1 Lauchstange, 2 Selleriestangen, 1 Thymiansträußchen, 2 Nelken, 6 Wacholderbeeren, 2 Lorbeerblätter, Salz, Pfeffer, 1 Flasche Rotwein, 50 g Butter

Das Fleisch in Würfel von etwa vier Zentimetern schneiden. Sehnen nicht entfernen! Sie halten das Fleisch beim Schmoren saftig. Den Speck fein würfeln und in einem großen Schmortopf ausbraten; bevor er knusprig wird, das Schmalz zufügen und die Fleischwürfel in dieser Mischung portionsweise rundum geduldig anbraten. Die gehackten Zwiebeln, Wurzelwerk und den Sellerie zufügen. Salzen und pfeffern, die Gewürze in den Topf geben. Wer sie nachher nicht mühsam herausfischen will, füllt sie in ein Säckchen oder ein Teesieb. Mit Rotwein auffüllen und zugedeckt auf sanftem Feuer zwei bis drei Stunden leise schmoren. Zum Schluss die Gewürze entfernen, die Fleischwürfel herausheben. Den Schmorfond mit dem Mixstab pürieren, dabei die eiskalte Butter einarbeiten. Die Sauce abschmecken, das Fleisch wieder zufügen und kurz durchziehen lassen.

Tipp: Dazu passt Polenta, am besten die frisch gekochte, weiche Art: Für sechs Personen 1/2 l kräftige Hühnerbrühe aufkochen, einen Löffel Olivenöl zufügen, 70 g Maisgrieß hineinrieseln lassen. Etwa zehn Minuten köcheln, dabei immer wieder rühren. Mit Salz, Pfeffer, Muskat, Zitronenschale würzen.

Auf der weitläufigen Terrasse genießt man die in 2000 Metern Höhe auch bei Minusgraden herrlich wärmende Sonne. Sportler, die sich wenig Zeit nehmen wollen, bekommen schnell ein Gulasch und etwas zu trinken – dafür bleiben andere um so länger sitzen, und speisen ausgiebig und genießen die gute Weinauswahl. Die Hütte wird bewirtschaftet von Edeltraud und Fritz Promberger, die sich fürsorglich um ihre Gäste kümmern. Wenn die Stimmung steigt, wird musiziert und dann kann der Abend auch mal lang werden…

4
PREISELBEERPFANNKUCHEN

Ein richtiges Lieblingsessen! Frische, duftende Pfannkuchen – am liebsten direkt aus der Pfanne – mit Konfitüre bestrichen, aufgerollt und mit Puderzucker bestäubt.

Für sechs Personen:
3 Eier, 1 Eigelb, 200 g Mehl, ca. 1/2 l Milch, 1 Prise Salz, Butterschmalz zum Backen, Preiselbeerkonfitüre zum Füllen und Puderzucker zum Bestäuben

Eier und Eigelb mit Mehl verquirlen, erst dann Milch zufügen und alles mit dem Schneebesen zu einem glatten und sehr flüssigen Teig schlagen, dabei salzen. Eine halbe Stunde ruhen lassen, damit das Mehl besser aufquellen und seinen Kleber entwickeln kann. Jeweils eine kleine Schöpfkelle Teig in die sehr heiße Pfanne gießen, in der ein Stückchen Butterschmalz zerlaufen ist, die Pfanne sofort drehen und schwenken, damit sich der Teig rasch von selbst überall hin verteilt. (Wenn Sie mit einem Löffelrücken nachhelfen müssen, ist der Teig zu dick! In diesem Fall mit einem Schuss Mineralwasser verdünnen!) Mit Konfitüre füllen, zuckern und sofort servieren.

VERGESSENE GEMÜSE

»Kräuterfex & Erdäpfelexperte« nennt sich Karl Volgger, dessen Leidenschaft die im letzten Jahrhundert vergessenen Gemüsesorten, Kräuter, Wild- und Blattgemüse sind. Bescheiden hat er angefangen, inzwischen ist ein richtiges Unternehmen daraus geworden, das Top-Restaurants in ganz Europa beliefert.

$\mathcal{E}$s hatte ihn geärgert, dass die meisten Köche wenig Ahnung von den Grundzutaten haben und mit zwei Kartoffelsorten auskommen. Karl Volgger verwendet 60 Sorten – und weiß genau, welche sich wozu besonders gut eignen! Das Pustertal mit wenig Niederschlag und leichten Böden war von jeher das Kartoffelanbaugebiet Südtirols – er nahm nur eine Tradition wieder auf und arbeitet inzwischen mit 17 Bauern zusammen, einige davon auch in anderen Landesteilen. Natürlich bauen sie nicht nur Kartoffeln an: Auch den empfindlichen, aber delikaten japanischen Knollenziest, die köstlichen Erdmandeln, Haferwurzeln, vielerlei Rüben und Topinambursorten hat er im Angebot. Angefangen hatte alles mit Kräutern, deren kurze Saison er ausdehnte im mit Strom aus seiner Mühle beheizten Gewächshaus. Weit über 100 sind inzwischen dazugekommen, Würz- und Heilkräuter. Seine Rezepte entwickelt der Küchenchef im Hotel Majestic in Reischach bei Bruneck, sein Wissen gibt er mit den Produkten an Kollegen weiter: Hans Haas, Heinz Winkler, Martin Dalsass und Anton Mosimann sind seine Kunden.

1
RAVIOLI MIT KNOLLENZIEST

Den Nudelteig hat Volgger zur Hälfte mit Spinat grün gefärbt (siehe Seite 43) und in Streifen auf den hellen Teig aufgelegt. Beim Auswellen entstehen dann die dekorativen Streifen. Gefüllt sind die Ravioli mit einem Kalbfleischragout (ähnlich wie die Kaninchenfüllung von Seite 255 oder die Perlhuhnfüllung von Seite 43). Sie werden gekocht und auf dem Teller mit gedünstetem Knollenziest vermischt.

Für vier Personen:
500 g Knollenziest, Öl zum Frittieren, Salz, Pfeffer,
1 Portion Ravioli (siehe oben)

Die Knollen gründlich unter lauwarmem Wasser bürsten – sie werden nicht geschält. Dann in heißem Öl zwei Minuten frittieren, herausheben und nach kurzem Abkühlen erneut für eine Minute ins aufrauschende Fett tauchen. Mit den frisch gekochten, tropfnassen Ravioli mischen und auf vorgewärmten Tellern anrichten. Mit Tropfen von eingekochtem Rote-Bete-Saft umkränzen.

1

Am linken Bildrand ragt eine Pastinake herein, daneben oben Sellerieknollen und Steckrüben (Behm), rechts drei Topinambursorten: Wollspindel, die längliche Fuseau und die Rote Zonenkugel. darunter am Bildrand die Herbstrübe Goldball, links daneben Rote, Gelbe und Weiße Bete. Dann folgen die Kartoffelsorten Ackersegen (aufgeschnitten), die länglichen Lungauer Kipfler, Blaue Schweden (aufgeschnitten), darunter Vitelotte, Blaue Hohenberger und Blaue aus Arabba sowie die hellschaligen, mehligen Majestic. Ganz vorne links Knollenziest (Crosnes), rechts Erdmandeln, darüber eine Gelbe Rübe und zwei Schwarzwurzeln, darüber Küttinger Ruebli (Weiße Rüben).

KRONE IN ALDEIN

Der Inbegriff eines Südtiroler Dorfgasthauses: der Marktbrunnen vor der Tür, die Pfarrkirche im Rücken, Pfarrhaus, Rathaus, Schule im Blick, einladende Stuben und eine herzerwärmende Küche.

Der ehrwürdige, weiß gekalkte Bau flößt gleich Vertrauen ein. Gradlinig und ohne Schnörkel steht der stattliche Gasthof im Zentrum des friedlichen Bergdörfchens, bald 500 Jahre schon. Aldein liegt oberhalb des Etschtals, 1225 Meter hoch auf den Reggelberg, am Fuß der südlichsten Dolomitenspitze auf einem Hochplateau. Eine liebliche Landschaft, mit sanften Almwiesen und Wäldern und mit weitem Blick ins Land.

Drinnen ein niedriges Kreuzgewölbe. Links die Bar: hier hält Seniorchef Andreas Franzelin gerne Hof. Rechts zwei gemütliche alte Stuben. Zirbelholzgetäfelt, Andreas Hofer über der Tür, im Eck der Herrgottswinkel; und wunderschöne, kostbare Kachelöfen in jedem Raum – von jenem unglaublich leuchtenden türkisen bäuerlichen Grün, dem man hier oft begegnet. Ein museumsreifes Stück steht sogar im sonst eher nüchternen Speisesaal, einem lichten Anbau, der in den siebziger Jahren nötig wurde, weil die beiden kleinen Stuben dem Ansturm der begeisterten Stammgäste nicht mehr reichten. Auch, um mehr Zimmer für sie zu haben. Aber selbst hier nirgends Kitsch, keine Tümelei, die Materialien alpenländisch wahr, die Atmosphäre echt.

Bereits seit 1580 stellt die Familie Franzelin nachweislich den Kronenwirt. Der Gasthof wurde damals in den Ortsannalen als »Behausung mit leihhabender Wirtsgerechtigkeit« ausgewiesen. Andreas Franzelin ist der 14. Kronenwirt, eine stolze Tradition! Ende der sechziger Jahre hat er mit seiner Frau Maria Alberta sein Erbe angetreten. Sie steht noch immer täglich in der Küche, inzwischen allerdings unterstützt von Sohn Peter. Das hat den bodenständigen, klassischen Südtiroler Gerichten eine gewisse mediterrane Leichtigkeit verschafft. Und da seine zweite Leidenschaft dem Wein gilt, ist vor allem ihm der stolze Keller zu verdanken, in dem sich große Schätze finden, aus sämtlichen Anbauregionen ganz Italiens. Bruder Georg kümmert sich auf dem zum Besitz gehörenden Holzmannhof um die Landwirtschaft, die das Gasthaus mit den eigenen Produkten versorgt. So können Alberta und Peter in ihrer Küche aus dem Vollen schöpfen. Es gibt nicht nur Gemüse und Kartoffeln, auch zehn Kühe, ebensoviel Ziegen und etwa acht Schweine werden hier jedes Jahr großgezogen; sie liefern Milch und Käse, Fleisch und Speck. Für diese hausgemachten Produkte packen alle mit an – sie sind der Familie ganzer Stolz. Mit Recht!

Über dem stattlichen Holzportal der reich verzierte schmiedeeiserne Ausleger mit der Krone, die auf des Gasthofs Namen hinweist. Neben den Bogenfenstern zeugt das prächtige Familienwappen von Tradition. Und die zwei Tischchen rechts und links vom Eingang, mit ihren beiden Stühlen, sind sommers wie winters Sinnbild für die Gastlichkeit des Hauses.

1
SPECKTELLER

So beginnt eine Mahlzeit in der Krone immer: mit einer Auswahl hausgemachter Produkte. Speck, gekochter Schinken, luftgetrocknetes Rindfleisch und Hausmacher Kaminwurzn. Dazu Schüttelbrot und Meerrettichsahne – beziehungsweise Kren, wie man hier sagt. Damit ist die Welt schon mal in Ordnung!

2
KUTTELN SÜDTIROLER ART

Mit Tomatenmark und frischem Parmesan – das bäuerliche Gericht mit dem Duft Italiens gewürzt.

Für vier bis sechs Personen:
1 kg Kalbskutteln (geputzt, gekocht und in feine Streifen geschnitten), 1 Zwiebel, 2 Knoblauchzehen, 2–3 EL Olivenöl, Petersilie, 100 g Semmelbrösel, 2 EL Tomatenmark, Salz, Pfeffer, ca. 1/2 l Fleischbrühe, geriebener Parmesan

Falls die Kutteln nicht vorgekocht sind, in Salzwasser mit reichlich Wurzelwerk zweieinhalb Stunden weich kochen. Zwiebeln und Knoblauch im heißen Öl weich dünsten, die Semmelbrösel mitrösten, auch die Hälfte der fein gehackten Petersilie. Das Tomatenmark unterrühren und mitrösten, die Kutteln zufügen. Salzen, pfeffern und die Brühe angießen. Etwa 15 Minuten leise köcheln, bis sich alles gut verbunden hat. Frisch geriebenen Parmesan unterrühren.
Entweder in tiefen Tellern als Imbiss servieren. Oder wie hier mit frischer Polenta (Seite 209) als Auftakt zu einem schönen Menü servieren.

3
GRAUKASNOCKEN

Sie sind federleicht und duftig, der charakteristische Graukasgeschmack ist harmonisch eingebunden. Man kann Kasnocken auch mit anderen Käsen zubereiten, zum Beispiel mit frisch geriebenem Parmesan (dann sind es Parmesannocken) oder gewürfeltem Bergkäse (siehe auch Seite 191).

Für vier Personen:
100 g Graukas, 225 g Mehl, 120 g Butter, 1/4 l Milch, Muskat, Pfeffer, Salz, 4 Eier

Den Graukas knapp zentimeterklein würfeln, mit Mehl und der weichen Butter in einem Topf vermischen, die Milch unterrühren und alles mit Muskat, Pfeffer und Salz würzen. Den Topf auf den Herd setzen, die Masse unter Rühren zum Kochen bringen, sofort wieder vom Herd ziehen und jetzt nacheinander die Eier mit einem Rührlöffel in die heiße Masse arbeiten. Den steifgeschlagenen Eischnee unterziehen und diesen Teig eine halbe Stunde bei Zimmertemperatur ruhen lassen. Eventuell Semmelbrösel einarbeiten, wenn der Teig zu weich sein sollte.
Mit einem Esslöffel Nocken abstechen, in der angefeuchteten Handfläche rund formen und in siedendem Salzwasser zehn Minuten ziehen lassen. Mit geriebenem Parmesan bestreut und haselnussbrauner Butter beträufelt servieren.

Die ganze Familie am Tisch versammelt, ein seltenes Bild: Mutter Alberta, Sohn Peter, Vater Andreas und Sohn Gregor. Dessen Freundin Anna (Bild oben) kümmert sich um die Gäste.

4
STOCKFISCHGRÖSTL

Im Winter auf vielen Speisekarten zu finden, aber leider nur selten mit der angemessenen Delikatesse zubereitet. Dabei kann ein solches Gröstl ein hohes Vergnügen sein, sofern der Stockfisch mild und saftig ist und die mitgerösteten Kartoffeln schön kross sind (siehe auch Seite 87).

Für vier Personen:
1/2 l Salzwasser, 2 Lorbeerblätter, 300 g gewässerter Stockfisch, 300 g am Vortag gekochte Kartoffeln, 2 EL Öl, 1 Zwiebel, 3 EL Butter, 1 Knoblauchzehe, Salz, Pfeffer, etwas Zitronenschale, Petersilie

Im Salzwasser die Lorbeerblätter 15 Minuten ziehen lassen, den Stockfisch darin unter dem Siedepunkt ziehen lassen, bis er nicht mehr glasig wirkt. Inzwischen die Kartoffeln in dünne Blätter schneiden und in einer großen Pfanne im heißen Öl langsam schön braun braten. Dabei salzen und pfeffern und immer wieder umwenden. Die fein gewürfelte Zwiebel zufügen, ebenso den gehackten Knoblauch. Braten, bis die Zwiebeln weich und die Kartoffeln knusprig sind. Den Stockfisch säubern, in Stücke schneiden und unter die Kartoffeln mischen, zusammen mit reichlich fein gehackter Petersilie. Mit Zitronenschale würzen. In der Krone serviert man dazu Sauerkraut, auch hausgemacht, nur kurz gedünstet, daher noch schneeweiß, duftig und von fruchtiger Säure.

5
HIRSCHSTEAK

Das dreifingerdicke Fleischstück aus dem Rücken ist perfekt gebraten: außen kross, innen durch und durch rosa, nicht blutig, aber absolut saftig. Dazu eine klare, rosmarinduftende Sauce und ein mit Mandeln und Preiselbeeren gefüllter Bratapfel. Ein Genuss, wie man ihn sich wünscht: bodenständig und dennoch leicht.

Pro Person:
1 dickes Steak aus dem Hirschrücken, 2 EL Öl, 2 Wacholderbeeren, 1 Thymian- und Rosmarinzweig, Salz, Pfeffer, 3 EL Kalbsfond, 1 Glas Weißwein, 1 EL Butter

Das Steak im heißen Öl von beiden Seiten schön kross anbraten. Dabei die zerdrückten Wacholderbeeren sowie die Kräuter mitbraten. Das Fleisch salzen und pfeffern, dann, zwischen zwei Tellern oder in Alufolie gepackt, warm stellen. Den Bratensatz mit Kalbsfond und Wein ablöschen und um die Hälfte einkochen, eventuell nochmals mit Fond und Wein ablöschen und einkochen. Zum Schluss die Kräuter entfernen und die Butter einschwenken, bis die Sauce bindet. Dazu passen Bratkartoffeln.

6
KALBSLEBER MIT SALBEI

Großartig, der Kontrast zwischen dem zarten Biss der perfekt gebratenen Kalbsleber und dem krossen Speck!

Pro Person:
2–3 zentimeterstarke Scheiben Kalbsleber, 2 EL Olivenöl, Salz, Pfeffer, 5–6 Salbeiblätter, dünne Speckscheiben, 2 El Kalbsfond, 2 EL Weißwein, 2 EL Madeira

Die Leberscheiben von Häuten und Sehnen säubern, dann im sehr heißen Öl auf beiden Seiten scharf anbraten, salzen und pfeffern – herausnehmen und, zwischen zwei heißen Tellern oder in Alufolie gehüllt, im 150 Grad heißen Backofen zehn Minuten ziehen lassen. In der Pfanne die Speckscheiben kross ausbraten, dabei die Salbeiblätter mitrösten.
Die Leber auf dem vorgewärmten Teller anrichten, die Speckscheiben mit dem Salbei obenauf verteilen. Den Bratensatz mit Wein und Kalbsfond los- und etwas einkochen und über die Leber gießen.
Dazu gibt's Bratkartoffeln und frischen Krautsalat (Seite 208).

PHANTASIEVOLLE KÜCHE MIT EIGENEN PRODUKTEN

7
TOPFENSCHMARRN

Eine besonders duftige, überaus delikate Mehlspeise – die sich mal wieder, wie alle gute Mehlspeisen, dadurch auszeichnet, dass sie nur ganz wenig Mehl enthält.

Für zwei Personen:
4 Eier, Salz, 2-3 EL Zucker, 2 gehäufte EL Mehl,
250 g Magerquark, abgeriebene Zitronenschale,
2-3 EL Butter, Puderzucker zum Bestäuben

Eier trennen, Eiweiß mit einer Salzprise steif schlagen. Die Eigelb und Zucker mit dem Schneebesen cremig schlagen. Mehl und Magerquark einarbeiten. Mit Zitronenschale würzen. Den Eischnee in zwei Partien unterziehen. Die Butter in einer ofenfesten Pfanne erhitzen, die Topfenmasse einfüllen und so lange backen, bis die Unterseite bräunt, dann das Omelett zerreißen und mit Staubzucker überpudern, für fünf bis acht Minuten in den 200 Grad heißen Ofen stellen und fertig backen.
In der Krone serviert man dazu wundervoll konzentrierten Zwetschgenröster (Kompott), der ganz ohne Zimt auskommt und so den reinen Fruchtgeschmack betont.

Einfach urgemütlich, die heimeligen Stuben mit den blank gescheuerten Dielenböden, den Bauernstühlen, den hinterglasgemalten Bildern auf dem Wandgetäfer. Damit es keine Enttäuschung gibt, sollte unbedingt rechtzeitig reservieren, wer dort sitzen will. Vor allem sonntags sind die Plätze begehrt und daher knapp. Im Sommer sitzt man übrigens gern vorm Haus, auf der sonnigen Terrasse!

SPECK? SCHINKEN!

In Südtirol sagt man Speck und meint den Schinken. Er ist milder als unsere kräftigen Räucherschinken, aber auch nicht so süß wie Italiens rohe Schinken. Er schmeckt einfach unverwechselbar.

SPECK, WEIN UND BROT – MACHT WANGEN ROT!

Man erkennt ihn blind, wie schließlich Parma- oder San-Daniele-Schinken auch. Natürlich gibt es Unterschiede, abhängig von der Schweinerasse, wie gefüttert und wie lange, wie lange geraucht und wo getrocknet. Aber seine Herkunft, das Südtirol-Aroma, ist immer deutlich. Das entsteht im Zusammenspiel der stets gleichen Faktoren. Die Gewürze fürs Suren (Pökeln): Neben Salz, Pfeffer und Knoblauch gehört in die klassische Mischung Piment, manche nehmen auch Rosmarin, Wacholder – Kranebitten genannt –, Lorbeer, Koriander. Das Selchen (Räuchern): nicht wärmer als 20 Grad, von milden Laubgehölzen, keinesfalls von Nadelbäumen, die mit ihrem Harz zu würzig wären. Und natürlich das Klima, in dem der Speck trocknet, also reift: Er soll viel Luft und so wenig Rauch wie möglich bekommen! Die Kunst des Schinkenmachers besteht darin, das gesurte und geselchte Fleisch bei der richtigen Temperatur (15 bis 18 Grad) und Luftfeuchtigkeit (75 bis 85 Prozent) ausreichend lange (mindestens 7-8 Monate) reifen zu lassen. Die Speckproduzenten Südtirols haben sich 1976 auf Regeln zur Herstellung

Zum Vesper wird der Speck zünftigerweise von einer dicken Scheibe quer in feinste Streifchen geschnitten. Dazu natürlich Brot, zum Beispiel papierdünner Dinkelfladen oder die beliebten Struzn (siehe Seite 100), und ein Glas Wein. Ob weiß oder rot, ist Geschmackssache, ein herzhafter Vernatsch passt jedenfalls immer!

geeinigt. Deshalb kann man überall im Land durchaus achtbaren Speck finden, das Markenprodukt ist meist anständig. Aber mit einem handwerklich perfekten, gut gereiften Bauernspeck von einem glücklichen Landschwein oder einer auf guten Speck hin gezüchteten Kreuzung (siehe auch Seite 182) hat das natürlich nichts zu tun.

Weithin berühmt für seinen guten Speck ist Heinrich Pöder vom Außererbhof bei St. Pankraz im Ultental. Wahrlich kein kleiner Bauer – 200 Schweine verarbeitet er im Jahr. Aber er zieht seine spezielle Züchtung selber groß, kauft nichts zu und verwendet schon gar kein Schweinefleisch aus Holland oder Dänemark, wie es in den Schinkenfabriken verarbeitet wird, weil es im engen Südtirol natürlich gar nicht genügend Schweine gibt, um den Bedarf zu decken.

Und dann lässt er probieren, hauchdünn geschnitten, Schüttelbrot dazu und eigenen Apfelmost oder Wein, und beobachtet zufrieden die Begeisterung, die er damit weckt – mit dem selbstbewussten Lächeln dessen, der sich sicher ist: Etwas Bess'res gibt es nicht!

Der Außererbhof liegt oberhalb der Ultentaler Straße, das Schild, das zu ihm weist, übersieht man leicht. Als stattlicher Doppelhof (die linke, talwärts gelegene Hälfte ist der Innererbhof) thront er über Rebanlagen unter steilen Apfelgärten, 780 Meter hoch. Die Schweine leben im Stall, ganz rechts. Vier von ihnen kommen allwöchentlich dran. Pöder zerlegt sie noch am selben Tag. Sie werden gewürzt und 10 bis 16 Tage lang gepökelt. Die Stücke werden aufgehängt und kommen sechs bis acht Wochen in die Selch, die Räucherkammer. Schließlich für mindestens vier Monate (Bauch), meist sieben bis acht (Keule) in den Gewölbekeller, höchstens zwölf Monate, sonst wird der Speck zu trocken. Ein guter Speck trägt die Südtiroler Nationalfarben: weiß und rot! Und niemals wird das Weiße, also das Fett, abgeschnitten! Fest, kernig und weiß, ist er doch das Beste! Mit Hamme bezeichnet man den mageren Schinken (rechts, unter dem Bauchspeck) aus der Keule. Der Schimmel, der die Stücke überzieht, ein Zeichen für ein gutes Kellerklima, sollte sich wegpusten lassen. Zum Essen allerdings schneidet man diese äußere Schicht weg, sie stört den klaren Speckgeschmack.

WER WAGT, GEWINNT

Unter Südtirols Küchenstars ist Anna Matscher die einzige Frau.
Dabei hat die gelernte Masseurin nie eine Kochausbildung
absolviert, aber sie hat Talent, eine geschickte Hand und Mut!

Die Großeltern von Luis, Annas Mann, hatten den »Löwen« geführt, das Dorfgasthaus mitten in Tisens, an der Kreuzung neben dem Dorfbrunnen, wo die Straße abknickt und, um eine Hausbreite versetzt, weiter die Südflanke des Etschtals entlang führt. Als sie aus Altersgründen aufgaben, stand das stattliche Gebäude zunächst mal leer. Luis arbeitete als Bankkaufmann, Anna war Masseurin. Aber beide liebten gutes Essen, Anna kochte leidenschaftlich gern und Luis' Herz gehörte damals schon dem Wein. Als sie dann tatsächlich mit dem Gedanken spielten, traute sich Anna nicht zu, in der Küche die Verantwortung zu übernehmen. Sie engagierten eine Köchin und bauten zunächst mal um: Speisesaal und Küche wurden vom ersten Stock ins Erdgeschoss verlagert, wo bisher ein Lebensmittelladen war. Im neuen Eingang ein großer Stern auf dem Boden verlegt, eine erlesene Intarsie: »Das Holz von zwei alten Apfelbäumen – ein Kalterer und ein Böhmer«, erzählt Luis Matscher stolz. Schon nach zwei Jahren war Anna die Abhängigkeit von einer Angestellten leid, zumal sie ja konkrete Vorstellungen hatte, wie ihre Küche sein sollte: Durchaus von regionalen Traditionen bestimmte, bürgerliche Gerichte sollten es sein, aber schwerelos und frisch. Mediterrane Leichtigkeit schwebte ihr vor, eindeutige Aromen und intensive Geschmäcker.

»Der Anfang war eine schwere Zeit«, seufzt sie, »ich hatte doch keine Ahnung. Es fehlte die Basis, das Grundwissen, das man auf der Schule lernt. Ich musste erst mal alle Fehler machen, um daraus zu lernen«.

Als bereits nach sieben Jahren über dem Löwen der Michelinstern strahlt, ist das ein ungeheurer Ansporn, die ständige Herausforderung aber auch eine enorme Belastung. Drei Jahre später war der Stern wieder verloren. Natürlich waren beide sehr enttäuscht, vor allem, weil ihnen niemand sagte, warum. Erst nach einer Weile wussten sie, dass eben auch Verlässlichkeit dazu gehört, die stets gleichbleibend hohe Qualität. Heute liegen all diese Schwierigkeiten hinter ihnen. Der Stern ist wieder da. Anna spielt als Köchin in der absoluten Oberliga, Luis, inzwischen approbierter Sommelier, bürgt für ebenbürtiges Niveau im Keller und im Saal. Es macht einfach Vergnügen, hier Gast zu sein. Die beiden lichten Galerie sind behaglich: moderne Kunst, viel Platz für die Tische, die großzügig auseinander stehen, edel und schlicht gedeckt, mit Riedelgläsern und Orchideen – der Rahmen so sympathisch wie die Wirtsleute. Die Speisekarte, die nach Saison und Einkauf ständig wechselt, macht schon beim Lesen Lust und, weil alles so verlockend klingt, die Entscheidung schwer. Und dann ist jeder Teller nicht nur ein schöner Anblick, sondern jeder Bissen von hohem Wohlgeschmack – so schwerelos und unangestrengt, wie es Anna Matscher immer vorgeschwebt hat!

Anna Matscher schwingt die Pfanne, konzentriert, energisch und mit einem sanften Lächeln. Genau damit setzt sie sich auch bei ihren Händlern durch – die wissen schon: Wenn sie nicht allerbeste Qualität liefern, dürfen sie ihre Ware wieder mitnehmen.

I
GEBACKENES KALBSBRIES AUF KARTOFFELSALAT

Der Salat noch lauwarm, mit einer ganz leichten Mayonnaise, aber mit einem erstklassigen Weißweinessig angemacht, dessen Säure genügend Frische verleiht. Die Briesröschen sind makellos pariert, die Panierung hauchdünn und herrlich knusprig.

Für vier Personen:
400 g Kalbsbries, Salz, 1 Lorbeerblatt, 2 Thymianzweige, Pfeffer, Mehl, 1 Ei, Semmelbrösel, 750 g festkochende Kartoffeln, ein guter Schuss heiße Fleischbrühe, etwas Weißweinessig und Schnittlauch.
Für die Mayonnaise:
1 Eigelb, 1/2 TL Senf, 1 EL Weißweinessig, Pfeffer, ca. 1/8 l Olivenöl

Das Bries wässern, bis es schön hell ist. Dann mit frischem Wasser bedeckt aufsetzen, salzen, Lorbeer und Thymian zufügen. Langsam aufkochen, dann auf kleinstem Feuer 10 Minuten ziehen und schließlich im Sud abkühlen lassen. Das Bries sorgsam putzen, dabei in Portionsröschen teilen, alle überflüssigen Häute entfernen. Zum Servieren die Röschen in Mehl wenden, durch verquirltes, mit Salz und Pfeffer gewürztes Ei ziehen und in Semmelbröseln drehen. In heißem Öl oder Butterschmalz ausbacken.

Für den Salat die Kartoffeln etwa eine Stunde vor dem Servieren kochen, abgießen und pellen. In dünne Scheibchen schneiden und mit möglichst wenig Mayonnaise, einem guten Schuss Fleischbrühe und einem zusätzlichen Schuss Essig anmachen. Viel Schnittlauch untermischen und kräftig salzen – Kartoffeln schlucken davon eine Menge!

Für die Mayonnaise die restlichen Zutaten mit dem Schneebesen oder dem Handmixer aufschlagen – darauf achten, dass sie alle die gleiche Temperatur haben, damit sie sich innig verbinden.

1 2

2
RAVIOLO MIT KANINCHENFÜLLUNG

Anna Matscher nimmt für ihren Nudelteig 19 Eigelb und 2 ganze Eier auf 1 kg normales Haushaltsmehl. Sie rechnet einen handtellergroßen Raviolo pro Person, richtet ihn auf einem Bett von Blattspinat an und umkleckst ihn mit zwei Saucen: zuerst mit dunklem Bratenjus und darüber zieht sie eine Linie mit aufgeschäumter Weißweinsauce.

Für vier bis sechs Personen:
Kaninchenfüllung:
2 Kaninchenkeulen, 2 EL Olivenöl, 1 Zwiebel, 2 Knoblauchzehen, 1 Tasse fein gewürfeltes Wurzelwerk: Möhre, Lauch, Sellerie, Petersilie, 1 Rosmarinzweig, 2-3 Champignons, Salz, Pfeffer, 1 TL Tomatenpüree, 1/4 l Weißwein, 1-2 EL Semmelbrösel
Für die Weißweinsauce:
4 EL aromatischer Weißwein, 2 EL Kalbsfond, 8 EL Sahne, Salz, Pfeffer, Zucker

Die Kaninchenkeulen in heißem Öl rundum kräftig anbraten, die fein gewürfelten Zwiebeln zufügen, den durchgepressten Knoblauch, danach auch das Wurzelwerk, etwas von der Petersilie, den Rosmarinzweig und die gehackten Champignons. Salzen, pfeffern und zugedeckt auf leisem Feuer sanft 15 Minuten köcheln. Die Keulen herausnehmen, etwas auskühlen und das Fleisch ablösen. Die Knochen zurück in den Topf geben, die Hälfte des Gemüses herausschöpfen, stattdessen das Tomatenpüree einrühren und mit Wein ablöschen. Auf nunmehr kräftigerem Feuer ohne Deckel köcheln, bis nur noch wenige Esslöffel aromatischer Flüssigkeit übrig sind. Durch ein Sieb filtern, mit Butter aufmixen und abschmecken. Das ist die dunkle Sauce. Für die helle Sauce Wein, Fond und Sahne cremig einkochen und abschmecken.
Aus dem Kaninchenfleisch mit dem beiseite gestellten Wurzelwerk die Füllung zubereiten: von Hand fein hacken, mit Semmelbröseln und gehackter Petersilie mischen und abschmecken. Jeweils einen Löffel davon in die Mitte von hauchdünnen Teigkreisen setzen, rundum mit Eiweiß einpinseln und mit einem zweiten Teigkreis zudecken. Die Ravioli in Salzwasser pochieren, auf einem Bett von gedünstetem Blattspinat anrichten und mit den beiden Saucen umgeben.

3
CALAMARETTI AUF RADICCHIO

Die winzigen Sepie oder Calamaretti, die man bei man bei uns leider nur selten bekommt, sind so jung unglaublich zart und geschmackvoll.

Für vier Personen:
Ca. 600 g kleine frische Tintenfischchen, 1 Schalotte, 2 Knoblauchzehen, 2 EL Olivenöl, Salz, Pfeffer, ein Hauch Zitronenschale, 1 Messerspitze Kreuzkümmel, Petersilie, 3-4 EL Gemüsefond, 2-3 EL Semmelbrösel.
Außerdem:
2-3 Radicchio di Treviso, 3-4 EL Olivenöl, 3-4 EL Kalbs- oder Gemüsefond, Salz, 2 EL Balsamico

10-12 möglichst gleich kleine Sepietuben beiseite legen, die restlichen fein hacken. Zwiebel und Knoblauch in etwas Olivenöl andünsten, die Sepie zufügen, mit Salz, Pfeffer und Zitronenschale würzen, mit einem Hauch Kreuzkümmel parfümieren, gehackte Petersilie untermischen. Einige Minuten sanft schmurgeln, dabei mit wenig Gemüsefond anfeuchten. Die Brösel untermischen und abschmecken. In einen Spritzbeutel füllen und in die gereinigten Sepietuben füllen.
Den Radicchio putzen, waschen, den Wurzelstrunk abschneiden, ihn schälen und auf der Gemüsereibe fein raffeln. In zwei Löffeln Olivenöl andünsten, die Radicchioblätter zufügen und zusammenfallen lassen. Salzen und mit etwas Brühe benetzen. Abgekühlt mit frischem Öl beträufeln und mit Balsamico tränken. Durchziehen lassen. Zum Servieren auf Vorspeisentellern anrichten. Die gefüllten Sepie in etwas Öl rundum golden anbraten und darauf setzen.

4
KALBSNIERE MIT TOMATENVINAIGRETTE

Ein seltenes Vergnügen, dass man eine Kalbsniere bekommt, die auch noch im Ganzen gebraten wurde. Und dann auch noch mit einer kalten Tomatenvinaigrette! Ein überzeugendes Gericht, das durch die Qualität der Zutaten besticht.

Für zwei Personen:
1 Kalbsniere, 2-3 EL Olivenöl, Salz, Pfeffer
Tomatenvinaigrette:
2 Schalotten, 3-4 Champignons, 2 Tomaten, Schnittlauch, Salz, Pfeffer, 2 EL Balsamico, 3-4 EL Olivenöl

Die Niere säubern, die weißen Innenstränge so herausschneiden, dass die Niere möglichst ihre Form behält. In heißem Olivenöl sanft rundum braten – insgesamt nicht mehr als 5 Minuten, dabei salzen und pfeffern. Dann neben dem Feuer zugedeckt durchziehen lassen.
Für die Vinaigrette die Schalotten sehr fein würfeln, ebenso die Champignons und die gehäuteten und entkernten Tomaten. In einer Schüssel mischen, Schnittlauchröllchen dazu, mit Salz, Pfeffer, Balsamico und Olivenöl anmachen.
Die Niere in Scheiben schneiden und auf zwei Teller verteilen. Mit der Vinaigrette überziehen.

5
VARIATION VON DER MANDARINE

Von der Crème brulée über Sorbet, einem zarten Topfenknödel auf Salat bis zur Creme auf dünnem Biskuitboden: Alles aus frischen Mandarinen.

Für vier bis sechs Personen:
Mandarinencreme brulée:
4 Eigelb, 2 ganze Eier, 3 gehäufte EL Zucker, 0,2 l frisch gepresster Mandarinensaft, Zucker zum Karamellisieren
Mandarinensorbet:
1/4 l frisch gepresster Mandarinensaft, 80 g Zucker
Topfenknödel auf Mandarinensalat:
50 g weiche Butter, 2 EL Zucker, 2 Eier, 250 g Magerquark (Topfen), je 50 g Mehl und Semmelbrösel, je 75 g Butter und geriebene Haselnüsse zum Wenden, 4-5 Mandarinen, Zucker nach Gusto
Mandarinencremetörtchen:
2 Eigelb, 2 EL Zucker, 0,2 l Mandarinensaft, 3 Blatt Gelatine, 0,2 l Sahne, 1 Biskuitboden.
Für den Guss:
0,1 l Mandarinensaft, Zucker, 1 Blatt Gelatine

Für die Crème brulée Eigelb, Eier und Zucker glatt rühren, den Mandarinensaft unterrühren. In flache Portionsschälchen verteilen. Im Wasserbad im Backofen bei 120 Grad stocken lassen – ein bis zwei Stunden. Über Nacht kalt stellen. Vor dem Servieren mit Zucker bestreuen und unter dem Grill oder mit einem Bunsenbrenner karamellisieren.
Für das Sorbet zwei Esslöffel Mandarinensaft und Zucker in einem Topf schmelzen, mit dem restlichen Saft auffüllen, dann in der Eismaschine gefrieren.
Für die Topfenknödel die weiche Butter mit Zucker und Eiern schaumig schlagen, Magerquark unterrühren, Mehl und Brösel einarbeiten. Eine halbe Stunde kalt stellen und quellen lassen. Mit angefeuchteten Händen kleine Knödel formen und in Salzwasser 10 Minuten pochieren. Haselnüsse in brauner Butter rösten, die Knödel darin wenden.
Für den Salat Mandarinen filieren, mit Zucker, etwas Zitronensaft und Grand Marnier anmachen. Die Knödel heiß auf dem kalten Salat anrichten.
Für die Crème Eigelb und Zucker dick und heiß schlagen, den Saft zufügen und bis zur Rose kochen. Die eingeweichte Gelatine darin auflösen. Kalt stellen, bis die Masse anzieht, dann die steifgeschlagene Sahne unterziehen. Den restlichen Saft aufkochen, würzen, die eingeweichte Gelatine darin auflösen. Als dünne Schicht in Förmchen füllen, die Creme darüber geben und mit einem passend zugeschnittenen Stück Biskuit abdecken. Über Nach kalt stellen.

BOZEN IM WINTER

Wenn Nebel im Tal liegt und die Kälte sich feucht in die Glieder schleicht, kauft man sich auf dem Obstmarkt südliche Früchte und Gemüse. Man entdeckt seine Stadt wieder, trifft sich in den Weinstuben und Wirtshäusern nach Bozner Art: »Trink Weißwein nur bis zum Mittagsläuten, doch Roten zu allen Tageszeiten!«

Der alte Stadtkern ist, von ein paar wenigen Ausnahmen abgesehen, wieder schön herausgeputzt: Man merkt der Stadt den neuen Wohlstand an. Immer mehr Innenhöfe werden für Geschäfte, Galerien, Bars, Bistros und Cafés erschlossen. Dafür fehlen die sommerlichen Möglichkeiten für einen schnellen Imbiss im Freien (überhaupt ist vieles im Winter eingeschränkt – den Pacher-Altar in der Grieser Pfarrkirche kann man jetzt nur am Sonntag nach der Messe betrachten). Und so ist es um die Mittagszeit gar nicht leicht, eine Mahlzeit zu ergattern, obwohl kaum Touristen da sind: 16.000 Pendler, die täglich in die Stadt strömen, wollen verpflegt sein!

In einigen Gassen und Straßen scheint die Zeit stillzustehen. In der Bindergasse zum Beispiel kann man bei Setnikar kupfernes Kochgeschirr kaufen und gegenüber, bei Lorenzi, die besten und schönsten Messer. Stolz zeigt Giuliano den mobilen Schleifstuhl, mit dem sein Vater – Scherenschleifer und Schirmflicker! – nach dem Krieg noch durch die Lande zog, um sich seinen Lebensunterhalt zu verdienen, ehe er 1950 den Laden in der Stadt eröffnen konnte.

BOZNER ZELTEN

Für viele ist die Weihnachtsbäckerei lästige Pflicht geworden – sie kaufen einfach ein. Nicht so Familie Haselsteiner in Bozen: Gäste werden zu einem gemütlichen Wochenende eingeladen. Erst gibt's ein großes Essen mit knuspriger Gans, danach werden gemeinsam Zelten produziert – geformt, verziert, gebacken und verpackt!

Zelten (das klassisch-flache, saftige Tiroler Früchtebrot) gehören seit jeher zu Weihnachten. Traditionell werden sie am ersten Adventswochenende hergestellt – früher im Familienkreis, heute in großer Runde! Denn Ulli Haselsteiner verteilt sie großzügig an Freunde der Familie, und deren Zahl hat im Laufe der Jahre gigantisch zugenommen: Fast 200 Laibe werden inzwischen verschickt, weshalb sich die klassische runde Form zu einem postgängigeren Oval entwickelt hat. Den eigentlichen Teig setzt die Hausherrin bereits einige Tage vorher an, damit er gut durchzieht, formt mit Geschick die Laibe. Dann sind Hausherr Hans-Peter und die Gäste gefragt. Die Materialien für die Verzierung sind klassisch: Pinienkerne, eventuell Mandeln. Die Arbeit macht Spaß, und da der Phantasie keine Grenzen gesetzt sind, paaren sich witzige und ausgefallene Ideen mit mehr oder weniger geistreichen Kommentaren zum Geschick der Ausführenden und bleibt die tiefenpsychologische Ergründung der künstlerischen Höhenflüge nicht aus. Es herrscht beste Stimmung und am Ende, beim Betrachten der Strecke, sind alle froh und zufrieden.

BOZNER ZELTEN

Sogar für ein derartiges Traditionsobjekt wie Zelten gibt es eine Fülle der unterschiedlichsten Rezepte. Wahrscheinlich ist jede einzelne Südtiroler Hausfrau stolz auf ihre ureigene Version. Wichtigster Unterschied für Optik und Geschmack: ob und wieviel Brotteig verwendet wird. Die hier dokumentierten Zelten bestehen nur aus Früchten, keinem bisschen Brotteig, sondern enthalten lediglich einen Hauch von Roggenmehl zur Bindung.

Für ca. 18-20 Stück (männerhandflächengroß):
600 g getrocknete Feigen, 200 g Walnusskerne,
400 g Mandeln, 300 g Datteln, 600 g Rosinen,
300 g Marillen (Aprikosen), 1,5 kg Zwetschgen,
je 150 g Zitronat und Orangeat, 0,4 l Nusslikör oder Rum,
0,4 l Glühwein, 100 g Roggenmehl, 1 EL gemahlener Anis,
Pinienkerne und geschälte Mandeln zum Dekorieren,
2 EL Honig, 1/4 l Wasser

Die Früchte klein schneiden, in einer großen Schüssel mit Likör und Glühwein mischen. Drei Tage lang marinieren und dabei immer wieder durchrühren. Schließlich Roggenmehl und Anis einarbeiten.
Mit einer Schöpfkelle Portionen teilen, mit angefeuchteten Händen flache, ovale Küchlein formen. Mit Phantasie, Pinienkernen und Mandeln dekorieren. Auf Backpapier im 180 Grad heißen Ofen knapp eine halbe Stunde backen. Noch heiß mit Honigwakser einpinseln. Dann endgültig auskühlen lassen. In Cellophan hüllen und verschenken.

ERBHOF IN KARDAUN

Der Unterganznerhof darf sich Erbhof nennen, weil er seit mehr als 200 Jahren im Besitz derselben Familie ist. Kardaun ist eine der Zwölf Malgreien, der einst selbständigen Gemeinden um Bozen.

»Seit zehn Generationen«, lacht Josephus Mayr, »ist der Hof vom Vater auf den Sohn übergegangen!« Er schaut verschmitzt drein und erzählt von seiner Arbeit: Wie er als einer der Ersten in Südtirol vor 18 Jahren Cabernet Sauvignon angepflanzt hat, und zwar einen Klon, der besonders kleine Beeren bildet – höherer Schalenanteil gleich mehr Geschmack!, in einer locker aufgebauten Traube. Und bescheiden fügt er hinzu, das seine jüngsten »Kinder«, der Lamarein und der Reif, ja eine »schöne Anerkennung erfahren« haben, was eine saubere Untertreibung ist, konkurrieren sie doch mit den besten Weinen des Landes. Trotz aller Bescheidenheit leuchten ihm die Freude an der Arbeit und der Stolz auf seine Erfolge aus den Augen!

Der Lamarein wird aus den gebietstypischen Lagrein-Trauben gekeltert. Die gesündesten Trauben werden hierfür vollreif, aber vor der eigentlichen Ernte »gewimmt«, wie man hier zum Lesen sagt. Sie kommen zum Nachreifen in Kisten, werden erst um Weihnachten gepresst. Der Reif hingegen ist eine Komposition aus Cabernet Sauvignon, zehn Prozent Lagrein und jeweils ein wenig Cabernet Franc und Petit Verdot, wie in Bordeaux. Die Cabernet-Trauben hängen besonders lang am Stock, bis Mitte November. Schon im Juli werden viele Trauben ausgeschnitten, um die verbleibenden besser zu versorgen. Dann, wenn sie ihre volle Reife erreicht haben, kappt Josephus Mayr ihnen die Saftzufuhr, der Trieb wird vor der ersten Traube durchtrennt. Sie bleiben hängen, bis ein Teil des in ihnen enthaltenen Wassers verduns-

Barbara und Josephus Mayr sind immer fröhlich – dazu trägt auch bei, dass sie beide Musik machen: Sie spielt sonntags in der Kirche Orgel, er sitzt in der Kapelle von Zwölfmalgreien an der Pauke! Auch die Kinder, vier Töchter und ein Sohn, spielen alle ein Instrument. Im Innenhof des mächtigen, schön restaurierten Hofes steht ein 500 Jahre alter Maulbeerbaum. Doch andere Früchte stehen bei Mayrs im Mittelpunkt: Oliven, Feigen (grün-blaue Bozner, es gibt zwei Ernten: in den ersten beiden Juliwochen und im September) sowie natürlich die Trauben: Am Stock eine Cabernet Sauvignon für den Reif, in den Kisten trocknen Lagreintrauben für den Lamarein. Die Öffnungen des Trockenbodens liegen genau in der Richtung der Winde.

tet ist, die Inhaltsstoffe konzentriert sind. Während die Lagrein-Weine hauptsächlich im großen Holzfass ausgebaut werden, reift der Cabernet in Barriques, ein Drittel davon neu: Beim Lagrein will er Frucht und bodenständige Rustikalität erhalten, mit dem Cabernet dagegen spielen, ihn im Keller noch formen. Leider sind diese Weine stets ausverkauft…
Neben diesen Spezialitäten — auch jeweils einem »normalen« Sauvignon und Lagrein, neuerdings auch Sauvignon Blanc und Chardonnay auf oberhalb von Kardaun zugekauften Hängen — ist der Hauptwein von Josephus Mayr natürlich der St. Magdalener, der aus Vernatsch gekelterte Rotwein, für den Bozen berühmt ist. Ein Anteil von Lagrein gibt ihm Farbe und Charakter, der Classic erinnert sogar an einen Spätburgunder! Und schließlich der Krätzer, wie der als Rosé gekelterte Lagrein heißt: Der Saft wird gleich nach dem Quetschen von den Beeren gepresst, damit er kaum Farbe nimmt. Früher geschah dies in der Krätze, dem aus Weidenruten geflochtenen Korb. Daher der Name, nicht etwa, weil er in der Kehle kratzt! Der Mayr'sche, aus gesundem Lesegut gekeltert, rinnt frisch und süffig durch die Kehle!
Die große Leidenschaft von Josephus Mayr aber sind seine 300 Olivenbäume: 15 Sorten stehen an der Porphyrwand im Talgrund, die kalte Winde abhält und die Sonnenwärme speichert. Es sind die nördlichsten Olivenbäume der Welt: 50 bis 100 Liter feinstes Extra-Vergine-Öl ist die Ausbeute, reicht also nur für die Familie und ein paar gute Freunde…

DIE ROSE IN EPPAN

Margot und Herbert Hintner haben mit Enthusiasmus, Phantasie und viel strebsamer Energie aus der ehemaligen Dorfkneipe ihres Vaters eines der führenden Restaurants des Landes gemacht.

Herbert Hintner schüttelt seine graue Mähne, und schaut, als staune er noch immer: »Der Anfang unserer Laufbahn fiel zusammen mit dem Beginn eines Aufbruchs. Wir sind da einfach hineingewachsen.« Als sei es gar kein eigenes Verdienst, in wenigen Jahren das schlichte Gasthaus im Zentrum von Eppan zu einem Spitzenhaus umgeformt zu haben. Hintner hatte schon in den achtziger Jahren einen Stern geholt, war Gründungsmitglied der Jeunes Restaurateurs, macht eine Sendung fürs italienische Fernsehen (RAI) und hat mit seiner Umtriebigkeit die Südtiroler Gastronomie stark beeinflusst. »Nachdem wir 1985 vom Schwiegervater übernommen hatten, war auf einmal eine andere Zeit gekommen. Man entdeckte eine neue Art zu kochen, das war toll!«, begeistert er sich: »Unsere Eltern mussten nach dem Krieg Geld verdienen und hatten nicht viel mehr als die schöne Landschaft zu bieten. Sie versorgten die Gäste, so gut sie konnten, aber wenig professionell. Die Küche war mäßig – Hauptsache reichlich. Die Unterkünfte bescheiden, dafür billig. Das hat den Ruf von Südtirol als Urlaubsland geprägt – und heute haben wir unsere Schwierigkeiten damit. Meine Generation«, fährt er fort, »ist die Sache dann fachmännischer angegangen, wir haben eine gastronomische Ausbildung gemacht und können die Gäste verwöhnen.« Er überlegt kurz und setzt hinzu: »Wir haben entdeckt, dass ein wenig italianità am Herd unsere behäbigen Südtiroler Gerichte plötzlich fröhlicher macht, ein wenig Phantasie selbst unseren Knödeln gut tut.« Seine Begeisterung steckt an: »Das macht Freude, zumal es heutzutage Zutaten gibt, von denen man früher ja nicht mal träumen konnte.«

SALAT VOM KANINCHENRÜCKEN

Eine typische Restaurantkreation, die schon gleich zu Beginn eines Menüs zeigen soll, was die Küche zu leisten vermag: das saftig gebratene Fleisch, dazu junge Artischockenherzen, knusprige Kartoffelscheibchen und Salatröschen, betupft mit einer Balsamicovinaigrette – ein ebenso schön anzuschauender wie genussreicher Teller!

Für vier Personen:
2 ausgelöste Kaninchenrückenfilets, Olivenöl zum Braten, Salz, Pfeffer, 3-4 kleine Winterartischocken, Zitronensaft, Petersilie, 1 mittelgroße Kartoffel, Salatblätter, Feldsalatröschen, Frisée, Radicchio, Rucola
Balsamicovinaigrette:
1 Schalotte, 4 EL Olivenöl, 2 El Balsamico, 1 EL Zitronensaft, 1 TL scharfer Senf, Salz, Pfeffer

Die Filets häuten, in zwei Löffeln Öl rundum sanft anbraten, dabei salzen und pfeffern. In Alufolie wickeln und zum Nachziehen beiseite stellen. Die Artischocken bis aufs Herz schälen, sofort in Zitronenwasser legen, damit sie sich nicht verfärben. Im verbliebenen Bratfett langsam braten, bis sie gar sind, salzen, pfeffern, gehackte Petersilie untermischen. Ebenfalls beiseite stellen. Die Kartoffel schälen, in feine Scheibchen hobeln, waschen und gründlich abtrocknen. In Olivenöl schwimmend kross backen. Salatblätter waschen und zerpflücken.

Für die Vinaigrette die Schalotte fein würfeln, in einem Löffel Olivenöl sanft weich dünsten, mit Balsamico ablöschen und vom Feuer ziehen. Die übrigen Zutaten mit dem Schneebesen unterrühren, auch den im Folienpaket gesammelten Fleischsaft. Das Fleisch schräg in dünne Scheiben schneiden.
Zum Servieren alle Bestandteile des Salats dekorativ auf Vorspeisentellern anrichten und gleichmäßig mit der Vinaigrette beträufeln.

Der Wein: Weißburgunder »Plötzner« von der Kellerei St. Pauls aus der Exklusiv-Serie, der mit einer kräftigen Säure und eleganter Kraft überzeugt.

Ein schmiedeeisernes Rosengitter schmückt das Eingangsportal des Gasthauses »Zur Rose«. Trotzdem sieht man dem ehrwürdigen Gebäude in der Ortsmitte, das schon im 13. Jahrhundert als Gastwirtschaft urkundlich erwähnt wird, sein Alter nicht mehr an. Es wurde immer wieder und gründlich umgebaut und renoviert. So konzentriert man sich auf die Phantasie und Perfektion der Küche, freut sich über den intelligent bestückten Keller und über einen mustergültigen Service.

2
SAIBLING AUF FENCHEL-ZITRONEN-SALAT

Die dickfleischigen, milden Cedratzitronen sind hierfür nötig, die im Winter von der amalfitanischen Küste kommen. Ihre Säure ist zurückhaltend, ihr Fleisch fruchtig und die Schale mit ihren ätherischen Ölen ein wunderbares Gewürz.

Für drei bis vier Personen:
1 mittelgroßer Saibling, 4–5 EL Olivenöl, Salz, Pfeffer, 1 Glas Weißwein, 1 Cedratzitrone, 1 Fenchelknolle, Petersilie, Zucker, Salatblätter

2

Den Saibling filieren, die Haut jedoch dran lassen. Auf dieser Seite in etwas heißem Olivenöl anbraten, dabei die Fleischseite salzen und pfeffern. Die Filets umdrehen, sobald das Fleisch nicht mehr roh aussieht, sofort den Wein angießen und aufkochen, dann aber gleich vom Feuer ziehen. Etwas Zitronenschale in den Sud reiben. Die Filets herausheben und beiseite stellen. In den Sud den in Scheiben geschnittenen Fenchel geben. Einige Minuten gar ziehen lassen, dann gehackte Petersilie sowie die ausgelösten Zitronenfilets einrühren.

Den Sud aus der Pfanne in einen Mixbecher gießen, mit dem restlichen Olivenöl cremig aufmixen, dabei mit Salz und Zucker abschmecken. Fenchel, Zitronenfilets und Salatblätter hübsch auf Vorspeisentellern anrichten. Mit dieser Marinade beträufeln. Hintner mischt der Farbe zuliebe Würfel von gehäutetem rotem und grünem Paprika unter den Salat.

Der Wein: Voglar, der Sauvignon vom Weingut Dipoli (Seite 92), ein lebendiger, spritziger Wein, mit zartem Cassisblätteraroma und dem Duft von Piniennadeln.

3   4

3
CAPPUCCINO VON DER KARTOFFEL

Den Namen verdankt das feine, konzentrierte Süppchen dem duftigen Schaum, mit dem es gekrönt ist. Sehr köstlich mit den stecknadelkopfwinzigen Würfelchen von Kartoffeln und Speck und wirklich superleicht.

Für vier Personen:
1 kleine Zwiebel, 2 EL Butter, 100 g Bauchspeck (in 2 mm dünnen Scheiben), 400 g Kartoffeln, das Weiße einer dünnen Lauchstange, Salz, Pfeffer, Zitronenschale, 1/2 l Brühe, 1/4 l Sahne, Muskat

Die Zwiebel fein würfeln und in der Butter andünsten, vom Speck 5 Scheiben beiseite legen, den Rest fein würfeln und mitdünsten. Die geschälten und gewürfelten Kartoffeln zufügen (von einer Kartoffel einige dünne Scheiben abschneiden), ebenso den zerkleinerten Lauch. Salzen, pfeffern, Zitronenschale hineinreiben. Die Brühe angießen und zugedeckt eine halbe Stunde sanft köcheln. Dann alles mit Mixstab fein pürieren, die Sahne zufügen und die cremige Suppe schließlich mit Salz und Muskat gut abschmecken.
Unterdessen die Einlage herrichten: Die Kartoffelscheiben winzig würfeln, in einem Sieb kurz in den Suppentopf tauchen, um die Würfel zu blanchieren, dann unter kaltem Wasser abbrausen, danach gut abtrocknen – diese Prozedur ist wichtig, um die Stärke zu entfernen, sonst kleben die Würfel in der Pfanne leicht zusammen. Sie werden jetzt sanft in etwas Butter gebraten, erst zum Schluss auch ebenso winzige Speckwürfel zufügen.
Die hübschen Speckfritters, mit denen Hintner das Süppchen garniert, lohnen sich nur in größerer Menge: Speckscheiben auf einer Backfolie auf dem Backblech auslegen, im Ofen bei 180 Grad 10 Minuten knusprig backen, dann mit einer zweiten Folie zudecken, mit einem zweiten Blech beschweren und abkühlen lassen.

Der Wein: ein Gewürztraminer aus dem Eisacktal vom Kuenhof, von zartem Blütenduft und mit dichter Struktur, der gut das Spiel mit der Speckwürze aufnehmen kann.

Margot Hintner ist eine souveräne Gastgeberin und großartige Sommelière, es macht Spaß, ihr die Weinauswahl zum Menü zu überlassen: Sie kennt die Küche ihres Mannes perfekt und findet geradezu traumwandlerisch sicher den jeweils dazu passenden Tropfen.

4
CANNELLONI VOM KÜRBIS

Die Teigrolle ist mit Kürbispüree gefüllt und zur Schnecke aufgerollt. Die Gorgonzolasauce dazu ist cremig und dabei leicht, die Kleckse von bittermandelduftender Amarettibutter überraschend – eine kreative, pfiffige Variation zu einem bekannten Thema!

Für vier Personen:
400 g Kürbis, Salz, Pfeffer, etwas Piment und Wacholder, 2 EL Olivenöl, Portion Nudelteig (Seite 43), 1 Eiweiß
Gorgonzolasauce:
1/8 l Milch, 100 g Gorgonzola, Salz, Pfeffer, etwas Zitronenschale, 1 Spritzer Zitronensaft, 1 Prise Cayennepfeffer, 100 g Sahne.
Außerdem:
80 g Butter, 5-6 Amaretti (Mandelplätzchen)

Das Kürbisfleisch in ein Stück Alufolie packen, Gewürze zufügen, mit Öl beträufeln, die Folie rundum dicht verschließen. 30 bis 40 Minuten im 200 Grad heißen Ofen backen, bis das Fleisch weich ist. Dann im Mixer pürieren und kräftig abschmecken. Den Nudelteig dünn ausrollen, zu vier Bändern von etwa 10 mal 40 cm. Die Kanten rundum mit Eiweiß einpinseln. In die Mitte einen Streifen Kürbisfüllung setzen. Zusammenklappen, gut zusammendrücken. Die Teigrolle zu einer Schnecke aufwickeln, mit der Naht nach oben in leise siedendem Salzwasser (oder über Dampf) in wenigen Minuten garen.
Für die Sauce die Milch aufkochen, den Käse darin schmelzen, mit Salz, Pfeffer, Zitronenschale und -saft würzen. Drei bis vier Minuten köcheln, bis sich alles gut verbunden hat. Dabei immer wieder einen Schuss Sahne angießen. Die Sauce abschmecken und mit einem Hauch Cayennepfeffer schärfen. Als Spiegel in einen tiefen Teller gießen, die heiße Nudelrolle obenauf setzen. Amarettibutter rundum klecksen. Dafür die Butter erhitzen, die zerkrümelten Mandelplätzchen darin rösten, bis es duftet. Hauchdünn gehobelte Käseflocken vervollständigen den Teller.

Der Wein: Manna von Franz Haas, eine Cuvée zur Hälfte aus Chardonnay, der Rest ist Riesling, Gewürztraminer und Sauvignon. Ein üppiger Wein, mit vielfältigen Aromen, dem Duft von Aprikosen, Buttercreme, Orangenblüten. Geradezu ein Kultwein, in seiner komplexen Art ideal zur süßlich-würzigen Kürbisfüllung.

5
THUNFISCH AUF AUGENBOHNEN MIT ZITRONENÖL

Statt der in Italien hochgeschätzten weißen Bohnen die hübsche Bohnensorte mit dem schwarzen Auge an der Seite aus Asien: als Anspielung so originell wie kulinarisch interessant. Das Zitronenöl macht Hintner selbst: Mit dem Sparschäler von guten, ungespritzten Zitronen die Schale abschneiden, das Fruchtfleisch vom Weißen und den Kernen befreien, beides in wenig Wasser oder im Dampf weich kochen, dann abgetropft mit Olivenöl, Salz und Pfeffer glatt mixen. Hält sich lange im Schraubglas.

Für vier Personen:
120 g Augenbohnen (Asienladen oder Reformhaus), Salz, etwas Zitronenschale, Pfeffer, 3 EL Olivenöl, 1 kleine Zwiebel, 1 Knoblauchzehe, 200 ml Brühe, Cayennepfeffer, 2-3 EL Zitronenöl, 4 dicke Scheiben frischer Thunfisch, Olivenöl zum Braten, Rosmarin, je 2 EL Weißwein und Balsamico

Die Bohnen einweichen, dann in Salzwasser weich kochen (ein bis zwei Stunden, hängt davon ab, wie alt die Bohnen sind). Einen Teil zum Anrichten beiseite stellen, gleich mit etwas abgeriebener Zitronenschale, Pfeffer und Olivenöl würzen. Für die Sauce Zwiebel und Knoblauch fein würfeln und in zwei Löffeln Öl andünsten, die restlichen Bohnen zufügen, Brühe angießen, salzen, pfeffern, ein Stück Zitronenschale zufügen und etwa 10 Minuten köcheln. Alles pürieren, eventuell mit einem Schuss Brühe auf die richtige Saucenkonsistenz bringen und mit Cayenne sowie einigen Tropfen Zitronenöl abschmecken.
Den Thunfisch in wenig heißem Olivenöl auf beiden Seiten kurz, aber kräftig anbraten, dabei Rosmarinnadeln zufügen, für den Duft. Die Steaks auf beiden Seiten salzen und pfeffern; sie sollen innen absolut roh bleiben. Aus der Pfanne nehmen. Den Bratensatz mit Wein und Balsamico loskochen.
Zum Servieren einen Spiegel von Bohnencreme auf dem Teller verteilen, darauf einige Bohnen anrichten und mit dem Jus aus der Pfanne beträufeln. Die Thunfischsteaks quer halbieren, Schnittfläche nach oben, darauf setzen und alles mit Zitronenöl umklecksen.

Der Wein: ein Pinot nero (Spätburgunder) aus der Spitzenlinie St. Valentin von der Kellerei St. Michael in Eppan, der mit seiner Säure das cremige Bohnenpüree schön aufschließt.

6
TAUBE MIT GÄNSELEBER UND PETERSILIENWURZELPÜREE

Die Taube wird im Ganzen gebraten, weil sie so schön saftig bleibt, serviert wird jedoch nur die ausgelöste Brust. Das wird man natürlich beim Nachkochen im Haushalt anders halten – es wäre schade um den Rest.

Für vier Personen:
2 schöne Tauben (à 400 g), Salz, Pfeffer, 2-3 EL Olivenöl, 2 Thymianzweige, 2 Rosmarinzweige, 2 zerdrückte Wacholderbeeren, 1 Glas Weißwein, 1/8 l Kalbs- oder Wildfond, 3-4 EL Butter.
Außerdem:
4 Scheiben Gänsestopfleber
Petersilienwurzelpüree:
500 g Petersilienwurzeln, 1 mittelgroße Kartoffel, Salz, 200 g Sahne

Die Tauben innen und außen mit Salz, Pfeffer und Öl einreiben. In einen passenden Bräter setzen, Kräuterzweige und Wacholderbeeren daneben legen, in den auf 250 Grad vorgeheizten Ofen schieben. Nach 15 Minuten, wenn alles schön brutzelt, die Hitze auf 180 Grad herunterschalten und die Täubchen weitere 30 Minuten braten, dabei immer wieder wenden. Schließlich den Bräter herausholen, die Täubchen auf einem Stück Alufolie zurück in das ausgeschaltete Rohr setzen. Den Bratensatz mit Wein und Fond loskochen und loskratzen, in eine Kasserolle umgießen und auf dem Herd um die Hälfte einkochen. Die Butter untermixen, die Sauce abschmecken.
Die Gänseleber in wenig Öl sehr heiß und sehr kurz braten, erst dann salzen und pfeffern und zwischen zwei heißen Tellern oder im Ofen nachziehen lassen.

5

Für das Petersilienwurzelpüree die Wurzeln schälen, würfeln, mit der gewürfelten Kartoffel in einem Topf mit Wasser bedecken, salzen und zugedeckt weich kochen. Abgießen, stattdessen die Hälfte der Sahne auffüllen. Aufkochen, mit dem Pürierstab glatt mixen, dabei mit der restlichen Sahne die Konsistenz korrigieren. Abschmecken. Die Täubchen halbieren, mit dem Petersilienwurzelpüree anrichten (eventuell wie auf dem Photo auf gedünsteten Chicoreeblättern), die Gänseleber daneben setzen (bei Hintner liegt sie auf einer gedünsteten Apfelscheibe!). Die Sauce dekorativ dazwischen klecksen.

Der Wein: eine Lagrein Riserva von der Klosterkellerei Muri-Gries, ein kraftvoller, fruchtiger Wein, mit eigenwilligen lakritzigen Tönen, der sowohl Taube wie Gänseleber selbstbewusst begleitet.

7
VARIATION VOM APFEL

Der Apfel, Südtirols wichtigste Frucht, hier in vier verschiedenen Formen: roh als Tatar, im Filoteigbeutel versteckt und gebacken, als cremiges Eis und im Glas als erfrischendes Süppchen.

Für vier bis sechs Personen:
2 Boskoop, Zitronensaft, Zucker, Zitronenschale,
2 EL in Apfelbrand eingeweichte Rosinen, 4 Filoteigblätter,
2 Granny Smith, 1/8 l Zuckersirup

Die Boskoop schälen, vierteln, Kerngehäuse entfernen, und akkurat würfeln. Mit Zitronensaft, Zucker und Zitronenschale würzen. Die Rosinen untermischen. Die Hälfte davon in vier passend zugeschnittene Teigquadrate füllen. Diese zum Beutel zusammenfassen und mit Küchenzwirn locker verschnüren. Auf Backpapier bei 200 Grad etwa 10 Minuten hellbraun backen. Die andere Hälfte entweder in einem Formring zum Törtchen oder mit einem Löffel zur Nocke formen.
Die Granny-Smith-Äpfel vierteln, entkernen, jedoch mitsamt der Schale, etwas Zucker und Zitronensaft mixen. Die Hälfte davon in der Eismaschine unter Rühren gefrieren lassen, die andere Hälfte mit dem Zuckersirup aufmixen und mit Zitronensaft würzen. Als Süppchen in einem Glas servieren. Das Eis zur Nocke geformt auf dem Teller anrichten.
Hübsch sieht es aus, wenn man den Teller mit Linien aus flüssiger Schokolade garniert.

Der Wein dazu: ein Rosenmuskateller von der Ersten & Neuen Kellereigenossenschaft, mit herrlichem Rosenduft, intensiv und dennoch duftig und schwerelos.

GASTHAUS MESSNER

Wanderziel: ein kleines Kirchlein, von Obst- und Rebzeilen sowie Kastanienbäumen umrahmt. Daneben ein behagliches Gasthaus, so gemütlich, dass man die Zeit vergessen mag…

Von Siebeneich, westlich von Bozen, marschiert man ein bis zwei Stunden hinauf nach Glaning (ganz nach Kondition). Am Sauschloss vorbei – wie die Ruine der Burg Greifenstein im Volksmund heißt – gelangt man auf ein idyllisches Plateau, das wie auf einem Pult über dem Etschtal lagert. Mit dem Auto biegt man von der Straße nach Jenesien auf halber Strecke links ab. Neben dem St.-Martin-Kirchlein, das nicht nur seinem Namenspatron geweiht ist, sondern auch den Heiligen Kosmas und Damian, deren Reliquien hier ruhen, bietet das Gasthaus Messner Rast und Einkehr. Ein einfaches, aber tröstlich wahrhaftiges Bauerngasthaus. Besonders schön: die Veranda, die sich die Hausfront an der Südseite entlang zieht. Wenn durch die großen Fenster die Sonne hereinknallt, muss man zum Schutz vor ihr die Vorhänge zuziehen. Der Weißwein (ein Silvaner) aus eigenem Anbau ist hefetrüb und säurefrisch und hat den Charme des Ursprünglichen. Die Knödel werden erst nach Bestellung ins Kochwasser gelegt und sind unvergleichlich locker, und der Krautsalat ist so frisch und duftig wie sonst nie!

Das Kircherl steht inmitten eines großen, von Kastanienbäumen umrahmten Apfelgartens – von hier reicht der Blick bis zur Salurner Schleuse und den Bergspitzen des Rosengartens. Der Speck ist gut gereift, schön fest und hauchdünn gehobelt: Eine bessere Vorspeise gibt es nicht! Die köstlichen weißen Kohlköpfe für den Krautsalat werden frisch geschnitten und nur kurz geknetet – herrlich als Salat zu Knödeln.

1
WIENER SCHNITZEL

Das österreichische Erbe lebt! Selbstverständlich ist das Wiener Schnitzel hier perfekt: dünn, aus der Oberschale vom Kalb, die Panierung luftig und knusprig, wie es sich gehört.

Für zwei Personen:
2 zentimeterdünne Scheiben aus der Oberschale vom Kalb (auch Schmetterlingsscheiben aus dem Rücken), Salz, Pfeffer, Mehl zum Wenden, 1 Ei, eine Prise Muskat, Semmelbrösel, Butterschmalz zum Backen

Das Fleisch mit der Hand oder mit der flachen Seite eines großen Messer behutsam etwas flach klopfen, salzen und pfeffern. Ganz leicht durch Mehl ziehen, in verquirltem Ei wenden, das mit Salz, Pfeffer und Muskat gewürzt ist, und schließlich in Paniermehl drehen, bis es überall hauchdünn davon überzogen ist. In reichlich Butterschmalz (ca. 2 cm hoch in der Pfanne!) langsam schön golden backen, dabei immer wieder an der Pfanne rütteln, damit das heiße Fett auch über die Oberseite schwappt – so kann die Panierung aufgehen und sich hoch über dem Fleisch wölben.

2
SPECKKNÖDEL

Jede Hausfrau macht ihre Knödel ein wenig anders, in jedem Gasthaus sehen sie anders aus – es kommt auch stets darauf an, welches Brot man dafür nimmt, wie altbacken es ist, wie viel Milch, was für einen Speck … und wie viel Erfahrung man beim Knödeldrehen hat.

Für vier Personen:
3 Eier, 2 EL Rahm, 1/4 l Milch, 5 altbackene Semmeln, 100 g Speck, 2 EL Butter, 1 kleine Zwiebel, Petersilie, ca. 2 EL Mehl, Salz

Eier und Rahm mit etwa der Hälfte der Milch verquirlen. Über die in kleine Würfel geschnittenen Semmeln verteilen und eine Stunde lang durchziehen lassen. In der Zwischenzeit den Speck fein würfeln und in einer Pfanne sanft auslassen, dabei die fein geschnittene Zwiebel mitschmurgeln lassen. Gehackte Petersilie zufügen und kurz mitdünsten. Unter die eingeweichten Semmelwürfel mischen, sie jetzt mit einem Hauch Mehl und so viel Milch, wie nötig, zu einem formbaren Teig verarbeiten. Tennisballgroße Knödel formen und in leise siedendem Salzwasser 10 bis 15 Minuten ziehen lassen.

MIT GOTTES SEGEN

sitzt der Gast und kann genießen, wo immer von der Stubendecke herab die Taube des Heiligen Geistes wacht. Wie in der wunderschönen, 300 Jahre alten Stube des Patscheider Hofs am Ritten.

*I*n vielen Gaststuben in Tirol schwebt in der Zimmermitte die weiße Taube über den Köpfen, das ist Tradition. Aber sie ist bei weitem nicht überall so schön, so inspiriert wie hier und so naturgetreu, dass man immer wieder irritiert emporblickt, weil man das Gefühl hat, gerade flattert sie mit ihren Flügeln. Die heimelige Stube des Patscheider Hofs ist unter den ungezählten eindrucksvollen Stuben Südtirols etwas Besonderes, so unverfälscht hat sie die Zeitläufte überstanden. Die kleine Plattform, die man häufig über dem Ofen mit seinem typischen halbrunden Buckel sieht – hier ist sie einladend gepolstert und mit Kissen ausstaffiert, so dass sich gewiss darauf ein köstliches Mittagsschläfchen halten ließe. Und dazu tickt die schön bemalte Bauernuhr von 1853 in beruhigender, einschläfernder Langsamkeit.

»Die Großmutter«, erzählt der Wirt Luis Rottensteiner, »hatte hier einen Buschenschank betrieben, und die Weine ausgeschenkt, die in den Pergeln rundum wuchsen.« Seit er vor zwanzig Jahren mit seiner Frau Edith den Betrieb übernommen hatte, ist ganz allmählich ein richtiges Gasthaus daraus geworden. Luis in der Küche, aber die ganze Familie hilft mit. Seine Schwester Greti betreut mit Ehefrau Edith den Service. Und nach seines Bruders Tod hat dessen Sohn, Neffe Tobias, die Landwirtschaft übernommen und produziert, wie sein Vater früher, alles, was Luis für die Gäste braucht: den Wein, die Äpfel (für fabelhafte Kuchen!) und selbstverständlich auch die Schweine, deren Fleisch, vor allem aber Speck und Würste, die Gäste hier besonders glücklich machen.

Der Patscheider Hof liegt an der Flanke des Bozner Hausbergs, des Ritten, auf der Sonnenseite des Eisacktals, dem Rosengarten mit seinem pittoresk gezackten Felsensaum genau gegenüber. Von der Terrasse unter dem Haus inmitten der Weinpergeln blickt man auf ihn also geradezu in Augenhöhe. Im Sommer oder Herbst, wenn die untergehende Sonne die Bergspitzen in das berühmte atemberaubende Rosa taucht, ist dies ein Logenplatz für das Naturspektakel. Im Winter allerdings hockt man lieber in der gemütlichen, wohlig erwärmten Stube und genießt die Sicht durch die kleinen (gut isolierten!) Fenster. Luis Rottensteiner (auf dem Bild unten hält er rechts Ehefrau Edith im Arm, links lächelt Schwester Greti) hat die von der Großmutter überlieferten Rezepte nicht einfach übernommen, sie vielmehr modernisiert, erleichtert und aufgefrischt und so eine ureigene, persönliche Version einer fröhlichen und delikaten Südtiroler Küche entwickelt, die seinen Gästen großes Vergnügen macht.

ROTE-BETE-, SPINAT- UND TOPFEN-KNÖDEL

Sie machen immer eine Figur, die Rote-Bete-Knödel in schrillem Pink, vor allem, wenn die erdverbundenen Spinatknödel grün daneben liegen. Im Patscheider Hof gibt's dazu noch weiße Topfenknödel sowie Käsnocken (Rezepte Seite 244 und 208). Ein Tipp, der für alle Knödel & Nocken gilt: Unbedingt immer einen Probeknödel kochen, um zu prüfen, ob er auch wirklich zusammenhält. Sonst noch etwas mehr Brösel oder etwas Mehl zufügen.

Für vier bis sechs Personen:
Rote-Bete-Knödel:
1 kleine Zwiebel, 1-2 Knoblauchzehen, 2 EL Olivenöl (oder Butter), 300 g gekochte rote Bete, 200 g altbackenes Weißbrot, 100 g Magerquark, 2 Eier, 1/2 TL gehackter Kümmel, Salz, Pfeffer, Semmelbrösel, gehackte Petersilie

Zwiebel fein würfeln und im heißen Öl weich dünsten, dabei den gehackten oder durchgepressten Knoblauch zufügen. Mit den grob gewürfelten, geschälten roten Beten und dem gewürfelten Brot im Mixer pürieren, dabei zum Schluss den Quark sowie die Eier einarbeiten. Mit Kümmel, Salz und Pfeffer würzen. Die Masse, wenn nötig, mit Semmelbröseln verstärken und die fein gehackte Petersilie untermischen. Eine halbe Stunde quellen lassen. Dann Knödel formen (mit angefeuchteten Händen, etwa tischtennisballgroß). In Salzwasser etwa 10 bis 12 Minuten ziehen lassen. Wenn sie an der Oberfläche schwimmen und schwerelos kullern, sind sie gar.

Spinatknödel:
Sie werden ganz gleich zubereitet: statt roter Bete nimmt man blanchierten Spinat und statt mit Kümmel wird mit Muskat gewürzt.

Topfenknödel:
50 g weiche Butter, 2 Eier, 250 g Magerquark (Topfen), Salz, Pfeffer, Muskat, je 50 g Mehl und Semmelbrösel

Die Butter mit dem Schneebesen schaumig rühren, dabei die Eier nach und nach einarbeiten und den passierten Topfen. Die Masse mit Salz, Pfeffer und Muskat würzen. Mehl und Brösel untermischen. Die Masse eine halbe Stunde kalt stellen und quellen lassen. Mit einem Esslöffel Nocken abstechen und in der angefeuchteten Handfläche schön glatt formen. In Salzwasser ca. 10 Minuten gar ziehen lassen.

Niemals darf er auf der Speisekarte des Patscheider Hofs fehlen, sonst wären die Stammgäste enttäuscht, der Teller mit den vier unterschiedlichen Knödeln & Nocken. Zur Information: Knödel sind immer rund und Nocken immer länglich. Das Geheimnis übrigens, warum seine Knödel so unbeschreiblich duftig und locker sind: Statt der üblichen Semmeln nimmt Luis lieber Weißbrot, da ist der Anteil an Rinde nicht so groß! Und so sehen sie nicht nur bildschön aus und schmecken einfach köstlich, sie streicheln geradezu den Gaumen, so zart und flaumig sind sie. Was übrigens auch für Luis' unwiderstehliche Schlutzkrapfen gilt, für die ebenfalls die Reise lohnt. Ein unwahrscheinlich dünner Teig umhüllt die leuchtend grüne Füllung aus Spinat – unglaublich, dass das tatsächlich alles hält!

REZEPTREGISTER

VORSPEISEN & SALATE

Blütensalat mit Croutons	17
Bruschetta	80
Culatello mit Trauben	193
Garnelentatar	106
Gebackene Zucchiniblüten	70
Gefüllte Zucchiniblüte	48
Graukas, angemacht	138
Hausgemachtes	58
Jakobsmuscheln und Foie gras mit Kakaoravioli	18
Kalbskopf auf kleinem Salat	149
Käsetatar auf Tomate	86
Knödelsalat	106
Krautsalat	208
Ochsenmaulsalat	191
Rehcarpaccio	169
Rindercarpaccio	143
Salat aus rohem Spargel mit Haselnussvinaigrette	42
Salat vom Kaninchenrücken	235
Sommersalat mit Melone	82
Spargel mit Taubenbrust und Löwenzahn-Kartoffel-Salat	25
Speckteller	214
Steinpilzcarpaccio	138

SUPPEN

Bigolicremesuppe	60
Bohnensuppe	54
Brotsuppe	156
Cappuccino von der Kartoffel	237
Frittatensuppe	190
Gerstensuppe	173
Leberknödelsuppe	207
Weinsuppe	153

SAUCEN

Bozner Sauce mit Spargel	33
Grüne Sauce	123
Käsesauce	71
Kräutersauce mit Spargel	54
Rotweinsauce	204

GEMÜSE, EIERSPEISEN & GRÖSTL

Bozner Herrengröstl	87
Gebackenes Ei auf Spinat	170
Geschmolzener Käse mit Ei	191
Kartoffelgratin	63
Käsesoufflé in Steinpilzcreme	148
Palatschinken, mit Frischkäse gefüllt	31
Spargelstrudel	35
Steinpilzrösti	138
Stockfischgröstl	215
Süßsaures Zwiebelgemüse	43

PASTA & RISOTTI

Bärlauchschlutzkrapfen	60
Cannelloni vom Kürbis	237
Kastaniennudeln mit Wildragout	170
Lasagnette vom Steinbutt	193
Latschenrisotto mit geräucherter Perlhuhnbrust	202
Lauchrisotto mit Garnelen	194
Nudelrollen mit Ricotta	88
Perlhuhnravioli mit Paprikasauce	43
Ravioli mit Knollenziest	211
Raviolo mit Kaninchenfüllung	225
Risotto mit Pfifferlingen und Venusmuscheln	107
Selleriecannelloni mit Kaninchenrücken	48
Spaghetti mit Huhn	195
Spaghetti mit Sepioline	82
Spargelrisotto	35
Spinatnudeln mit Pfifferlingen und Wildschweinragout	87
Tortelloni mit Pfifferlingen	148
Tortelloni mit Puffbohnen	49

KNÖDEL & NOCKEN

Graukasnocken	215
Kartoffelknödel	71
Käseknödel in Lauchrahm	191
Leberknödel	207
Rote-Bete-Knödel	244
Spargelnocken	34
Spinatknödel	244
Spinatnocken	70
Speckknödel	241

Topfenknödel	244
Ziegerkasnocken	208

FISCH & MEERESFRÜCHTE

Calamaretti auf Radicchio	225
Forelle Müllerin	39
Forelle, mariniert	39
Saibling auf Fenchel-Zitronen-Salat	236
Saibling, hausgebeizt, mit Kartoffelchips	200
Saibling, mariniert	144
Stockfischtörtchen	150
Szegediner Gulasch vom Waller	201
Thunfisch auf Augenbohnen mit Zitronenöl	238

GEFLÜGEL & ANDERES FLEISCH

Freilandhuhn aus dem Rohr	62
Hirschkalbgulasch	209
Hirschsteak	216
Kalbsbries, gebacken, auf Kartoffelsalat	224
Kalbskopf sauer	86
Kalbsleber mit Salbei	88, 216
Kalbsniere mit Tomatenvinaigrette	226
Kalbsrücken mit Apfel-Meerrettich-Kruste	43
Kalbsrückensteak mit Kastanienkruste	171
Kalbswange mit Gänseleber im Strudelteig	203
Kalbswange, geschmort	144
Kutteln Südtiroler Art	214
Lamm mit Ofentomaten und Schmorzwiebeln	50
Lammbratl	150
Lammrücken auf Linsen	72
Ochsenwange, gesotten	123
Rinderfilet im Bergheu in der Salzkruste gegart	204
Rindsgulasch	145
Schinken mit Bratkartoffeln	107
Spanferkelrippen mit Kartoffelgratin	63
Taube mit Gänseleber und Petersilienwurzelpüree	238
Wiener Schnitzel	241
Wildragout	170
Wildschweinragout	87
Zicklein aus dem Rohr	19

BROT & GEBACKENES

Bozner Zelten	231
Buchweizentorte	47
Grunggeln	72
Kirchtagskrapfen	55
Kirschstrudel	89
Mohntorte	98
Spinat-Tirtlen	159
Vinschger Paarl	103
Zirmertorte	145
Zwiebelkuchen	159

DESSERTS

Blutorangensuppe mit Mascarponeeis	44
Fenchelmousse mit Preiselbeereis	205
Kastanienmousse mit Kaki	171
Konfitüren zum Käse	83
Lindenblüteneis, gebacken	19
Mandarinencreme brulée	226
Mandarinencremetörtchen	226
Mandarinensorbet	226
Marillenknödel	120
Orangencreme	195
Preiselbeerpfannkuchen	209
Schneemilch	111
Schokoladentörtchen mit Tabakeis	151
Topfenknödel auf Mandarinensalat	226
Topfenknödel mit Rhabarber und Erdbeeren	63
Topfenschmarrn	217
Topfensoufflé und Marzipaneis	50
Variation vom Apfel	239

GRUNDREZEPTE

Ausbackteig	72
Bechamelsauce	88
Birnenkonfitüre mit Safran	83
Brotteig	159
Feigenkonfitüre mit Balsamico	83
Kartoffelchips	200
Kartoffelgratin	63
Käsesauce	71
Latschenbutter	202
Läuterzucker	205
Löwenzahnsirup	25
Mascarponeeis	44
Mayonnaise	224
Mürbteig	98
Nudelteig I	43
Nudelteig II (gefärbt)	48
Ofentomaten	50
Orangenkonfitüre mit Chili	83
Polenta	209
Quittenmostarda	83
Schmorzwiebeln	50
Strudelteig	89
Zitronenöl	238
Zitronen-Olivenöl-Paste	150

ADRESSEN

HOTELS UND RESTAURANTS

Von Deutschland aus 0039 als Vorwahl, die 0 der nationalen italienischen Vorwahl bleibt stehen; dort haben Mobilnummern keine 0 vorweg!

1 Hotel Gasthaus
BAD DREIKIRCHEN (S. 166)
St. Jakob 6
I - 39040 Barbian
Tel: 0471 - 650 055, Fax: 650 044
www.baddreikirchen.it

2 Hotel Restaurant
BAD SCHÖRGAU (S. 68)
I - 39058 Sarnthein
Tel: 0471 - 623 048, Fax: 622 442
www.bad-schoergau.com
Ruhetag, Reservierung (außer für Pensionsgäste): Mo, Di

3 Restaurant BAITA GARBA (S. 38)
Mühlenweg 96
I - 39040 Salurn
Tel: 0471 - 88 44 92
Ruhetag: Di

4 Hotel BRIOL (S. 166)
St. Jakob 13
I - 39040 Barbian
Tel + Fax: 0471 - 650 125
Geöffnet von Mitte Mai bis September

5 CARLETTO - Vereinswirtschaft
Kuckuck »Hexenhütte« (S. 30)
Am Parkplatz Quadrathöfe
I – 39020 Partschins
Tel: 0473 - 96 82 03
Ab 17 Uhr geöffnet, nur auf telefonische Anmeldung

6 Crostini & Pannini
Dai CARRETTAI (S. 76)
Dr.-Streiter-Gasse 20/B
I - 39100 Bozen
Tel: 0471 - 970 558
Mo-Fr 7-14 und 17.30-21; Sa 7-14

7 Fischbänk COBO -
Dr. Streiter's Winegarden (S. 76)
Dr.-Streiter-Gasse 28
I - 39100 Bozen
Geöffnet 15. April- 15. Okt., 12-23.30;
Ruhetag: So

8 Gasthaus DORFNERHOF (S. 190)
Gschnon 5
I - 39040 Montan
Tel: 0471 - 819 798
Ruhetag: Mo, anrufen!

9 Hotel Restaurant
Castel FRAGSBURG (S. 184)
Fragsburger Straße 3
I - 39012 Meran
Tel: 0473 - 244 071, Fax: 244 493
www.fragsburg.com
Ruhetag: Mo

10 Gasthof GOLDENER ADLER (S. 122)
Schleis 46
I - 39024 Mals
Tel: 0473 - 831 139, Fax: 831 225
E-Mail: goldener.adler@dnet.it
Ruhetag Do; Reservierung ratsam

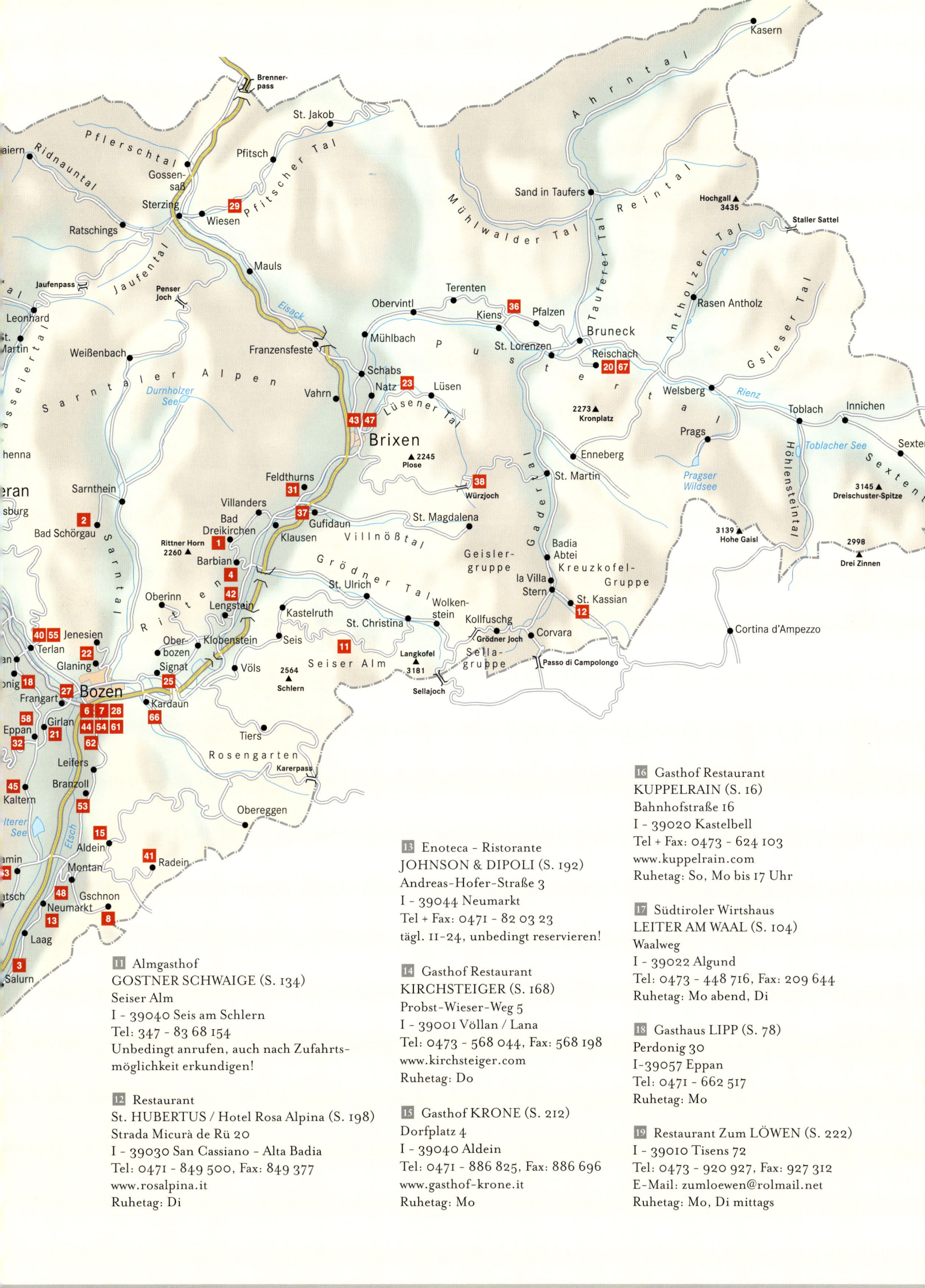

11 Almgasthof
GOSTNER SCHWAIGE (S. 134)
Seiser Alm
I - 39040 Seis am Schlern
Tel: 347 - 83 68 154
Unbedingt anrufen, auch nach Zufahrts-
möglichkeit erkundigen!

12 Restaurant
St. HUBERTUS / Hotel Rosa Alpina (S. 198)
Strada Micurà de Rü 20
I - 39030 San Cassiano - Alta Badia
Tel: 0471 - 849 500, Fax: 849 377
www.rosalpina.it
Ruhetag: Di

13 Enoteca - Ristorante
JOHNSON & DIPOLI (S. 192)
Andreas-Hofer-Straße 3
I - 39044 Neumarkt
Tel + Fax: 0471 - 82 03 23
tägl. 11-24, unbedingt reservieren!

14 Gasthof Restaurant
KIRCHSTEIGER (S. 168)
Probst-Wieser-Weg 5
I - 39001 Völlan / Lana
Tel: 0473 - 568 044, Fax: 568 198
www.kirchsteiger.com
Ruhetag: Do

15 Gasthof KRONE (S. 212)
Dorfplatz 4
I - 39040 Aldein
Tel: 0471 - 886 825, Fax: 886 696
www.gasthof-krone.it
Ruhetag: Mo

16 Gasthof Restaurant
KUPPELRAIN (S. 16)
Bahnhofstraße 16
I - 39020 Kastelbell
Tel + Fax: 0473 - 624 103
www.kuppelrain.com
Ruhetag: So, Mo bis 17 Uhr

17 Südtiroler Wirtshaus
LEITER AM WAAL (S. 104)
Waalweg
I - 39022 Algund
Tel: 0473 - 448 716, Fax: 209 644
Ruhetag: Mo abend, Di

18 Gasthaus LIPP (S. 78)
Perdonig 30
I-39057 Eppan
Tel: 0471 - 662 517
Ruhetag: Mo

19 Restaurant Zum LÖWEN (S. 222)
I - 39010 Tisens 72
Tel: 0473 - 920 927, Fax: 927 312
E-Mail: zumloewen@rolmail.net
Ruhetag: Mo, Di mittags

20 Hotel MAJESTIC (S. 211)
Im Gelände 20
I - 39031 Reischach bei Bruneck
Tel: 0474 - 410 993, Fax: 550 821
www.hotel-majestic.it
Essen nur für Hotelgäste

21 Restaurant MARKLHOF (S. 84)
Marklhofweg 14
I - 39050 Girlan
Tel: 0471 - 662 407, Fax: 661 522
www.eppan.com/marklhof
Ruhetag: So abend, Mo

22 Gasthaus MESSNER (S. 240)
Glaning Nr. 3
I - 39050 Jenesien
Tel: 0471 - 281 353
Ruhetag: Mo, Juli, August

23 Gasthaus NIEDERSTHOF (S. 52)
Kreuznerstraße 10
I - 39040 Lüsen
Tel: 0472 - 41 36 70
Nur auf telefonische Anmeldung

24 Gasthof OBERRAINDLHOF (S. 108)
Unser Frau 49
I - 39020 Schnalstal
Tel: 0473 - 679 131, Fax: 679 311
www.oberraindlhof.com
Ruhetag: Mi

25 Gasthaus PATSCHEIDER HOF (S. 242)
I - 39059 Signat / Oberbozen
Tel: 0471 - 365 267
www.patscheiderhof.com
Ruhetag: Di; Ferien: Juli; unbedingt reservieren!

26 Hotel und Wohnungen
PERGOLA RESIDENCE (S. 174)
St. Kassianweg 40
I - 39022 Algund/Meran
Tel: 0473 - 20 14 35, Fax: 20 14 19
www.pergola-residence.it

27 Enoteca - Bistro Ansitz PILLHOF (S. 80)
Bozner Straße 48
I - 30010 Frangart-Eppan
Tel: 0471 - 633 100, Fax: 631 643
Mo-Fr. 9.30-21.30, Sa 9.30-15.30,
Ruhetag: So

28 Restaurant PRA MEISA (S. 74)
Dr.-Streiter-Gasse 21
I - 39100 Bozen
Tel: 0471 - 972 263, Fax: 940 860
www.prameisa.it
Ruhetag: So; 12-14 und 19.30-23

29 Wirtshaus, Laden und Bauernhof
PRETZHOF (S. 56)
Tulfer 259
I - 39040 Wiesen/Pfitsch
Tel + Fax: 0472 - 764 455
www.pretzhof.com
Ruhetag: Mo, Di; 12-14, 18-22; dazwischen kleine Karte; an Wochenenden unbedingt reservieren!

30 Ferienhaus RIZZI-TURM
St. Martin (S. 22)
Anmeldung bei Simone Rizzi
Tel: 335 - 818 55 10
www.turm-chalet.com

31 Bio-Hof RADOAR (S. 162)
I - 39040 Feldthurns
Tel + Fax: 0472 - 85 56 45
www.radoar.it
Buschenschank von Anfang Oktober bis Mitte November, Fr, Sa, So ab 13 Uhr

32 Restaurant Zur ROSE (S. 234)
J.-Innerhofer-Straße 2
I - 39057 Eppan
Tel: 0471 - 662 249, Fax: 662 485
www.zur-rose.com
Ruhetag: So, Mo mittags

33 Gasthaus Zur ROSE (S. 40)
Endergasse 2
I - 39040 Kurtatsch
Tel + Fax: 0471 - 880 116
Ruhetag: So, Mo mittags

34 SCHLINIGER ALM (S. 130)
Schlinig 24
I - 39024 Mals
Tel: 0473 - 830 152
Abends nur auf Vorbestellung, kein Ruhetag, geöffnet von 1. Dez.-Ostern, Juni-Allerheiligen

35 Buschenschank
SCHNALSHUBER HOF (S. 176)
Oberplars 2
I - 39022 Algund
Tel: 0473 - 44 73 24
E-Mail: schnalshuber@rolmail.net
Do-So ab 17 geöffnet, Mo-Mi nach Vereinbarung. Unbedingt vorbestellen!

36 Restaurant SCHÖNECK (S. 146)
Mühlen bei Pfalzen
A - 39030 Kiens
Tel: 0474 - 565 550, Fax: 564 167
www.schoeneck.it

37 Restaurant Gasthof UNTERWIRT (S. 46)
Gufidaun
I - 39043 Klausen
Tel: 0472 - 844 000, Fax: 844 065
www.unterwirt-gufidaun.com
Ruhetag: Di, Mi

38 Almgasthof ÜTIA DE BÖRZ (S. 206)
Antermoia 58
I - 39030 St. Martin in Thurn
Tel: 0474 - 520 066, Fax: 590 177
www.passodelleerbe.it
Kein Ruhetag, warme Küche von 11.30-20

39 VIGILIUS MOUNTAIN RESORT (S. 172)
Vigiljoch
I - 39011 Lana
Tel: 0473 - 556 600, Fax: 556 699
www.vigilius.it

40 Hotel Restaurant WEINGARTEN (S. 32)
Hauptstraße 42
I - 39018 Terlan
Tel: 0471 - 25 71 74, Fax: 25 77 76
www.hotel-weingarten.com

41 Berghotel ZIRMERHOF (S. 142)
Oberradein 59
I - 39040 Radein
Tel: 0471 - 887 215, Fax: 887 225
www.zirmerhof.com

42 Gasthaus ZUNER (S. 78)
Lengstein - St. Andreas
I - 39050 Ritten
Tel + Fax: 0471 - 349 006
www.zunerhof.it
Ruhetag: Mo

Produzenten und Läden

43 AUGUSTINER CHORHERRENSTIFT
NEUSTIFT (S. 152)
Stiftstraße 1
I - 39040 Vahrn
Tel: 0472 - 836 189, Fax: 837 305
www.klosterneustift.it

44 Eisdiele AVALON (S. 76)
Freiheitsstraße 44
I - 39100 Bozen
Tel: 0471 - 260 434
Mo-Fr 11-23, Sa-So 10-23.30,
Ruhetag: Di Nov-April

45 Enoteca BATTISTI (S. 9)
Goldgasse 7
I - 39052 Kaltern
Tel + Fax: 0471 - 963 299

46 BIOLOGISCHER GARTENBAU
LATSCH (S. 26)
Feichtgasse 1
I - 39021 Latsch
Tel: 0473 - 62 22 06, Fax: 72 11 02
E-Mail: btzl.bzgvin@gvcc.net

47 Feine Auswahl von Käse
DEGUST (S. 132)
Eisackstraße 1 (Löwecenter)
I - 39040 Vahrn bei Brixen
Tel: 0472 - 849 873, Fax: 849 875
www.degust.com

48 Weingut Peter DIPOLI (S. 92)
Villnerstraße 5
I - 39044 Neumarkt
Tel: 0471 - 813 400, Fax: 813 444

49 Käserei Hohenegger
GAMSEGG HOF (S. 128)
Melag 104/A
I - 39020 Graun im Vinschgau
Tel + Fax: 0473 - 633 287
www.gamsegghof.it

50 Essig und Trockenfrüchte Luggin
KANDLWAALHOF (S. 116)
Unterwaalweg 10
I - 39023 Laas
Tel: 0473 - 626 627
E-Mail: kluggin@dnet.it

51 Weinbau KÖFELGUT (S. 26)
Im Winkel 12
I - 39020 Kastelbell
Tel + Fax: 0473 - 62 46 34

52 Biobauer KRÖSS -
TÖLLERHOF (S. 178)
Alte Landstraße 36
I - 39022 Algund
Tel: 0473 - 44 05 56

53 Weingut H. LENTSCH (S. 36)
Reichsstraße 71
I - 39051 Branzoll
Tel: 0471 - 59 60 17, Fax: 59 65 42
www.lentsch.it

54 Messer/Feinschleiferei
N. LORENZI (S. 229)
Bindergasse 28
I - 39100 Bozen

55 Spargel MARGARETE
Kellerei Terlan (S. 32)
Silberleiten Weg 7
I-39010 Terlan
Tel: 0471 - 256 400, Fax: 256 224
www.kellerei-terlan.com

56 Obst und Beeren Erzeugergenossenschaft
MARTELL (S. 112)
I - 39020 Martell
Tel: 0473 - 744 700, Fax: 744 710

57 Bildhauer- und Steinmetzmeister
Josef MAYR (S. 114)
Vinschgaustraße 89
I - 39023 Laas
Tel: 0473 - 626 541, Fax: 626 750

58 Museum für mittelalterliche Wohnkultur
Schloss MOOS-SCHULTHAUS (S. 90)
Schulthauserweg 4
I - 39057 Eppan
Tel: 0471 - 660 139
tägl. außer Mo Führungen 10 und 11,
16 und 17

59 Speck Außererbhof PÖDER (S. 218)
Erbhof 64
I - 39010 St. Pankraz/Ultental
Tel: 0473 - 787 147

60 RESCHNER KÄSEREI (S. 124)
Altdorf
I - 39027 Reschen
Tel: 348 - 013 46 17
nur Juni-Sept. von 17-20

61 Delikatessen SEIBSTOCK (S. 76)
Lauben 50
I - 39100 Bozen
Tel: 0471 - 324 072, Fax: 325 231
www.seibstock.com

62 Eisenhandlung SETNIKAR (S. 229)
Bindergasse 31 A
I - 39100 Bozen

63 Kellerei TRAMIN (S. 186)
Weinstraße 144
I - 39040 Tramin
Tel: 0471 - 860 126, Fax: 860 828
www.tramin-wine.it

64 Kastelbeller Schloßspargel
TSCHIGGELEHOF (S. 20)
Schloßstraße 4
I - 39020 Kastelbell
Tel: 0473 - 624 150

65 Vollwert Brot & Feinbäckerei
ULTNER BROT (S. 94)
Haus Nr. 14
I - 39016 St. Walburg
Tel: 0473 - 795 327, Fax: 795 381
www.ultnerbrot.it

66 Erbhof UNTERGANZNER (S. 232)
Josephus Mayr
Kampillerweg 15
I - 39053 Kardaun/Bozen
Tel: 0471 - 365 582, Fax: 365 582
E-Mail: mayr.unterganzner@dnet.it

67 Kräuter- und Gemüseexperte
Karl VOLGGER (S. 210)
Sandgrube 60
I - 39031 Reischach bei Bruneck
Tel: 348 - 715 39 33
E-Mail: volgger.karl@virgilio.it

68 Aprikosen WIEBENHOF (S. 118)
Nördersberg 54
I - 39028 Schlanders
Tel: 0473 - 730 653, Fax: 746 081
E-Mail: robert.vent@dnet.it

REGISTER

Kursiv gesetzte Seitenzahlen beziehen sich auf Bildunterschriften.

A

Affenzeller, Joseph 195
Agethle, Hans 122
Aldein 212
Algund 104, 176
Alta Badia 196, 198
Amonn, Walther 90
Anbau, integriert-kontrollierter 14, 26, 112
Angerer, Stefania 130
Ansitz Löwengang 43
Äpfel 14
Aprikosen 118
Atz, Eraldo 38
Augsburg 166
Augustiner-Chorherren 152
Außererbhof, St. Pankraz 220, 220
Autonomie 8

B

Bad Schörgau 68
Baldo, Arno und Doris 40
Barbian 166
Battisti, Margareth 9
Bauernbadl, Bad Schörgau 68
Baumgartner, Edith und Hansi 124, 124, 127, 128, 130, 132, 133, 146
Baumgartner, Karl, Mary und Siegfried 146
Bestecke 66, 67
Bewässerung 28
Blasbichler, Familie 162
Blauburgunder 28, 142, 188
Botanischer Garten, Schloss Trauttmansdorff 184
Bozen 74, 79, 80, 153, 160, 165, 228, 232, 240
–, Lauben in 76
–, Waltherplatz 11
Branzoll bei Leifer 36
Brenner 9, 165
Brennerpass 160
Brenta-Gruppe 22
Brixen 19, 76, 152, 154
–, Bischöfe von 165
–, Brotmarkt 156
Brixener Schule 154
Brotmarkt, Brixen 156
Bruneck 211
Bucholz 44
Bund alternativer Anbauer 26
Burgeis 122
Burggrafenamt, Meraner 76
Buschenschänken 176
Buschenschänkrecht 176

C

Cabernet 233
Cabernet Franc 232
Cabernet Sauvignon 36, 92, 232
Calville 181
Carletto 30, 31
Casòn Hirschprunn 43
Castel Juval 19
Cembratal 44
Chardonnay 233, 237
Christandl, Albert 130
Churburg, Schlunderns 122
Cobo 76
Colfosco 198
Cortina d'Ampezzo 198
Corvara 198

D

Dalsass, Martin 211
Damasus II., Papst 154
Dipoli, Judith und Peter 92, 93, 190, 192
Dipoli, Weingut 236
Dolomiten 22, 46

Dorf Tirol 184
Dreikirchen 166
Dürer, Albrecht 44
Durnholzer See 64
Durnwalder, Luis 124

E

Eisack 165
Eisacktal 46, 76, 160, 162, 165, 206, 237, 243
Eisenkeil, Familie 30
Elacher, Erich 184
Enn, Schloss 44
Eppan 40, 80, 90
Erdmandeln 211
Erste & Neue Kellereigenossenschaft 239
Esskastanien (Keschten) 160, 162
Etsch 44, 79, 122
Etschtal 14, 76

F

Fatschen 66
Federkiel-Stickerei 66, 67
Feigen 232
Feldthurns 162, 165
Filzmoos 168
Finailhof 108
Forellen 38
Fragsburg, Schloss 184
Frangarter Verkehrskreisel 80
Franzelin, Andreas, Georg, Maria Alberta und Peter 212, 215
Fugger 166

G

Gadertal 196, 198, 206
Gambero Rosso 188
Gamper, Peter 112
Gantkofel 79
Gärber, Andreas 130

Gasperi, Enzo de 192, 195
Geislergruppe 165
Geislerspitzen 9, 46
Genossenschaften (Wein) 186
Germanen 160
Gewürztraminer 142, 153, 186, 237
Girlan 84, 153
Glaning 240
Gloster 181
Glurns 122
Godio, Koch aus dem Ultental 30
Goethe, Johann Wolfgang von 165
Golden Delicious 181
Granny Smith 181
Grassl, Peter 27
Grauburgunder 186
Gravensteiner 181
Greifenstein, Burg (Sauschloss) 240
Gries 76, 229
Grödner Tal 196, 198
Gruppe Memphis 172
Gschnon 190
Gufidaun 46

H

Haas, Franz 237
Haas, Hans 136, 211
Haferwurzeln 211
Hafner, Philipp 105
Haselsteiner, Hans-Peter und Ulli 34, 231
Haselwanter, Cornelia, Maria und Thomas 48, 51
Haus Briol, Dreikirchen 166
Haydn-Orchester 76
Hintner, Herbert und Margot 234, 237
Hitler, Adolf 8
Hochabteiltal 198
Hochprovence 118

Hohenegger, Beatrix, Karl und
　Robert 128
Huber, Helmut, Heidi und
　Marlies 32, 34
Huber-Schwarz, Gasthaus,
　Terlan 32

I, J

Innerhofer, Josef und
　Ruth 174, 174
integriert-kontrollierter
　Anbau 14, 26, 112
Jenesien 79
Jeunes Restaurateurs 234
Johnson & Dipoli,
　Neumarkt 192
Johnson, Hillary 192
Juval, Burg 9

K

Kaiserweg 160
Kaltern 9
Kalterer 181
Kardaun 232
Kartoffelsorten 211
Käse 57, 124, 124
Kastanien 162, 168
Kastelbell, Schloss 14
Kellerei Nals-Margreid 19
Kellerei St. Michael, Eppan 238
Kellerei St. Pauls 235
Kerner 153
Keschtenriggl 168
Keschten (Esskastanien)
　162, 168
Keschtenweg (Weg der Ess-
　kastanien) 160, 162, 165
Klausen 46, 76, 154, 165
Klebelsberg, Urban von 153
Klosterkellerei Muri-Gries 239
Knödel 10
　–, Speck- 10
Knollenziest 211
Koch Godio aus dem
　Ultental 30
Köfelgut, Kastelbell 19, 28, 29
Kohlern 79
Kollfuschg 198

Konrad, Kaiser 154
Krätzer 233
Kroatien 182
Krone, Gasthof, Aldein 212, 212
Kröss, Josef 178, 181, 182
Kuenhof 237
Kuhn, Gustav 76
Kuntner, Heinrich 166
Kuppelrain, Gasthof,
　Kastelbell 16
Kurfar 198
Kurtatsch 40, 92, 206

L

La Villa 198
Laag 38
Laas 114
Laaser Marmor 114
Ladurner, Ulrich 174
Lagrein 36, 188, 232, 239
Lamarein 232
Lana 162, 168, 172
Langtauferer Tal 128
Lanser-Schulthaus, Familie 90
Latsch 22, 27
Latsch, Bio Gärtnerei 16, 27
Lauben 74
Lebensmittel, »konservierte« 10
Lentsch, Klaus und
　Hartmann 36
Lorenzi, Giuliano 229
Lotto, Silvano 76
Ludwig, das Kind, König 154
Luggin, Karl Josef 116, 116
Lüsental 52, 206
Lutz, Hans 74

M

Maier, Johanna 168
Mair, Karl und Ulrike 56, 57,
　58, 58, 60
Malaria 44
Mallorca 136
Mals 122
Margreid 40, 43, 44, 92
Mariaheim, Kloster 153
Marienberg, Kloster 122
Marillen 118

　– ›Ungarische Beste‹ 121
　– ›Luizet‹ 121
　– ›Orange Red‹ 121
Marklhof, Girlan 84
Marmor 114
　– aus Laas 114
Martelltal 112
Matscher, Anna und
　Luis 222, 222
Maultasch, Margarete 8
Mayr, Barbara und Josephus
　232, 232, 233
Melag 128
Meran 30, 74, 168, 184
Meraner Burggrafenamt 76
Merlot 36, 92, 93, 176
Messner, Reinhold 9, 19, 46, 124
Montan 44, 142
Moos, Schloss 90
Morgenduft 181
Moser, Philomena 67
Mosimann, Anton 211
Mühlbach 124, 146
Mühlen 146
Mulser, Franz, Johanna und
　Michael 136, 136
Museum für mittelalterliche
　Wohnkultur, Schloss Moos 90
Museum Ladin,
　Schloss Thurn 206
Mussolini, Benito 8, 76

N

Naturpark Puez Geisler 46
Natz 52
Neumarkt 186, 192
Neustift, Kloster 84, 152
Niederkofler, Norbert 198,
　202, 205
Nössing, Manni 19

O

Obauers, Werfen 136
Oberbozen-Klobenstein 79
Oberhofer, Andreas, Heinrich,
　Ilse, Kathrin und Maria 80,
　84, 84, 87
Obermais 184

Oberplars 176
Olivenbäume 233
»Option« 8
Ortler 22
Ortlergruppe 94
Ötzi 76, 108

P

Paarl 102
Pacher, Michael 146
Pacher-Altar, Gries 229
Pakistan 118
Palace-Hotel, Meran 30
Paris, Hannes, Maria, Mathias
　und Sabine 96, 100, 102
Partschins 30
Passo delle Erbe 206
Patscheider Hof 242
Patschen 66, 67
Peitlerkofel 206
Perwanger, Hanna, Josef und
　Sepp 142
Petit Verdot 232
Pfalzen 146
Pfarrkirche, Gries 229
Pfitscher Bach 62
Pfitscher Tal 56
Pfossental 108
Pillhof, Frangart 80
Pilze 162
Pinggera, Christian, Hans und
　Rosi 176, 176
Pinot nero 238
Pircher, Christian 168
Pisa-Studie 10
Pizzinini, Familie 198
Planck, Max 142
Plars 104
Pöder, Heinrich 220
Pohl, Burkhard 16, 21
Pohl, Hubert und Martin 28, 29
Porphyr 36, 37
Predonig 79
Premstaller, Josef 67
Pretzhof 10
Pretzhof, Tulfer 57
Promberger, Edeltraud und
　Fritz 209
Pustertal 132, 146, 198, 211

R

Radicchio 112
Raffeiner, Elisabeth und Helmuth 108, *111*
RAI 234
Ranui *9*
Red Delicious *181*
Reggelberg 212
Reggl 66
Reich, Othmar 80, *83*
Reif 232
Reischach 211
Reschner Alm 124
Riesling 237
Ritten 66, 74, *79*, 242, *243*
Rizzi, Walter 24
Rizzi-Turm, St. Martin im Kofel 22
Römer 160
Römerstraße 160
Rosa Alpina, Hotel, San Cassiano 198
Rose, Eppan 234, *235*
Rosengarten 76, 240, *243*
Rosenmuskateller 239
Roter Platz, Moskau 36
Rotes Schloss, Latsch 27
Rottensteiner, Edith, Greti, Luis und Tobias 242, *243*
Rudolf IV, Herzog von Österreich 8
Ruländer *186*, 188
Runkelstein, Burg 74, 160

S

Säben 154
Säben, Kloster *9*, 165
Salurn 38
Salurner Schleuse 12, 44, *240*
San Cassiano 198
Sankt Kassian 198
Santer, Johanna und Sepp 108, *111*
Sarner Latschen 70
Sarntal 64, 66, *67*
Sarntaler Alpen 52
Sarntaler Tracht *67*
Sassicaia 198
Sassongher 198
Sauchsattel 44
Sauerbruch, Ferdinand 142
Sauschloss 240
Sauvignon 236, *237*
 – Blanc 92, 233
 – Quartz 33
Schenna 184
Schlanders 118, 122
Schleis 122
Schlern 134
Schlinigalm *130*, 133
Schlunderns 122
Schnalshuberhof, Oberplars 176
Schnalstal 108
Schöneck, Mühlen 146
Schürze 10
Schüttelbrot 159
Schwemmalm 96
Schwienbacher, Gerti und Richard 96, 98, *98*
Seceda 134
Seibstock 76
Seiser Alm 134
Sella-Massiv 198
Sesvenna 22
Setnikar, Eisenwarenhandlung 229
Settari, Familie 166
Siebeneich 240
Silberquarzit 62
Silvaner *153*, 240
Similaun 108
Sisi, Kaiserin 184
Spargel »Margarete« 33
Spargel 20, 21, *33*
 -anbau 32
 -wein, Terlaner 33
Spätburgunder 238
Speck 218
St. Andrä 206
St. Martin 16, 206
St. Martin im Kofel 22, 24
St. Michael, Eppan 90
St. Moritz, Hospiz 94
St. Pankraz 94, 220
St. Peter im Villnößtal 50
St. Ulrich 134
St. Valentin 238
St. Vigil 136
St. Walburg 94, 98
Steckrüben 211
Stern 198
Sterzing 165
 –, Marktstraße 11
Stürz, Willi 186, *188*

T

Talfer 68, 76
Talferschlucht 66
Tantris, München 136, 168
Tapper 66
Tarscher Joch 94
Tarscher Pass 94
Taufers im Münstertal 24
Teis 165
Teiser Kugeln *165*
Terlan 32
Terlaner 33
Terlaner Spargelwein 33
Terroir 28
Thanei, Siegfried 124, *127*
Thun, Matteo 172, 174, 184
Thurn, Schloss 206
Thurnstein, Schloss 184
Tirol, Grafen von 184
Tirol, Schloss 184
Tisens 162, 168, 222
Toblach 11
Topinambur 211, *211*
Törggelen 140, 160
Trafoier, Jörg und Sonja 16, 18, *19*, *19*, 24
Tramin 186
Traminer 186, *188*
Trapp, Grafen von 122
Trauttmannsdorff, Schloss 184
Trient 74, 76
Trockenobst 116
Trollinger 188
Trudner Horn 190
Tscholl, Werner 22, 24
Tulfer 56
Turopolje (Schweine) 182

U

Überetsch 76, 90
Ultental 94, 100, *103*, 220
Unterfrauner, Franz, Irene und Paula 52, *54*
Unterganznerhof, Kardaun 232
Unterland 12, 76
Ütia de Börz 206

V

Vahrn 133, 160
Vent, Albert und Robert 118, *119*, 121
Vernagt-Stausee 108
Vernatsch *188*, 188, 233
Verona 74
Via della Libertà 76
Vigiljoch 172
Villanders 166
Villnöß 46
Villnößtal 165
Vinschgau 12, 14, 28, 94, 104, 118
 –, Oberer 122
Vittorio Emanuele, König 74
Vogelweide, Walther von der 74
Voglar 236
Volgger, Karl 210, 211
Völlan 162, 168

W

Waale 104
Wachau 118
Wasserinteressentschaft 96
Weinhaus Alois Lageder 43
Weißburgunder *186*, 235
Wenter, Gregor, Rosi, Sabine, Sepp und Steffi 68, 69, 70, 71, *72*
Winkler, Heinz 211
Wintersport 196
Witzigmann, Eckart 136
Würzjoch 206

Z

Zanser Alm 46
Zelten 230, *231*
Zillertaler Alpen 56, 134
Zirbenbäume 108
Zirmerhof, Radein 142
Zwölfmalgreien 232, *233*

BIBLIOGRAPHIE

ABENTEUER UND REISEN SPEZIAL: *Südtirol.* wdv Gesellschaft für Medien & Kommunikation, Bad Homburg 2003

BÄUERLICHER FEINSCHMECKER: *Südtiroler Buschen- und Hofschankbetriebe.* Südtiroler Bauernbund, Bozen 2004

BERNHART, CHRISTINA (HRSG.): *Vinschger Köstlichkeiten.* Tappeiner Verlag, Lana 2001

BERNHART, KARIN UND UDO: *St. Hubertus - Kochen mit Norbert Niederkofler.* Athesia, Bozen 2003

BERNHART, KARIN UND UDO: *Spitzenküche in Südtirol.* Athesia, Bozen 2001

BODINI, GIANNI/WIELANDER, HANS (HRSG.): *Obst, Kultur & Wirtschaft.* Arunda, Schlanders 1997

COBO: *Bolzano-Bozen.* Cobo Book, Bozen 2002

DIETL, EDUARD: *Südtirol, Reiseland zwischen Brenner und Salurn.* Süddeutscher Verlag, München 1982

GAULTMILLAU: *Südtirol 2004.* Athesia, Bozen o. J.

GEOSAISON NR 9/2003: *Südtirol.* Gruner & Jahr, Hamburg 2003

GUFLER, CHRISTOPH: *Südtiroler Apfelbuch.* Athesia, Bozen 1995

HECHENBLAIKNER, LOIS/LONGARIVA, KARIN/WAGNER, CHRISTOPH: *Tirol kocht!* Verlag Christian Brandstätter, Wien 2003

HELLRIGL, ANDREAS: *Die Südtiroler Küche.* Wilhelm Heyne Verlag, München 1970

HUYN, HANS GRAF: *Das Tiroler Weinbuch.* Wilhelm Heyne Verlag, München 1980

LANTHALER, KURT/MAIER, WOLFGANG/WERMANN/JOCHEN: *SüdtirolerWeinlesen.* Haymon-Verlag, Innsbruck 2004

LEBENSART SÜDTIROL. Zeitschrift für Wein, Essen, Kultur. Nr. 1-7, Jahrg. 2003/04

MAIER, WOLFGANG/MUMELTER, HARTWIG: *Bozen, wo es am besten schmeckt.* Folio Verlag, Wien/Bozen 2001

MICHELIN: *Guida Italia 2004.* Clermont-Ferrand 2003

PERWANGER, HANNA: *Südtiroler Leibgerichte.* Kochbuchverlag Heimeran, München 1967

PETER, PETER: *Die schönsten Gasthäuser in Südtirol.* Collection Rolf Heyne. München 2001

PIPPKE, WALTER/LEINBERGER, IDA: *Südtirol.* DuMont Reiseverlag, Köln 2003

PRIEWE, JENS: *Die Weine von Südtirol.* Collection Rolf Heyne. München 1999

RACHEWILTZ, SIEGFIED W. DE: *Brot im südlichen Tirol.* Arunda, Schlanders, 5. Auflage 1995

RACHEWILTZ, SIEGFIED W. DE: *Kastanien im südlichen Tirol.* Arunda, Schlanders o. J.

RACHEWILTZ, SIEGFIED W. DE: *Speck aus Südtirol.* Assessorat für Handel der Autonomen Provinz Bozen, Bozen 1995

SOTRIFFER, KRISTIAN: *Heu & Stroh.* Arunda, Schlanders 1990

STEGER, REINHARD/VOLGGER, KARL: *Vitalküche in Südtirol.* Edition AROB, Bozen 2001

STEININGER, ROLF: *Südtirol vom Ersten Weltkrieg bis zur Gegenwart.* Studienverlag, Innsbruck 2003

STIMPFEL, OSWALD: *Landgasthöfe in Südtirol.* Folio Verlag, Wien/Bozen, 3. Aufl. 2002

STIMPFEL, OSWALD: *Südtirol für Insider.* Folio Verlag, Wien/Bozen 2003

SÜDTIROLER OBSTWIRTSCHAFT/HANDELSKAMMER BOZEN: *Südtiroler Apfelkunst.* Bozen 2003

TRAFOIER, SONJA UND JÖRG: *Die Geheimnisse vom Vinschgau Südtirol.* Verlag Neue Südtiroler Tageszeitung, Bozen 2002

IMPRESSUM

Die im Buch veröffentlichten Ratschläge wurden mit größter Sorgfalt
von Verfassern und Verlag erarbeitet und geprüft.
Eine Garantie kann jedoch nicht übernommen werden. Ebenso ist eine
Haftung der Verfasser und / oder des Verlages und seiner Beauftragten für
Personen-, Sach- oder Vermögensschäden ausgeschlossen.

www.collection-rolf-heyne.de

2. Auflage 2007

Copyright © 2005 by Collection Rolf Heyne GmbH & Co. KG, München

Das Werk, einschließlich aller seiner Teile, ist urheberrechtlich geschützt.
Jede Verwertung außerhalb des Urhebergesetzes ist ohne
Zustimmung des Verlages unzulässig und strafbar. Das gilt insbesondere
für Verbreitung, Vervielfältigung, Übersetzung, Mikroverfilmung und die
Einspeicherung und Verarbeitung in elektronischen Systemen.

Fotografiert von
Martina Meuth

Umschlag- und Buchgestaltung von
Hauptmann & Kompanie
Werbeagentur, München – Zürich

Layout und Satz von
v|Büro – Jan-Dirk Hansen, München

Lithografie von
Lorenz und Zeller, Inning

Druck und Bindung von
Lego, Vicenza

Printed in Italy

ISBN 978-3-89910-247-5